木喰上人

yanagi muneyoshi
柳 宗悦

講談社文芸文庫

目次

木喰上人

新版の序

木喰《もくじき》上人の事蹟を研究するに至った不思議な因縁については巻頭の一文に譲る。木喰上人と呼ばれるのは、大概は真言宗の僧であって、有名な応其《おうご》上人を始め、江戸時代には大勢輩出したのである。木食戒を守る僧を凡《すべ》てしか呼ぶのである。私が調査した上人は木食とは記さず、好んで「木喰」の字を用い、始めは名を行者行道と記し、後に五行菩薩と改め、最後には明満仙人と自からを呼んだ。巻末に添えた地図でも分る通り、日本廻国の行者で、又千躰仏を刻む大願を建てた上人である。

その特色ある彫刻は、数も夥しく又場所も多いのであるから、大勢の人々の眼に触れていた筈であるが、之まで誰も顧みる人がなく、将《まさ》に忘却に葬られようとしていたのである。私とても或る日偶然にその一躰を見なかったら、こういう一冊を編むには至らなかったであろう。この調査は主として大正十四、十五の両年にわたって企てたものであるが、爾来幾許かの新しい材料が追加された。私が目撃した仏躰の数は約五百個に及ぶ。

こん度選集のために、この一冊を編まれたのは源光寺住浅野長量師であって、私はその恩義に深く感謝したい。収録されたのは、私の書いたものの凡てではなく、主要なもののみに止めてある。それでも予定の頁数を超えるに至った。題扉その他小間絵は例により芹沢銈介氏の技に負うた。之亦厚き感謝。

昭和卅年三月廿一日

六十六回誕生日

宗　悦

記す

旧版の序

私が去年の九月から今年の三月まで、雑誌「女性」に七回に亙って連載した「木喰五行上人の研究」をここに一冊に集め、本誌の特別号として刊行する。若し友人からの、切な求めがなかったら、私はこの出版を企てなかったであろう。研究は尚途上にあって、未調査の事項が数多く残る。併し本誌の読者にとって、七冊の「女性」を求め、その分冊を座右に置くことは不便であろう。然も私がこの研究をほぼ纏め上人伝を上梓するまでには、なお多くの時を待たねばならぬ。若しこの未定稿の出版によって、広く上人への注意が喚起せらるるなら、それは研究の完成を早める機縁ともなるであろう。幾多の躊躇《ちゅうちょ》があったが、私は遂にこの草稿の出版を承諾した。

私は責任として犯した誤謬を茲に訂正し、遺漏を追補し、順次を整え、挿絵を添えて印刷に附した。不完全ではあるが、之は私が過去八ケ月の間、間断なく企てた研究の結果である。併し一切は処女地であった。それは誰にも顧みられず暗い草樹の陰に匿れて長い年月を過ごした。私は怠りなく根を掘り苴を云り鋤を入れたつもりであるが、更に耕さねばならぬ土壌は残り、除かねばならぬ石は多い。それは今後一層深き注意と努力とを要するであろう。併し植えつけた種は既に若芽を萌し、今や日光を浴びて育ちつつある。その花の美が人を引き、その熟せる実が心の糧となる時はやがて来るであろう。

ここに私の労作に対する仏天の守護を感謝し、上人の匿れたる加護を感謝し、更に諸友の厚き援助を感謝する。その一々の名に就いては本文中に記念してある。この稿が印刷に附せられる頃、私は再び調査の旅に在って家をあける。一切の校正の労を負うてくれる式場隆三郎君に厚く終りの感謝を述べる。

大正十四年四月一日

洛東神楽丘にて

柳　宗　悦

附記　本文に記せる上人の年齢は、凡て上人自筆稿「四国堂心願鏡」によって算えてある。

木喰上人発見の縁起

一

繰り返さるる質問に対して、簡単に御答えしようと思います。どうして私が上人を研究するようになったか、又どういう風に調査して来たか、又どうして今日の結果を得るに至ったか。是等くさぐさのことに就いて。

不思議な因縁に導かれてここまで来たのです。私とても昨日まで上人に就いて全く無智であったことに於いて、他の方々と何の異なる所がありません。時が満ちたのだと云い得るでしょう。当然現わるべきものが現わるるに至ったのです。私がこの研究を選んだのではなく、この研究に偶々私が招かれたに過ぎないのです。

併し私自らを顧みて云えば、上人に心を引かれるまでに、三つの準備があったと言い得るかも知れません。(之とても私にのみ用意があったのではないのです。それは恐らく程度の問題に過ぎないでしょう)。ここに三つの準備というのは次のことを指すのです。私は長い間の教養によって、真の美を認識する力を得ようと努めてきました。私は漸く私の直覚を信じていいようになったのです。(直観が美の認識の本質的な要素だという見解は、もはや私にとっては動かすことの出来ない事実となってきました)。それに私は美の世界から一日でも生活を離したことがないのです。幸にも美に対して私の心は早く速かに動くようになりました。かくして之までこの世に隠れた幾つかの美を、多少なりとも発見して来ました。(十年前私が「ブレーク伝」を書いたのも、又この数年来朝鮮李朝芸術の美を擁護しようと努力して来たのも、私の心を動かして止まないものがあったからです)。驚くべき上人の作が、私の眼に触れた刹那、私の心は既にその中に捕えられていました。私には躊躇はなかったのです。その日友人に宛てて「上人は幕末に於ける最大の彫刻家だ」と書かないわけにはゆきませんでした。それ程上人は私の眼を覚まさせました。私が上人を見出したと云うより、上人に私が見出されたのだと言わねばなりません。

第二に私は民衆的な作品に、近頃いたく心を引かれていました。日常の実用品として製作されたもの、何等の美の理論なくして無心に作られたもの、貧しい農家や片田舎の工場から生れたもの、一言で云えば極めて地方的な郷土的な民間的なもの、自然の中から湧き上る作為なき製品に、真の美がありその法則があると云うことに留意してきました。(目下私は余暇を見ては焼物中の「民窯」とも称すべき所謂「下手物《げてもの》」を蒐集し、不日その展覧会と研究とを発表する計画でいます。之によって隠れた驚くべき美の世界を提出し得ると信じているのです)。かかる私にとって、彫刻に於いて民衆的特色の著しい上人の作が、異常な魅力を以て私に迫ったのは言うまでもありません。

第三に私の専攻する学問は宗教の領域に関するものです。私の注意は究竟の世界に最も強く引かれているのです。(貧しい乍らも私の二三の宗教著書は、この世界を追い求めてきた是までの生活を語ってくれるでしょう)。そうして私が求めた宗教的本質が、上人の作に活々と具体化されているのを目前に見たのです。私の心は動かないわけにゆきませんでした。特に芸術と宗教とが深く編みなされている世界に、強く心を誘れている私は、それ等の要素の完全な結合である上人の作に、自から近づくべき歩を進めていたのです。宗教芸術の衰えきった近代で、上人に逢うたことは真にオアシスを見出した悦びにも譬え得るでしょう。

是等は私に許された準備でした。併し準備が働きを受けるのは、全く与えらるる因縁によると言わねばなりません。それは私自身が支配し得ることではないのです。人は受け得る位置に置かれてはいるでしょうが、与える位に就いてはいないのです。与うる者は常に見えざる無上な力のみなのです。上人と私とに深き縁《ゆかり》を結ばせたものは、私自身の力ではないのです。何者かが私に贈る命数によるのです。

二

それは一昨年大正十二年の正月九日のことでした。私は思いついたまま甲州への旅に出ました。一つは小宮山清三氏の所に朝鮮の陶磁器を見に行くためでした。一つは八ケ岳や駒ケ岳の冬の自然が見たく日野春あたりを散策したいのが望みでした。又甲州で何か郷土的作品を購いたいと欲していたのです。この旅に私を誘ってくれたのは私の畏友浅川巧君でした。立ったのは前日の八日であって、途中私達は甲府に降りました。一里近く歩んで池田村に入りましたが、生憎小宮山氏は不在でした。止むなく近き湯村に一夜を送り、九日の朝早く私達は再び同氏を訪れたのです。

小宮山氏とは初対面でした。然るにその日偶然にも二躰の上人の作が私の目に映ったのです。目に映ったと云う方が応わしいでしょう。私の求めによって主人が私に示そうとされたのも焼物であって、それ等の彫刻ではなかったのです。二躰の仏像は暗い庫の前に置かれてありました。(それは地蔵菩薩と無量寿如来とでした)。そうしてその前を通った時、私の視線は思わずそれ等のものに触れたのです。(その折若し仏躰に薄い一枚の布が掛っていたとしたら、一生上人は私から匿されていたかもしれないのです!)。私は即座に心を奪われました。その口許に漂う微笑は私を限りなく引きつけました。尋常な作者ではない。異数な宗教的体験がなくば、かかるものは刻み得ない——私の直覚はそう断定せざるを得ませんでした。その折私は始めて小宮山氏から「木喰上人」と云う名を聞かされました。座敷に通された時更に一躰、南無大師の像が安置してありました。そうして峡南の人だということが附け加えられました。

思いがけない私の驚きに対して、小宮山氏も心を惹かれたと見えます。一躰をお贈りしましょうと申し出られました。私はこの好誼をどれだけ嬉しく感じましたことか。越えて十六日「地蔵菩薩」は菰に包まれて私の手許に届きました。私は冬の旅から帰って後、風邪を引き床に就いていたのです。私は枕辺にそれを置いてもらいました。眺め入るや私は病苦をも忘れて、又も微笑《ほほえ》みに誘われたのです。(誰かその微笑みに逆らうことが出来るでしょう!)。再びその不可思議な仏は私の心を全く捕えました。私はそれに見入り見入り見入りました。(若しこの一像が私に贈られなかったら、或は今日の研究に入る機縁を得なかったかもしれませぬ。なぜなら煮えかかっていた私の情を、その贈物が沸騰させてくれたからです。この奇縁に対し私は生涯小宮山氏の志を忘れることがないでしょう)。その日私は発願し上人の研究に入ることを決心しました。

それから毎日毎晩私はその仏と一緒に暮しました。何度その顔に眺め入ったことか。(その折に得た感想は、巻末に跋文として添えてあります)。私の室に入る凡ての人も、それを眺めずに帰ることは許されませんでした。見る者は誰も微笑みに誘われてくるのです。不思議な世界が漸次濃く私の前に現れてきました。私は小宮山氏と書翰の往復を開始し、種々な質問に答えを求めました。同氏も処々に伝手を索って出来る限りの知らせを送られました。その結果、上人の故郷が峡南の丸畑《まるばたけ》という村であること、幾十の仏躰を一緒に刻んで堂に納めたこと、その堂が尚丸畑に残るらしきこと、寛政頃にいた人であったこと、断片的にそれ等の予備知識が与えられました。且つ市川大門町の村松志孝氏から、同地に「木喰観正」の碑があり書が残るとの通知を得ました。そうして必ずや観正と五行とは同一人であろうとの考えが附してありました。

私は何より文献を求めたのです。併し凡ての仏教辞典にも、あらゆる人名辞彙《じい》にも上人の名はありませんでした。私は甲州の郷土史にもその名を捜したのです。併し一行一字の収穫もありませんでした。あの尨大な詳細な松平定能の著『甲斐国志』の中にすら上人の名を発見することが出来ませんでした。『西八代郡誌』にも注意したのですが、最近の発行になったものにも、上人に就いて一字も言及していないのです。なべて郷土史は些細なことを大事そうに書くものですが、上人に就いては全く無言でいるのです。どうしても自身で直接の資料を見出さねばならない。もとより何が得らるるかは分らない、併し自身で故郷を訪うより他に道はない。私はこの願望を棄てず、時の熟するのを待ちました。その間私は幸にも東京に於いて上人の作を二十躰余り目撃することが出来たのです。

研究に入る時期は知らずして私に近づいて来ました。その年の四月、私が四、五年の間ひそかに浅川君兄弟の援助を得て努力してきた「朝鮮民族美術館」の建設がほぼ成就しました。そうして京城景福宮内緝敬堂に一切の蒐集品を陳列するようになり、その開館を終えて仕事に一段落がついたのです。（この仕事に終結の時期はないのです！）。それで私は新しい私の努力を上人研究に注ぐよい機会を捕えたのです。

それに震災で兄を失った私は家事の都合上、東京を引き払って京都に移住しました。その結果東京で持っていた一切の講義を中止し凡ての時間は自由になりました。経済的には無謀でしたが、私は京都での新しい仕事をも全く放棄して、上人の研究にかかることに決心したのです。それほど私の心は上人のことに惹かれていました。全くこの一年は毎日毎日を上人のことのみで暮しました。（或人は私に向って金と暇とがあるから研究が出来たのだと批評します。併しこの批評は真理への探求が何を意味するかを少しも知らない処から来るのです。金と暇とは上人への熱情を起させないでしょう。まして努力を産まないでしょう。私は不幸にして金銭に於いて全く自由な人が、精神的仕事に没頭した例を多く知らないのです。私は余裕ある仕事をしたのではなく、余裕なき仕事にとりかかったのです。他の一切の仕事を私は放棄しました）。かくして私が上人の調査に就く縁《ゆかり》は、漸次固く結ばれました。

越えて丁度半歳の後、大正十三年六月九日、願は満たされ私は再び甲州に入ったのです。その日は池田村に過ごし翌十日は五、六人の一行で市川大門町に木喰観正の碑を点検しました。併し私の疑いはつのり、求めつつある木喰上人と観正とは関係なきことを殆ど確実にしました。最初の失敗に気を沈めましたが、上人の故郷と云われる丸畑は富士川の下七、八里の所にあるのです。鰍沢に於いて私は一行と別れ、只一人夕ぐれの流れに沿うて道を下りました。その夜は飯富に宿ったのです。六月十一日、運命は遂に私の足を上人の故郷丸畑へ入らせました。波高島で舟を棄て下部に入りそこで幸に案内を得、二里余り常葉《ときわ》川を溯りました。暑い午後の光に山路を縫うて歩む私達は汗にひたりました。

三

私はその日まで丸畑が何村に属するかをも熟知していなかったのです。もとより血縁の一族が今尚その地に住むかどうか、又何がそこに残されているか、それ等のことに就いて殆ど凡てのことは知られていませんでした。長塩という村から左に折れ急坂を攀《よ》じ尽した時、南沢《なみさわ》という一部落へ出ました。そこは富里分の丸畑であって、そこに上人作の内仏があると教えられました。突如私の目前に取り出されたものは馬頭観世音の一躰でした。それを眺めた時、私の呼吸はしばし奪われました。私は再び上人の異数な表現に逢着したのです。燻《くす》ぶる仏壇から更に取り出されたもの数軀、別に一枚の奉納額。今や封じられた秘密は私の前に展開して来たのです。私は導かれるままに小径を縫うて上人の生家へと案内されました。私の心は種々なる期待に満たされていました。奇異な眼で私を取り囲む人々の中に立って私は繰り返し繰り返し種々な問いを発しました。土地の人も見慣れぬ一旅客のために、答える言葉に忙しいのです。伝えらるる口碑を聞き洩らさじと私は書き取りました。上人は漸次その姿を私の前に現してきました。嘗て噂に聞いた堂の有無が気がかりでした。私はそれが建てられていた場所を訪うたのです。併しそれはもはやこの村から無くなっていたのです。私がその跡を弔った時、只一基の石塔が昔を語って叢の中に捨ててあるばかりでした。私は戻って又血縁の一族を訪ね、残る問いを試みたのです。何よりも求めた文献に就いて人々の知識は明かでありませんでした。もう夕ぐれは近づいて来ました。私は文書を得る望みを棄てて山を降りようとしたのです。併しもう一度と思って上人の筆になる書類がないかを繰り返して尋ねました。その時一人の若い農夫が手に古びた紙片を齎《もた》らして、之に書いてある筈だがと云って私に手渡ししました。私は薄あかりの中に紙を近よせて文字を辿ったのです。「クハンライコノ木喰五行菩薩事ハ」と書き起された文句、それに奥書の自署花押、それが上人自筆の稿本であり、且つ自叙伝であるということは疑う余地がないのです。その折の私の嬉しさは今も忘れることが出来ませぬ。どうしても之のみは筆写して帰らねばならない。幾度かの懇望の後、遂に私の求めは容れられて、その夜のうちに之を写しとることになったのです。里人の好意によって一夜をその村にあかすことになりました。私は飢える想いで読み耽ったのです。紙数にしたら僅かなものでしたが、慣れぬ字体と仮名多き文と異る文体とは、その閲読に長い時を要しました。ほぼ通読し得て後、私は字を追って書きとったのです。筆を終えた時、既に空は白んでいました。

その間に私には忘れ得ぬことが起りました。稿本の中に上人が当村寺の本尊五智如来を刻んだということが書いてあったのです。尋ねた結果今尚残ると聞いて、私は明日を待てず真夜中燈火をつけて寺へと指したのです。無住の廃寺にきしる戸の響きは音なき山里に時ならぬ木霊《こだま》を送りました。荒れはてた床を踏んで内に入り、燈火を高く掲げた時、仏壇の前方、並ぶ龕《がん》の中央に世尊の顔が幻の如く浮び出ました。「おお」――思わず声が洩れた時、居並ぶ左右の四躰が尚も私の前に現れて来ました。

朝の六時頃私は約束を守って稿本を返しに農家を訪ねました。その時計らずも、上人が背負しという貧しい箱が更に私の前に取り出されたのです。之が実に上人研究の出発を与えたと言わねばなりません。誰も開く者なく顧る者なく、放置せられたその箱の中に、実に一切の秘密は匿れていました。或は「納経帳」或は「御宿帳」或は「和歌集」など、貴重な幾多の稿本が次ぎ次ぎにそれから現れてきたのです。それは百余年の間封じられたまま、塵と煤煙とに被われて、訪う人もない山間の一農家の中に埋もれていたのです。その箱を開いて現れて来る稿本を一々点検した時の私の驚きや悦びを察して下さるでしょう。私の訪問は十二分の酬いを以て迎えられたのです。

　調査は到底一日や二日では出来ない。私はそれを知って凡てを準備するために山を降り一度帰洛しました。併し時を移さず三週の後、私は再び京都を立って丸畑へと入ったのです。それは七月の三日でした。この訪問は一切の史料を借り受けて、上人研究の確実な第一歩を踏み出したいがためでした。併し交渉は幾多の困難に逢遇しました。繰り返さるる説明と実に私自身並びに三人の捺印を要した証文によって、遂に望を遂ぐるに至ったのです。私達五、六人の一行は朝早く立ったのですが、凡ての交渉を終った時は既に日は西に没していました。（私達は史料をかかえて再び下部へと降りました。私は特にこの借用に就いて石部惟三氏と小宮山氏との斡旋を忘れ難く思います）。

　この両度の訪問によって幸にも上人研究の基礎的準備が用意せられました。私は上人の自筆にかかる諸稿本にもとづいて、一切を発足させることが出来たのです。かくして私の発願は幸福な環境のうちに生い立ってゆきました。なぜなら発見せられた稿本の中には、自叙伝とも見るべきものや、旅行記ともいうべきものや、又教理を説いたものや、又折にふれ綴った和歌等が含まれていたのです。廻国の折日々携えていた「納経帳」も、ごく僅かな欠損のみで殆んど完全に残されていました。夫《それ》がため昨日までは全く埋没されていた上人の一生は、確実な資料のもとに誤りなき存在を歴史に刻むようになったのです。運命の車輪は不思議にも廻転しました。俄然事情は変り、殆ど日々の上人が私達の前に明晰な姿を現してきました。

四

私とてもこの研究がかく拡大されようと予期してはいませんでした。又かく速かに展開しようとも予測していませんでした。始めは甲州の上人としてのみ考えていたのです。それに遺作は丸畑にのみ残したのだと思っていました。他にあってもそれを見出し得ると期待してはいませんでした。併し凡てのことは予期を越えて限りなく展開しました。どうして私が上人の遺作を諸国に発見するに至ったかを簡単に言い添えておこうと思います。

上人の稿本の中に「本願として佛を作り因縁ある所に之をほどこす」ということや、仏躰裏に「千躰のうち」と記した言葉等によって、彼の遺作がその量に於いて多く、分布に於いて広いことを察することは出来ますが、何が何処に刻まれているか、それ等のことに言い及んでいる個所は少ないのです。或場合は「薬師納」とか又は単に「奉納」とか記してはありますが、あれほどの遺作に対して殆ど何等の記事も残していないのです。併し私は次の判断に於いて、将来上人の遺作を発見し得べき土地を予想することが出来たのです。残してある二冊の「御宿帳」を見ますと、それには日々の日附と地名と宿りし家とを隈なく記してはありますが、その中に日附のとんでいる個所があり、又「何日より何日迄」と滞在の日を数えている場合があり、又「何日立つ」と短く記してある個所があるのです。私は是によって日附のない期間を滞留期と見做し、その期間の長い場所には、必ずや遺作がなければならぬと判断したのです。私は先ず主な個所を選び、次々にそれ等の地に調査を企てたのです。私が佐渡に渡ったのも、遠州の寒村狩宿《かりしゅく》を訪ねたのも、又は日向の国や長州の村々を調査したのも、皆この予想のもとに試みたのです。調査は屢々困難でした。なぜならそれは多く名も知れぬ片田舎にあるからです。且つ殆どの土地でも上人の名を覚えていないからです。まして上人の作を大切に保存している寺はごく稀にしかないからです。尋ねど訪ねど見当らず、佐渡の奥に入って茫然とした日を今も想い起します。又は四国に渡って異る九個所を一週日の間かかって調べ、その中僅か一ケ所に二躰を見出したに過ぎなかったこともあるのです。併し凡ての調査はあり余る酬いを以て迎えられました。寧ろ行くところ見当らざるなき有様でした。私は鼓舞せられ東へ又は西へ足跡を追って発見に努めました。私はそれ等の仏の殆ど凡てを、うず高き塵の下から取り出しました。

　僅か数個の字に過ぎなくとも、記録の有難さをしみじみ感じました。若し「御宿帳」が残っていなかったら、上人の遺作は忘れられたまま、遂に朽ち果てたものが多いでしょう。なぜなら誰もその広汎な分布区域に就いて知ることは出来ないからです。まして僻陬《へきすう》の地にあるそれ等のものを見出すことは殆ど望み難いからです。それに大部分はつまらなき作として物置のような所に放置せられ、守る僧もなく虫の喰むに任せてあるからです。もう五年十年の後であったら、如何に多くその数は減じているでしょう。私併びに私の友は実によい時期に上人の招きを受けたのです。貴重な文字は次ぎ次ぎに匿れた謎を解いてくれました。

佐渡や日向のような留錫《りゅうしゃく》期間の長い個所に、幾多の遺作があることは当然ですが、今日までの調査では滞留僅か三日間の所にすら形見が残るのです。それ故如何に調査せねばならぬ個所が多いか。又如何に区域が広いか、又如何にその数が多量であるか。研究は多大な時間と精力と費用とを要求しているのです。「納経帳」及び「御宿帳」に現われる日附は安永二年に始まり寛政十二年に終るのですから、その間二十八ケ年が過ぎています。之は上人が日本廻国の期間を語るのであって、北は松前庄熊石に上り、中央は本州の凡てを通じ、南は四国、九州に亙るのです。その足跡は扶桑全土に及んでいます。そうしてそれ等の国々に多かれ少かれ彼の製作が残るのです。私はこの調査が尋常なものでないことを知るに至りました。又よく一個人に於いて完全になし得るものでないことをも知るに至りました。

私は調査の基礎を築くために、一切の稿本を整理しました。そうして廻国の遍歴が始まる時からそれが終るまでと、終りし以後更に十ケ年をも合せ、日表を編纂し、その足跡と滞留の個所と期日とを明瞭にしようと試みました。都に止るよりも好んで片田舎に杖を止めた上人のこと故、その足跡の調査は屡々困難を加えました。町や村ではなく、名も知れぬ小字を地図の上に見出すのに多くの時を要しました。その地方の人でなくば知り得ない地名が沢山現れてきます。私は一つの場所に数時間かかっても地図の上に見出すことが出来なかった場合があるのです。(私は「二十万分の一図」で日本全土の地図を買い求め、尚不明の所は「五万分の一図」に依りました)。而も上人の「御宿帳」は殆ど全部仮名書であるため、その地名を本字に当て嵌めるのが容易ではありませんでした。まして字体が読みにくかったり仮名使いが誤っていたり、地方的な特別の読み方があったり、又は郡村の名が昔と今日と異ったりしている場合、私はことのほか多くの難儀を嘗めたのです。(私はあの苦心より成った大著、吉田東伍氏の「大日本地名辞書」に屡々啓発せられたことをここに書き添えたく思います)。私は兎も角この整理によって、上人の驚くべき足跡線を、ほぼ地図の上に現わすことが出来るようになりました。(上人足跡の委細は七〇～一〇一頁に記してあり、且つその巻末に添えてある地図に、足跡の線を記入しておきました)。

五

私は去年の夏以来間断なく旅行を企てました。この半歳の間家にいる日は僅かでした。

帰れば調査の整理に忙殺され、他を顧る暇なく、原稿は屡々汽車の中で記しました。それ等の結果は貧しい乍ら、去年の九月から今年の三月まで七回に亙って雑誌「女性」に連載した「研究」に語られているわけです。(今は訂正を加えて本書に凡てを集録してあります)。月々の調査に加えて、それを纏め月々起稿することは、私に少しの休養をも許しませんでした。締切の督促は心をせかせます。而も研究は細密な注意を要するのです。併し幸にも凡ての困難を打ち切りました。私の健康は私に味方をしました。隠れたる力は常に私を守護しました。恵みなくしては何事をも成し遂げ得なかったでしょう。私が上人を見出すのではなく、上人が彼自身を示しつつあったのです。私は上人に招かれるままに仕事を進めて行ったに過ぎません。

去年の旅は甲州に始まり、佐渡を訪ね野州に入り、参州や駿州を廻って後、越後に深く入りました。今年になってからは豊後、日向を調査し、帰って四国に旅立ち、信州に行き、又最近には周防、長門を経て石見に入りました。丹波を訪うたのは僅か旬日前のことです。そうして是等の旅によって私が目撃し得調査し得た仏軀凡そ参百五十躰、別に集め得た和歌凡そ五百首、撮影した写真は六百枚に達するでしょう。

(併しこの旅が上人の足跡のまだ何分の一に過ぎないでしょう! そうして見出した仏軀も千躰を越ゆる上人の作のまだ四分の一に過ぎないのです。私の企てた間断なき努力も、上人の残した仕事の前に立って、幾許の量を示し、幾何の深さを告げ得るでしょう!)。

若し今日までの調査に、見るべき成績があるなら、それは私を助けてこの調査を進めた諸友の好誼に帰すべきものと言わねばなりません。何と云っても「研究会」の成立は、この研究の完成を助ける大きな力となりました。今では一切の経済と事務とは研究会員の寄進と努力とに依るのです。特に上人を産んだ郷土である関係上、甲州に於いてこの会は育くまれ生い立ってきました。私は小宮山清三、若尾金造、雨宮栄次郎、野々垣邦富、山本節、村松志孝、石部惟三、小泉源、中島為次郎、野口二郎、大森禅戒の諸氏を始め、感謝すべき多くの方々を記憶します。

併し私が受けた好意は甲州に於いてのみではないのです。越後に於いて吉田正太郎、勝田加一、桑山太市、広井吉之助等の諸氏が、私の研究を援助せられたことを特筆したく思います。一つの文献的根拠をも持たない享和三亥以後二ケ年余りの遺跡が、殆ど全部明かにせられたのは、それ等の諸氏の努力に負う所が多いと言わねばなりません。

又佐渡に於ける上人の遺跡調査は最近益々微細に入りました。それは主として若林甫舟、中川雀子、川上喚濤の三氏を始め、その他多くの方々の倦まざる努力に依るのです。この半歳の間佐渡で見出された仏躰凡そ三十個、書軸六十余本の多きに達しました。

私は又上人に関する一切の史料を私の手に委ねられた伊藤瓶太郎氏にはもとより、多くの寺々の住持に対して尽きぬ感謝の意を述べたく思います。そうして各地の未知の友から受ける懇切な通信によって、如何に私の仕事が鼓舞せられ、且つ進捗されたかを表明せねばなりません。

終りに研究雑誌の発刊が、今や上人の遺業を世に伝える機関となったことを言い添えたく思います。そうしてこの仕事のみならず出版に関する煩雑な仕事の一切を担任する式場隆三郎君の理解と努力とに深き感謝を送りたいと思います。

かくして世から忘れられた上人は、忘れ得ぬ記憶を歴史に彫刻しつつあるのです。昨日を追懐し今日を考え、不可思議な因縁の働きを想う時、心の激するのを抑えることが出来ませぬ。既に帝都に於いては三度、又郷土に於いて旧都に於いて、上人の遺作展覧会は開催せられ、それは幾千の人々の脳裡に深き印象を鏤刻《るこく》しました。今や讃仰の声は凡ての国から起ってきました。そうして理解ある凡ての人々の新たな驚愕となっています。私達志を同くする者は、更に力を集めて上人の徳を永く世に讃えようとするのです。事ここに至った縁起を述べ、その悦びを仏天に感謝し、且つは上人彼自らの徳に帰すことを希い、ここに短き筆を擱《お》きたく思います。

（大正十四年五月廿五日認、七月廿四日補）

木喰上人略伝

一　縁起

因縁に導かれてここに発願し、木喰五行菩薩伝を綴る。併びに彼の限りない廻国遍路、遺し刻んだ幾多の彫像、及び匿れた和歌に就いて、逐次篇を追って述べようとする。

夢にだに知らなかった上人が、私の前に微笑《ほほえ》む仏を立たせてくれたのは、今年の正月九日のことであった。偶々その朝甲府には近い池田村の、小宮山清三氏の客となった。この旅に私を誘ってくれたのは浅川巧君である。

二躰の仏が暗い光を斜めから受けて、庫の前に置かれてあった。その前を過ぎようとした時、私が投げた一瞥は、思いがけなくも微笑む彼等に迎えられた。その刹那私はその価値が尋常でないことを直覚した。そうして即座にその微笑みの中で、上人と私との交わりは開始せられた。心を惹かれるままに私は驚きの世界へと入って行った。誰の手がよくかかる影像を刻み得たのか、如何なる信心がこの表現を産みなしたのであるか。語られた名は「木喰上人」であった。峡南の人であるということが之につけ加えられた。その夜私は友人である一人の彫刻家に宛てて書き送った。「私の直覚が誤ることなくば、上人は幕末に於ける最大の彫刻家だ」。

忘れ難い記憶は続いた。越えて十六日、私が病の床に在った時、枕辺に「微笑む地蔵」が佇んでくれた。この貴い贈物は小宮山氏の厚い志によるのである。枕頭にそれを近寄せて、心を誘われつつ病苦を忘れることが出来た。それ以来日々仏に眺め入っては不思議な時を過ごした。誰も私を訪ねる人は、私の室にそれを見ずして帰ることは出来ない。又誰も私からその仏像に就いて語る言葉を聞かないわけにはゆかない。上人のことを更に知りたい、多くの人も彼を知ることに悦びを感じるであろう、彼はこの世から知られねばならぬ。私にはそう思えた。上人に関して幾通かの書翰が私と小宮山氏との間に往復された。徐々として上人の外廓が私の前に浮んできた。

機は早く熟した。それ以来見ることを得た凡そ二十躰程の仏像は私に決意を促した。上人生誕の地を訪ねるために甲府に入ったのは、丁度半歳の後、六月九日であった。富士川に沿うて遠く下り、左折して下部に入り、常葉《ときわ》川の谿を溯って、丘上の一小村丸畑に達したのは、十一日の暑い午後であった。併し訪うたのが私ではなく、迎えられたのが私だとこそ言わねばならぬ。なぜなら次々に驚くべき場面が私のために回転されたからである。

人々が休む夕暮れが迫ったその頃、私の心は忙しさにせかれていた。総じて十六個の彫刻が或は燻ぶる扉の中から、或は風雨に悩む祠《ほこら》の内から私の前に取り出された。就中《なかんずく》、上人自筆の自叙伝、又は数ある歌集の稿本、驚くべき紙数の納経帳、額面、画幅、又は叢に捨てられた供養塔、是等のものが後を追って発見せられた。村の人々は奇異な眼で私を眺めている。見知らぬ一旅客のために彼等は、質問を受けるのに忙しい。村の者も久方ぶりで、賑わしく「木喰さん」の呼び声を繰り返した。

私が企てた二回目の訪問は、それから三週の後であった。私は史料を得て愈々上人伝の完成につこうとするのである。私は再び京都を立った。七月三日朝早く五、六人の一行で下部から丸畑へと指した。併し見知らぬ旅客に対し、祖先から伝わる文書をすぐ貸し得ないのは当然である。繰り返さるる説明と三人の捺印を要した証文とによって、漸く疑念は解かれた。その交渉と撮影の用務とで、一日の光は早く東から西の丘へと流れた。併しこの日に於いて凡ての発端が準備せられた。そこを立って再び下部へと帰った時、時計は早くも夜の十一時を打った。私の胸にはまだしかと上人の文書が抱かれている。

上人を伝えようとする最初の基礎は用意せられた。誤り伝えない範囲に於いて、筆を執る任務のみが私に今残っている。併し開拓せねばならぬ個所は、凡て処女地である。今まで上人に関する記事を他に求めたが、凡ての探索は徒労であった。文化年末に出たあの厖大な委細を尽した松平定能の著『甲斐国志』も、上人に就いては無言である。続いて嘉永の頃に書かれた大森快庵の『甲斐叢記』、萩原元克の『甲斐名勝志』、又は黒川春村の『並山日記』、近く編纂された『西八代郡誌』、それ等のものにも一行の典拠がない。凡ての僧伝にも辞彙にも彼の名は挙げられていない。上人の姓名が何であるかをも私自身で捜さねばならぬ。ここに書き得る上人伝が満足なものでないのは止むを得ぬ。彼のように殆ど一世紀に亙って生存し、無数の遺作を残した者に対して、詳細な伝を綴ることはまだ許されておらぬ。併し出発はいつも重要である。何人かが更に試みるであろう将来の研究に、正しい方向を与えるために、私は注意してその発足を試みねばならぬ。直接資料への忠実な依存が、為さねばならぬ私の任務である。

今日幸にも上人の自刻自像が残されている。それを見る者は誰も感じるであろうが、彼の性格、彼の宗教、彼の体験には並々ならぬものがあったにちがいない。それ程彼の影像には異常な相が現れている。彼の法話、彼の行実、彼の習性、恐らくそれ等に関する逸話を集め得たら、厚い一巻を組み立て得るであろう。だが時は既におそい。直接彼を知ったものは皆この世からは去った。彼等の子も孫も又去った。そうして彼等によって書き残されたものは一つもない。彼の故郷丸畑で私が集め得たものは僅かに二三の口碑に過ぎない。上人のような異常な人物の平生が、活きた逸話によって伝わらないのは非常に遺憾である。

だが幸にも自ら書き記したもの、刻み遺したもの、是等が上人の心を伝えている。中でも自叙伝の保存は、遂に長い埋没から彼を光にまで持ち来した。それは彼の伝記の基調であるから、私も亦それによってこの研究を出発せしめねばならぬ。

上人よ、貴方が背負いしという貧しい文箱が、百余年の間封じられた後、一人の見知らぬ客によって、驚きと悦びとのうちに開かれたのを知っておられるだろうか。その中に見出された貴方の筆になる古記録が、嘗ては貴方も訪ねた平安の旧都まで遠く持ち来されて、今彼の机の上に置かれているのをどう見ておられるであろう。そこに記された村民への遺訓が、その地にゆかりもない彼によって、将に世に公にされようとするのをどう考えられるであろう。貴方が刻んだと云う五智如来を、深夜燈火をつけて無住の僧庵に見に行った者のあるのを、知っておられるだろうか。うず高く塵に被われたその五躰を庭に運び出し、浄め、払っては写真に納めたのをどう思われるであろう。何人も開かないために鼬《ゆう》鼠《そ》の巣となっていた神殿の中から、貴方が作った「山神」の一軀を取り出して、その威厳に眺め入った者のあるのを、どう感じていられるだろう。倦まず貴方を助けた講中に、貴方が贈ったという内仏の中から、怒る馬頭観世音を見出した時、彼の呼吸が暫く止ったのを、どう観じられたであろう。貴方が心を込めて造営した四国堂の、跡形もないその場所に、棄てられている一つの供養塔を起して彼が拓本に納めたのをどう見ておられるであろう。貴方に関する彼の研究がこの世からどう迎えられるかを彼も知らない。だがそれが貴方のいつもの微笑みに受けとられることだけは知っている。之が彼にとってあり余る悦びでなくして何であろう。

　以上この研究に入る縁起を短く述べ終るに当って、最初彼に多くの援助を与えられた方々に対し、感謝の意を表すべき喜ばしい義務だけが只残っている、就中、小宮山清三、山本節、村松志孝、石部惟三の諸氏と、上人に関する研究資料を提供せられた伊藤瓶太郎氏とに厚く感謝する。

二　上人自叙伝本文

一、原文の一字一句も変更せず、誤字脱字と思われるものも、そのままに保留した。

一、句点ももとのままである。

一、本文中の小さい文字は行側にある上人の書き入れである。

一、本文中の＊印は原本の新行を、＊＊印は新頁を、＊＊＊印は新葉を示す。

一、片仮名交り文の個所は、却て一般の読者には読みづらいかと思って、別に下段に欄を設け、漢字を当て嵌めて書き改めた。熟考の後に定めた読み方ではあるが、尚二、三の読み誤りもあることと思う。

一、欄外のものには本文中明かに誤りと思われるもの、即ち脱字と誤字と上人の記憶の誤りとを、凡て修正してある。但し文体は更えてない。

四國堂心願鏡　＊施主　當村中　＊講中

＊＊＊
一　日本順國八宗一見之行想拾大願之内本願として＊佛を佛師國々因縁有所にこれをほどこすみな日本＊千躰之内なり
＊歸命頂禮法身阿字一念佛法至心信廣說普遍誓願事＊懺悔衆生法門度法界金剛諸佛同一躰三世淨妙自在＊無家木喰五行常觀心コレハ自《ミス》至《マ》心信常心ノ本願ナリ

＊
○クハンライ、コノ木喰五行菩薩事ハ當國當所丸畑ノ村ノ出生ナリ當所ヲ出ルコト＊十四才ノ歳ニタコク、江戸ヲモテニデテ、サマ〲ムリヤウノ、ホウカウヲ、ハゲミタビ〱出セ＊スル事、タビ〱アルトイエドモ、ウンキタラザレバ、

元来、此木喰五行菩薩事は、当国当所丸畑の村の出生也。当所を出る事、十四才の歳に、他国江戸表に出て、様々無量の奉公を励み、度々出世する事、度々あると雖も、運来たらざれば、

ロウ人スル事、ドドニヲヨブ、ソノ節＊サガミノ國石尊ヘサンロイタシ、大山不動エ心願ノ大徳ニヨツテ、子安町ニ一宿イタシヤド＊ヒマチノヨニ、トマリ合セ、ソノ僧ハコキ眞言宗師ニテ、因縁ニアツカリ、ソノ所ニヲイテ＊師弟子ノ、ケイヤクヲイタシ、廿二才トシナリシユッケソウゾクヲ、至心ニ、信ジテ修行ヲコタラ＊ザレハ、マス〳〵自心モアンイニカナイソノミチニ入テ修行ノ、ノチ所々ノ寺〳〵ヲ住シヨク＊ヘンレキシテ、ソノノチ日本廻國修行セント大願ヲ、ヲコシテ、法身スル事四十＊五才ノ年ナリ、ソノ節ヒタチノ國木喰觀海上人ノ弟子トナリ、木喰カイヲツギ＊ヲヨソ

浪人する事、度々に及ぶ。其節、相模国石尊へ参籠致し、大山不動へ心願の大徳に依って、子易町に一宿致し、宿日待ちの夜に泊り合せ、其僧は古義真言宗師にて、因縁に預り、其所に於て師弟子の契約を致し、（廿二才の歳也）出家相続を、至心に信じて、修行怠らざれば、益々自心も安意に適い、其道に入て修行の後、所々の寺々を住職遍歴して、其後日本廻国修行せんと大願を起して、法身する事四十五歳の年也。其節常陸の国木喰観海上人の弟子となり、木喰戒を承ぎ、凡そ

四十年ライノ、修行ナリ、ヲヨソ日本國々山々タケ〳〵嶋々ノ修行ヲ＊心ニカケテ、日本アラ〳〵成就ニイタル、ソノセツ九州修行ノ節ニ、ィたツテ＊日向ノ國分寺ニ、ヨン所ナキインエンニヨッテ　トドマリテ、住シヨクイタシ、三年目ノ正月廿三日ニ＊シユ火ニアイ、ソレヨリ七年カ間、ナンキヤウクキヤウニテ、ガラン、コンリヤウ＊成就シテノチ寛政十午歳四月八日ニ國分寺出立ス、ソレヨリ當國ニキタル事＊申ノ歳九月晦日ニ、コノ所ニキタリテ、當村寺ノ本尊五智如來ヲ、テウコク師奉クハンジヤウ、スルモノナリ、ジキニホツネンイタシ、アクル正月ノ末《ス》ニ出立ノ節＊當村ヨ

四十年来の修行也。凡そ日本国々山々岳々島々の修行を心に掛けて、日本粗々《あらあら》成就に至る。其節、九州修行の節に至って、日向の国分寺に、無拠因縁によって止りて住職致し、三年目の正月廿三日に出火に逢い、それより七年が間難行苦行にて、伽藍建立成就して後、寛政九巳歳四月八日に国分寺出立す。それより当国に来る事、申の歳十月晦日に、此所に来りて、当村寺の本尊五智如来を彫刻し奉り、勧請するもの也。直に発念致し、明る正月の末に出立の節、当村より

リ、ヨコテムラマテ、イチレツ、イツ
タイニ、申合、ネガイキクル事、タイ
⁂モウノ、ネガイノギ、ヲボツカナハ、
ソウラエドモ、アマリ、シユシヤウ
ノギニ、メンシテ、ソフ*ダンニヲ
ヨブ、ナニ事モ一切申合、グソクシ
テ、トリカカリソウロフ節、兄弟ド
モノ山ニ、ソフ庵ヲムスビ、コヤド
ウグ、トウハ、ミナ兄弟ノ松山、一ト
山キリアラシコレハ第一ノ、キシ
ンナリ*イヨ〱トリカ、ルハ、
寛政十三酉三月六日ヨリ、トリカ
ヽリ、ダン〱出ッライスル*事、中
バノコロニイタリテ、ハキ村方皆ハレ
〱ニ、フラクジヤクノギナリ、ミ
ナハナレテ、ノコリノ*ヤカズ十
八間ニナリ、成就スル事モ、ヲボツ

横手村迄、一列一
帯に申合せ、願いきくる事、
大望の願の儀、覚束無くは
候えども、余り殊勝
の儀に免じて、相談に
及ぶ。何事も一切申合せ、具足
して取り掛り候節、兄弟共
の山に草庵を結び、小屋
道具等は　皆兄弟の松山一と
山切り荒し、之は第一の寄進
也。愈々取り掛かるは、
寛政十三酉三月六日より取り
掛り、段々出来する事、
半の頃に至りて、脇村方、皆
割々に、不落着の儀なり。
皆離れて、残りの家数十
八軒になり、成就する事も

カナク、ゾンジ、ソウダンニヲヨブ、ソノ節ハ*當村十二間ハ、申ニヲヨバス、ナミザハムラ五間モ、フミコンテスルハズニ、カタク申合ソフ*ラエドモ、ソノノチ又々フラクジヤクニ、アイナリハナレテ、アト十三人トナル*ソノ節、ヒヤウギシテカタク申合十三人講中トキハメ四國八十八所ハ日本廻國大願*成就ノ供養ノタメニ、コノトコロニ八十バンクハンジヤウス、又ナミサハムラノ施主ハ*キシン、カウリヨク、アルイハ、人足トウマデモ、万ジ心ツケタル、至心ノ心ザシニ*メンジテ八尊ハ三人ノ内佛トシテ、サヅクルモノナリ、リヤウムラ〆テ、八十**八バンナリ、タ

覚束なく存じ、相談に及ぶ。其節は、当村十二軒は申すに及ばず南沢村五軒も、踏み込んでする筈に、固く申合候えども、其後又々不落着に相成、離れて後十三人となる。その節評議して固く申合せ、十三人講中と極め、四国八十八所は日本廻国大願成就の供養の為に、此処に八十番勧請す。又南沢村の施主は、寄進合力、或は人足等迄も万事心附けたる、至心の志に免じて八尊は三人の内仏として、授くるもの也。両村締て八十八番也。

トエマッセニイタルトモ、兩村ヘタテナク、シンスベキモノナリ＊又々當村ノ衆中モ、フラクジヤクギニ、アイミエ、ナニ事モ、ソレ〴〵ニアイナリ＊ナニ事モ、忘シテシシヤウノ所ヲ、ヲボツカナクヲモイ、ソウラエドモ、マズハダン〴〵ノギヲ＊ココニシメシヲク事、コレハサンゲノギナリ、スベテ一切ノギ神佛に＊ツカヘ、神前ニヲイテハ、神ハヒレイヲウケジ、佛前ニヲイテ、イロ〳〵＊トリ合ノ、不ジヤウ、ボンブハシラスト、イエドモ、メン〳〵ノ身ノ上ニ＊カヽル、フジヤウナレハ、現世ニヲイテハ、一切シユッセモカナハス、又ハ＊七ナンノナンキタルトイエトモ、ノガレガタシ、ゲントウト

縦え末世に至るとも、両村隔て無く信ず可きもの也。又又当村の衆中も、不落着儀に相見え、何事もそれ〴〵に相成、何事も忘じて支障の所を、覚束無く思い候えども、先は段々の儀を茲に示し置く事、之は懺悔の儀也。凡て一切の儀、神仏に仕え、神前に於ては神は非礼を受けじ。仏前に於ては、色々取合せの不浄、凡夫は知らずと雖も、面々の身の上に掛る不浄なれば、現世に於ては一切出世も適わず、又は七難の難来ると雖も、逃れ難し。現当共に

モニ、コツゼント、サ、ハリトナルユヘ*コレヲキキ、コレヲタモチテ、マツセニイタルトモ、ツミトガ、フジヤウヲ*ハライテ、佛前ニムカイテ、コト〳〵ク懺悔《サンゲ》シテ、家内***アンセンヲ、ネカフベシ、又曰ナツノコロヨリ、又サンゲツカイ水トウマデモ、ホグニ*ナリ又曰タ木キ山ヲモトメ、ムラ方ニテ、スル事ノキマリ方モ、ソレ〳〵ニ元切*バカリステヲキ、コレモ此方ニテ、人ヲ入トリシマツイタシス、又本尊*堂迄も成就ノノチモ、ソウジトウモカマハス、又曰開現ノ節モ、一チエンセハモ*ナク、又アトノ、トリカタツクル事モ、サラニカマハス、コノ心ニテハ一ッ切*ヲボツカナクハ、ソウラヘ

忽然と障わりとなる故、是を聞き是を保ちて、末世に至るとも、罪科不浄を払いて、仏前に向って悉く懺悔して、家内安全を願う可し。又曰く夏の頃より、(又懺悔)使い水等迄も反故になり、又曰く薪山を求め、村方にてする事の定り方も、それ〳〵に元切ばかり棄て置き、之も此方にて人を入れ、取り始末致します。又本尊堂迄も成就の後も、掃除等も構わず、又曰く開眼の節も、一円世話もなく、又後の取片附くる事も更に構わず、此心にては一切覚束無くは候えども、

ドモ、コレマデノ一切ノゼンモアクモ、サンゲシテ＊ナニ事モ、カンニン、フソクヲ、コラエテ、タガイニムツマシク、一切ニ心ヲツケ＊至心、信心ノ心サシヲ、ヲコスニヲイテハ、ムラ講中モアンゼンナル事＊ヲエテ、所モハンジヤウ福徳圓満自在ナル事、ガンゼンナリ＊タトエマツセマデモ《イタルトモ》、ユイツタエ、信心ノ心サシヲ、ヲコスヘキモノナリ

＊＊ツブサニハノブル事アタハス

之迄の一切の善も悪も懺悔して、何事も堪忍、不足を堪えて、互に睦しく、一切に心をつけ至心信心の志を起すに於ては、村講中も安全なる事を得て、所も繁昌、福徳円満自在なる事、眼前也。縦え末世迄も至るとも、言い伝え、信心の志を起すべきもの也。

具さには述ぶる事能わず。

木喰五行信頼の件

歌に

○カウ中ノ　心もこゝに　丸ばたけ

十三ぶつの　心なりけり

○みな人の　心ごゝろを　丸ばたけ
かど〳〵あれば　ころげざりけり

○みな人の　心のぐちは　いらぬもの
ふじやうけかれと　おもへ人々

○みな人の心をまるく　まん丸に
⁂どこもかしこも　まるくまん丸

○みな人の　心ごゝろを　さんげせよ
神も佛も　いさみまします

○みな人は　このよばかりを　たのしみて
またくるはるは　なにをくふべき

○木喰の　かたみのふでの　おもかげを
心にかけよ　このよのちのよ

⁑四國堂木喰五行ノ一切一ツキコンリヤウナリ　―　四国堂は木喰五行の一切一期の建立也。

享和二戌歳二月廿一日ニコレヲカク

衆生ノタリキハドウジヤウノイタニシルシヲクモノナリ　―　衆生の他力は堂上の板に記し置くもの也。

日本廻國八宗一見

日州兒湯郡府中國分村
勅願所　五智山國分寺隱居事
天一自在法門　木喰　五行菩薩（花押）
出生ハ當所ナリ　八十五歳

三　上人自叙伝註解

この「四国堂心願鏡《しこくどうしんがんのかがみ》」は四国堂の縁起を述べたものではあるが、同時に上人の自叙伝であり又遺訓である。記されてから百二十二年の歳月が流れた後、忘れられた環境の中から之が見出され、遂に世に出るようになったことを私は感謝する。上人の名と彼の行実とへのこの上なき保証が、長くこの一篇によって保たれるであろう。若し之が失われていたなら、彼の伝を綴るのに、幾多の困難と蹉跌とが私に加えられたにちがいない。誰も今は彼を語るのに彼自らの言葉を以て語る悦びを得るのである。

上人自筆の稿本は今彼の血縁の一族伊藤瓶太郎氏の家に伝えられる。本年の六月十一日、私が上人の故郷を訪れた時、一人の見知らぬ農夫によってそれが私に齎らされたのは、もはや帰り路につこうとするその日の暮れ方であった。怪訝な想いで私を取り巻く農夫達の中に佇んで、私は薄あかりの中に文字を辿った。それが上人自筆の草稿であり而も自叙伝であると誰が予想し得るであろう。その折の語るに余る私の悦びを、どうしてここに語ることが出来よう。私は一夜をこの村にあかすことを即座に決心した。夜更けて空が白むのもまもない頃まで、私はそれに読み耽り字を追って凡てを写しとった。かくしてその時から暗い闇は晴れて、まごうことない上人の姿が私の前に浮び出てきた。

原本は表紙共半紙七枚からなる稿本であって、序とも見るべき彼の本願、次に細字で書かれた本文としての自叙伝、終りに和歌七首を添え、更に奥書がある。稿本七枚のうち一枚は後から附録として貼附したものであって「拾三人講中」と題されている。前掲の如く原文は和漢両文体混合し、且つ平仮名と片仮名とが交え用いてある。上人はかかることには極めて自由であった。文体も一様ではなく、字体も時として読み難く、且つまま脱字と誤字とがある。本文に強いて片仮名を用いたのは、無学な村民に読んでもらいたい希望があったからであろう。それ故自ら字句を修正し追加し、且つ丁寧に一々句点を施してある。

上人がなぜ筆を執って、この自叙伝を書き残したかを私は次のように述べることが出来よう。上人はその折八十五歳であった。日本廻国の行願を成就して、長く別れた故郷にと帰ってきたのである。だがそれは休むがためではなかった。短い滞留の間に、彼は決意して一生一期の大業を果したのである。それは四国堂の建立であった。四国堂とに四国八十八ケ所の霊場に因んで与えた名である。八十八番それぞれの本尊を刻んでこの堂に納置し、彼の大願とした供養をここに果したのである。この新しき堂の「開山」である彼は、どうしてそれが由来したかの縁起に就いて書き残しておかねばならぬ。而もその縁起を語ることは彼自らを語ることでなければならぬ。彼は記して彼の兄弟の家に之を残した。

次に彼はこの堂の成就に向って、彼を助けた施主のことを語らねばならぬ。特に最後まで堪えてこの難行の完成を助けた十三人の講中に就いて、記さねばならぬ。このことはどんなに彼にとって悦ばしい追憶であったであろう。彼自らを語ると共に、このことを語るのが彼の志であったにちがいない。

終りに之は彼が村民に送る別れの言葉であった。「三界無庵」の彼はこの堂を成就して後再び故郷を去るのである。既に年老いた彼にとって、いつ又故郷に帰り得るかを予期することは出来ない。終りに彼は一首を添えた、

「木喰の　かたみの筆の　面影を
　　心にかけよ　この世のちの世」

然もそれは只別離の辞ではない。出家してから六十有余年の彼は、彼の活きた体験を以て彼の熟した叡知を以て、村民に懺悔の教えを残したのである。

表題に「鏡」という字が添えてあるのは「いましめ」の意である。宗門に入るとは懺悔の門に入る謂ではないか。人は浄罪の階段を踏まずして天国の扉を叩くことは出来ぬ。こ

の自叙伝を書いたその同じ日に彼は別に「懺悔《さんげ》經《きょう》　諸《もろもろの》　鏡《かがみ》」と題した一文を起草して、「竝びに授く」と書いた。その中に挿まれた歌の一つに、

「懺悔せば　心の罪は　消え失せて
　菩薩も同じ　心なりけり」

懺悔の教えはいつの世にも新たな教えである。だが人々はその教えを過去の巻に封じて了った。この稿本が世に出て、再び耳を彼に傾ける者が出るなら、浄土での悦びの声が更にふえるわけである。

扨《さて》、私は原本を座右に置いて、上人の言葉に註釈を添えてゆこう。さもなくば上人の故郷を訪うた人でない限り、又仏法に親しみがない限り、読み難い個所もあろうと思うからである。

上人の一生は廻国順礼の一生であった。日本国中彼の足跡の残らない所はない。而も彼は神仏への敬恭を果すために殆ど名ある凡ての神社仏閣を廻向し歩いた。上人は真言の僧ではあったが、一宗に仏法を限ることを欲しなかった。彼は常に「八宗一見」の句を用いた。八宗とは一に三論、二に成実、三に法相、四に倶舎、五に華厳、六に律、七に天台、八に真言の八宗である。だがここでは凡ての宗派を抱括する意味であって、もとより浄土、禅の諸門をも含むであろう。彼は自らを「八宗僧師」と呼び、彼の法門を「自在法門」と呼んだ。

日本廻国順礼の行は彼の深き心願であった。この行願は十個の主旨に基くのである。恐らく四十華厳経の普賢行願品にある十大願から出たのであろう。一つには「諸仏を敬礼し」、二つには「如来を称讃し」、三つには「広く供養を修め」、四つには「業障を懺悔し」、五つには「功徳に随喜し」、六つには「法輪を転ぜんことを請い」、七つには「仏の住世を請い」、八つには「常に仏に随って学び」、九つには「恒に衆生に順じ」、十には「普く皆廻向す」ることを希ったのである。就中「供養」を彼は本願とし、仏躰を刻んで因縁ある各所に之を納めた。古い慣例に倣って、「千躰仏」の彫像に志したのであろう。彼は一軀を作る毎に「日本千躰の内なり」とその裏に記した。四国堂に供養し納めた八十八躰仏は、その内の重要な一部を占める。

彼は真言宗に僧籍があったが故に、心は深く阿字観に育てられた。阿字の一念を歌った彼の句は一二に止らない。

「阿字をみる　阿字の心を　ながむれば
　　さながら阿字の　姿なりけり」

「木喰の鼠衣に　つゝみをく
　　阿字の一字そ　あらはれにける」

「帰命頂禮」以下はかくしてこの信仰による誓願を語る。普く仏法を弘め、罪業を懺悔し、衆生を済度し、法界を現じ、三世に浄福を来らすことは、彼の変らざる至心よりの本願である。

彼は以上のことを「無家木喰五行」の名に於いて記した。「無家」とはこの世に於ける家を持たないからである。無住心に活きているからである。彼は出家の身ではないか。この世に於ける彼の住家はない。なぜなら仏土に彼の家の凡てがあるからである。出離の身は又戒律の身である。木喰するのは世欲を離れる意である。彼は火食する身を持たない。この戒は竺土に於いても、唐土に於いても古くから修行せられた。法華経巻五に「採果汲水」と云い、宋高僧伝巻八智封の条に「木喰澗飲」というのも同じである。（日本で古く木食に於いて名の知られた人は、秀吉の頃にいた高野の僧、応其木食興山上人である）。「五行」とは彼の晩年に用いた僧名であった。終身五行戒を守る意であろう。一は布施行、二は持戒行、三は忍辱行、四は精進行、五は止観行と起信論には記されている、残る彼の歌に、

「つゝしみは　五行の道の　極いかな
　　ならべて見れば　五かひなりけり」

彼の一生は家なく妻なく子なく財なく、更に欲なく我もなき一生であった。この世に一物もない彼は仏に於いて一切を持つ彼であった。

扨、自叙伝は「元來此木喰五行菩薩事は」と筆を起してある。晩年の彼は常に「菩薩」と自らを呼んだ。それは単に自負心が産んだ称号ではない。菩薩とは一覚を求めんと志す

有情」を意味するのである。上は菩提を求め下は衆生を化す者は皆菩薩である。仏道に志すほどの者は菩薩であらねばならぬ。

上人の俗姓は伊藤、享保三戊戌の歳、西紀千七百十八年、今を去る二百〇六年の昔、八代将軍吉宗の時、甲州西八代《やつしろ》郡古関《ふるせき》村丸畑《まるばたけ》に生れた。彼には二、三の兄弟があったようである。村民に伝えられた口碑によれば幼い彼は異常に怜悧であった。恐らく多量の空想と憧憬と、又小さな胸に秘められた苦悶と熱意とがなかったら、僅か十四歳の少年をして、出奔の決意を促しはしなかったであろう。或る日のこと野良に行くからと云い置いて、彼は密かに父母の家を棄てた。まだ小さな彼が幾つかの山を越え河を渉って、遠く江戸に出るまでには多くの難儀を嘗めたであろう。併し彼は志を弱めることがなかった。その日から八年の間は、彼のこの世での放浪の時期であり、又準備の時代であった。

恐らく元文年間の頃であろう。或日富里村から大界《おおさかい》さして籠に乗る検分役があった。古関村が市川の役所から検分を受けるのである、今日でいえば土木工事の検閲であろう。村の者共は道に之を迎え或ものは籠担《かごかき》の労をつとめた。だがその時簾を上げる役人の眼に一人の老夫が映った。彼は命じてその者に籠を担がせることを止めしめ、且つ一日の休みをとらせるようにと言い伝えた。この検分役は実にこの村を十四歳の時出奔した若者であり、籠を担おうとした老夫は彼の実父であった。その夜、子は密かに父母を訪れて、彼の出奔を詫び且つは慰めて金拾両ばかりを包み、それをおいて再び故郷を去った。この劇的な一場面は今もその村の人々によって親しく語られている。

だが若い彼にとってこの世の栄達は心への新たな苦しみであった。二十二歳の時、彼は道を求めて相州大山不動奥の院石尊大権現に参籠し、精進の幾日かをつとめた。偶々ほど近くの子易町に一宿した時、彼は遂に因縁にあずかり沙門の身とはなったのである。その夜は日待ちの晩であったと云うから、恐らく正月のことであろう。彼は真言宗のある大徳によって道を説かれ、遂にその門に入ることを決意した。この一大転期に於いて、七十有余年の僧としての彼の生涯は遂に開始せられた。時は元文四年己未である。

この年から続く二十有余年、即ち寛保、延享、寛延、宝暦の諸年が流れ去る間のことに就いては、私は今何も知る処がない。只修業を専念にし、諸々の仏寺に聖職を務め、順礼の行願を起した彼のみを知るばかりである。

上人が木食戒を受けたのは四十五歳の時、即ち宝暦十二年のことであった。彼の師であったという常陸国の木喰観海上人のことに就いては、まだ何事も知られておらぬ。その頃木食の行を修める人は少くはなかったようである。友人からの便りによれば、愛知県一宮市九品寺に一つの墓が今尚残っている。表には「木食温泉良圓本不生位」と記され、裏には「寛保二壬戌歳四月十五日」と刻してある。彼に関する古文書は今国幣中社真清田神社に所蔵されていると聞いている。特に彼の死は入定によると伝えられる。別に又文政年間甲州市川大門町の宝寿院に留錫して多くの信徒を集めた木食観正と呼んだ僧がある。彼の碑は同院惣門の傍にあり、又甲州中巨摩郡松島村にも現存する。彼に関する史料は今市川大門町花園院に残されている。

その木食の行を守った者のうち、木喰五行の名は今後特に人々の視線を集めるであろう。彼は回顧して「凡そ四十年來の修行なり」と書いた。彼は九十余歳を保ったのであるから、木食すること実に五十年に及んでいる。而も晩年の筆跡やその彫像を見れば、如何に彼が健康であり絶大な精力を持っていたかが分る。

而も木食の生活に入ったその頃から、彼の驚くべき廻国順礼の企図が始まるのである。今日残された自筆の「御宿帳」及「奉納経帳」によれば、北は蝦夷奥羽越佐から、坂東東国、畿内近畿、山陰山陽、四国九州の凡てが彼の法足に踏まれた。その順礼は安永初年から文化年間に及ぶのであるから、凡そ三十年間である。

彼は一定の仏寺に永く住職することを好まなかった。恐らく佐渡に於ける四年と、日向に於ける十年とはそのうちの大きな例外であろう。天明八年九州修行の折、彼は偶々日向国の勅願所国分寺に足を留めた。縁あって遂に住職し、彼には珍らしく長い年月、ここで法を務めた。だが三年目の正月、不幸にも伽藍、舎殿炎上し、その名刹は遂に烏有に帰した。復興しよう、彼はすぐこの大きな計画に進んだ。彼は浄財を求めるために、暫くその地を去って再び諸国を順礼した。「七年が間難行苦行にて、伽藍建立し」と彼は当時を想い返した。併し彼が努力したその堂宇も今日は残っておらぬ。名ある勅願寺も今は無住であって、彼が自ら造った大なる仏像五個のみがその昔を語っている。

業を終えるや彼は再び旅僧の身となって、その寺を去った、「寛政十年」とその時を記してあるが、日記には「寛政九巳四月八日立」と明かに書いてある。その時上人の齢八十である。この旅が三年の間続いた後、彼の足は故郷に向いた。「納経帳」の示す所によれば、十五年目の帰省である。彼が丸畑の土を踏んだのは寛政十二申歳十月晦日である。(九月と記されているのも十月の誤であることが日記によって分る)。

着くやすぐ彼は一つの仕事についた。彼の故郷の唯一の寺、丸畑屋敷平《やしきだいら》にある永寿庵の修理とその本尊の彫像とである。本尊は大日、阿閦《あしゅく》、宝生、弥陀、釈迦の五智如来である。恐らくはその年の暮、彼は凡てを勧請し終った。庵内の中央、高き仏壇上に五個の並んだ龕《がん》を設け、その裡に安置し開眼の式を挙げた。

私は忘れられない。自叙伝のこの個所を読んだその夜、この寺がまだあると聞いて、燈火をつけてその寺を訪ねた時を。寺は全く無住である。軋る戸の響きが夜の空に冴えた。床は荒され塵にまみれている。私は燈を高く掲げた。その時散り荒された器具の向うに、奥深く世尊の顔が龕内に見えた。「おお」声は思わず私から洩れた。驚きから再び反省に目覚めた時、列ぶ五躰が一つ一つ私の目に映った。上人が自ら刻み自ら記したその五智如来はかくして今も尚現存する。四国堂が失われた今日、之は丸畑村にとっての至宝である。村民はいつその価値を覚り、怠らず是等の如来を供養するに至るであろうか。

越えて寛政十三年正月の末、三ケ月間の滞留の後、彼は将に故郷を去って再び旅に出ようと欲した。だが村民の懇望は彼の出発を延期せしめた。この延期は彼の長い生涯の巻物に、最も輝かしい一場面を与えた。彼はこの時から凡そ二ケ年の間その故郷に留まっている。上人一生のうち最も多忙な最も大きな仕事への時期が来たのである。

村民の懇請に対する記事は、簡略であって、私達はその詳細を知る由がない。併し事情は恐らく次の如くであったであろう。再び上人の帰省を迎えて、その徳望と叡智と、驚くべき戒行と且つは彫像の技を目のあたりに見た人々は、上人の宗風を慕って暫くの滞留を乞い、合せて堂宇の建設を希ったのであろう。そのために丸畑のみならず、南沢《なみさわ》から横手《よこて》にかけ更に三沢《みさわ》や道《どう》の村々まで、皆施主を募って力を合せ、この業を助けることを約したのである。上人もその厚い志に免じて、遂に意を決して発願し、四国八十八の霊場供養のために、八十八軀の仏像を刻み、一つの堂に納めようと議したのである。施主からの寄進は二月の初旬から始まったようである。或者は麦殻二把を、或者は茅三束を、或者は金六文を、かくして徐々に凡ては用意せられた。施主が願主のために助けねばならぬ仕事は三つあった。第一は彫刻の仕事場を作ることであった。二つには仏像の材料を山から切り出すことである。第三は堂宇の組立てである。

松材を以て小さな草庵を上人のために造ったのは、丸畑向《むかわ》にある本家、即ち彼の兄の家の裏手であったようである。今日は残っておらぬ。愈々この大業に着手したのは寛政十三年三月六日のことであった。遂に成就したのがその年の十一月晦日であるから、要した月日は九ケ月弱である。この間に彼は八十八個の仏を刻んだ。平均すれば三日に一個の割合である。或ものは実に僅か一日の中に作られている。丈凡そ二尺二三寸の仏軀を彼はどうしてかくも迅速に作り得たか。彼は既に年老いて八十四歳である。然るに彼の努力彼の精力は驚くべきものであった。昼となく夜となく鑿《のみ》の音が聞えたと村には言い伝わっている。用いたものは鑿と小刀と鉈と鋸との四種であったと云われる。人が見にゆくと彼はすぐ莚をかけて決して見せなかった。彼は話を好んだ。子供でも大人でも彼の話相手であった。而も拒まずにいつまでも話しつづけた。客が帰ればその仕事場にはすぐ鑿の音が聞えた。同じその頃である。傷づける者、腫物のある者、又は病める者が、近隣から集っては上人に治療を頼んだ。彼はよく墨を一二点傷口につけては返してやった。行く者は皆癒えたと云われている。彼に治療の力があったと云うことは極めて自然に思える。

人にも知られない丸畑の小さな村落は、その折如何に忙しかったであろう。努力する者は上人のみではなかった。施主にも亦休みなき仕事がある。それは彫像の用材を集めることであった。多くは栃代《とじろ》山から伐り出したと云われている。少くとも長三尺直径一尺四五寸の材木を背負って、河を渉り丘を登って運ぶことは容易なことではなかったであろう。それも何ケ月間続くかは人々には分らない。助けを契った者も労れ始めた。結合は鈍り人は別れ村は離れ出した。上人もどれだけ心もとなく思ったであろう。「残りの家数十八軒になり、成就する事も覚束なく存じ」と彼は書いた。だが遂に上人を信じて最後まで踏み止った者が十三人ある。上人も彼等の信頼を後まで忘れ得なかった。堂が出来た時、彼は円形の札を作って中央に「講中連名〆拾三人」と書き、その周囲に皆の名を書いた。丸六、吉六、幸吉、平蔵、光右衛門、菊右衛門、里右衛門、浄助、伝吉、四郎右衛門、幸右衛門、重右衛門、政六。私も亦是等十三個の名を彼等の名誉のためにここに記しておかねばならぬ。(この内「丸六」は恐らく彼の血縁の者であろう。彼の日誌に丸畑に於いて丸六の家に宿ると書いてある)。

かくして多くの困難に打ち勝って、八十八番の供養仏を刻み終ったのは十一月の晦日のことであった。尚是等を納める四国堂の完成にはあと二、三ケ月を要したようである。開眼の式を挙げたのは翌年の享和二戌歳二月八日であった。

記録によればその堂に勧請したものは八十躰であって、残りの八躰は南沢村の三人へ内仏として贈った。特に彼を厚く助けた者の労に酬いたいためであった。今日も尚その村に右の内の五躰だけは現存する。真に家宝である。

彼は是等の次第を記しおいて、一つには四国堂の縁起を、一つには講中の徳を伝えようと欲した。終りに村々の人へ注意したき二、三の事柄を述べた。人々の生活を見れば、如何に凡てを等閑《なおざり》にし、粗末にし、公を思わず、利に馳せて、謹みを欠くかが眼にうつる。ましてや寺を守らず神を敬わず、信心の薄れゆく姿がみえる。忙しい中にも上人は、人々の棄てた仕事を拾ってはその償いをしてやったようである。心もとなく感じられたにちがいない。是等のことを気にかけつつ、上人は最後に、守るべき教えに就いて、短い而も幾つかの言葉を書き添えておいた。

神を敬えよ、仏を信ぜよ、悉く懺悔せよ、不浄を払えよ、互に罪を赦しあえよ。堪忍せよ、怠るな、何事も不足に思うな、心を丸くせよ、睦じくせよ、信心を忘れてくれるな、福祉は既にお前達のものだ。この平易な教えを越える教えがどこにあろうか。彼は是等のことを深く信じ末世になるともゆめ忘れるなと繰り返して書いた。

彼は傍らに書き添えて是等のことを「具には述ぶる事能わず」と言った。深い実感と敬虔の情に溢れた者でなくば書き得ない言葉だ。彼は彼の心をわずかに歌に託した。

彼は書き終って、日附を入れ、名を記し、いつもの如くその下に花押を書いた。

（一九二四・七・二〇）

附記

上人の前半生期に就いては、この篇で述べた以外には審《つまびら》かには知られておらぬ。その時期の文献を見出すことは殆ど望み難い。丸畑時代以後のことに就いては別項に詳述してある。最後のことは未知の謎であるが、秘幕は遠からずして、開かれるであろう。

上人の日本廻国

一　上人の廻国順礼に就いて

出離の身である。既に三界無庵の彼である。この世に心残りはあらぬ。住む吾が家を棄てた彼には、何処も同じ彼の住家である。無住より優れた住処はあらぬ。一切を求めんとならば、一物をも求めてはならぬ。捨棄にまさる所得はあらぬ。僧は貧を味わう。欲せず有せざる者は一切に自由である。上人は歌にその心を示した。

身を捨つる身はなきものと思ふ身は
　天一自在　うたがひもなし

彼の一生はここに示さるる真理が事実であったことを告げる。捨身がなくば遍路への旅立ちはまだ不純である。

吾が家を捨てるとは仏の家を訪ねる意である。順礼にその心の活きた姿が見える。霊場はそれぞれに仏の居給う個所である。この一生は又仏への断えざる参詣である。信徒は崇仰と礼拝との心に活きる。日本廻国の行は上人の篤い心願であった。彼には之が僧に応わしい生活であると感じられた。この願が幾年の後に成就されるかは分らない。否終りなき旅であってこそ正しい遍歴である。彼はそう信じて果しなき旅へと出発した。

僧の生活は仏の慈念に生きる生活である。既に仏に守らるる身である故、自らが生命を保つのではあらぬ。信仰の生活に入るとは恵みに活きる謂である。この悦びを味わう彼は自らでは一物をも選ばない。凡てを慈悲に於いて受けようとする。彼は仏の御意《みこころ》に凡てを托している。施物にのみ活きた彼の一生はこの信仰の現れであった。彼は施主からの贈物を、仏からの施物として受けた。彼は人の心に示される仏の心を敬い迎えた。そうして慈念に活き切る者の幸いを深く感じた。彼の一生は托鉢の一生であった。断えざる恵みの中に彼は彼の生命を支えている。時として施す者が出ずとも、彼は彼の信念をゆるめない。その時は恵みを受ける力がないと反省したであろう。そうして彼の無力を憐む仏に尚も信じ入ったであろう。

一生の径路は霊が仏を慕う道すじである。何れの心も順礼の旅路に在る。何れの時も旅のさ中である。彼は彼の順礼に生命の意味を読んだ。この行の中止は生命の中止である。彼は止ることなく導かるるままに先へ先へと歩を進めた。

彼は学僧の身ではなく、又僧正の位でもない。それ等も彼のなし得たことであろう。併し彼が選んだのは一遍路の身である。彼も時として迎えらるるままに諸寺の住職となった。だが金襴の衣は彼の心にそぐわない、彼は修道の一信徒として早く寺を去った。順礼は彼にこの上なき修行と思えた。彼の希いは広くあった。もはや半生の齢を越えた時、彼は日本廻国の大業を欲した。（それはわずか四国八十八番の札所をのみ廻るのではない。それとても三百里の道すじである！）。彼の詣でようとするのはあらゆる霊場である。この扶桑廻国の業は信徒の間には屢々試られたことのようである。だが彼程志を枉《ま》げず隈なく歩き遂げたものはないであろう。踏まれた里数は幾許となるであろうか。概算すれば後半生期だけで優に五千里に達するであろう。水路を多少舟によったのみで、あとはもとより徒歩《かち》である。縁《ゆかり》ある所には留まり、なき所には留まらず、凡てを因縁のままに任せた。一日に少なきは一二里、多きは十幾里。上は北海道松前庄から下は九州の鹿児島まで、右端は金華山から、左端は佐渡の島に及んでいる。

　宗籍からすれば、彼は真言の僧であった。自伝が語る通り、二十二歳の時偶々子易町で、出家の身となったのは、ある真言の大徳に心を啓かれたのによるのである。（本書第一篇に委細は記してある）。彼の宗旨は阿字観であった。彼はその教えを短く「懺悔《さんげ》経《きょう》諸鏡《もろもろのかがみ》」の中に書き遺した。併し彼の和歌を通じて見れば、啻《ただ》に観法を勧めたに止らない。いつも浄土への信仰は篤く阿弥陀への帰依が深い。（本書一一九頁「佐渡に於ける上人の遺作」及び二八七頁「上人の和歌」を見られよ）。彼のような人を一宗一派の僧と見てはならぬ。彼の自由な心境は凡てを容れる余裕があった。自らも「八宗僧師」と名のっている。彼は彼の廻国遍路を「八宗一見の行想」と呼んだ。詣でる寺々も決して真言の一宗には限らない。禅刹も弥陀堂も彼の足を招いている。之のみではない。神社も亦彼の敬念を集めた。神仏は一体であった。彼の納札《おさめふだ》に彼は「靈佛靈社日本順國」と書いた。私は今旅僧の彼を思い浮べる。何よりも残る自像がその姿を語る。（今日残存する自刻像は少くとも四躰ある）。一見して並ならぬ風情である。誰にも気附かれるのは蓬々としてはえる顋鬚である。「木食さんの髯で撫次第」、今は諺《ことわざ》とさえなって佐渡の全土に言い伝わる。耳朶は豊かに垂れて、いつも目と口とは微笑みを欠かない。彼の円き顔には円融の相が泛ぶ。その心境が進むにつれて、相貌も亦深さを加える。彼の顔は彼の修行が彫刻したのだと云い得よう。丈は低かったと云われる。だが肉体は健全であり四肢は強壮である。いつも法衣をゆるやかに肩から纏う。残された歌によって、その色は黒い墨染ではなく、鼠衣《ねずみころも》であった。この鼠色はよく「僧にも非ず非僧にも非ざる」彼の心を語ると言い得よう。

出家の身であるから、持物とても数える程はあらぬ。凡ての遍路と同じように頭には一枚の笠、その上には順礼の心を語る次の句が書いてある。「本來無東西、何處有南北、迷故三界城、悟故十方空」。首には念珠、手には鈴、そうして一本の金剛杖。そこには「同行二人」と彼も記したであろう。二人とは南無大師と彼自身とである。人は何処に行くも仏と二人で旅するのである。それ故独り身なれど、孤独ではあらぬ。背には一つの黒き箱、(今もこの箱は残る)。その中には負仏《おいぶつ》が納めてある。そうして二つの厚い納経帳、幾枚かの紙を綴じた「御宿帳」、それに恐らくは小刀と鑿。腰には矢立。僅か是ほどのものに過ぎぬ。携える金子とても、もとより多くはあらぬ。それも人々の寄進によるのである。自らの金子ではあらぬ。木食のことであるから食物も整《ととの》える必要はあらぬ。僧である故施物に活きるのである。宿とても心ある者が室を勧めずば、木賃に宿り又野に眠るのである。彼は屢々堂に籠《こも》り山に籠った。

木食の　けさも衣も　むしろこも
　　きたりしひたり　ねたりおきたり
木食の　はたかの姿　なかむれば
　　のみやしらみの　ゑじきなりけり

第二の句は吾が身の空を歌ったものであろうが、之が彼の貧しい遍路の生活であった。順礼は苦行であり修行である。

その頃は今日とは異って篤信の者が多い故、民衆の生活は信じ信じられつつある生活である。修道の僧は施主を信じ、施主は願主を信じきった。施物にのみ活き切ることも並大《なみたい》抵《てい》ではあらぬ。だが行者を信じ切ることも並ならぬ信念である。僧は人の心に仏心を読み、人は僧に仏の化身を見た。普く万霊を供養することは僧の悦ばしい希いである。そうして遍路する者を遇するのは人々に恵まれた務であった。接待の心もまた大師詣での心である。僧はその寄進を仏の慈念として受ける。人々はその喜捨を仏への喜捨として贈る。順礼は彼一人の願を成就するがためではあらぬ。彼は万民の希願をも担うて遍歴する。私達はかかる時代があり得たことを、又あり得ることを信ぜねばならぬ。世は仏の裡に活き得たのである。

行者は深く十善の戒を守る。浄き身を守らずば僧たるの意味はあらぬ。施主も亦律に乱るる僧を許さぬ。精進苦行を忍び得ないものは彼岸のことに係わる権《ちから》を持たぬ。貧さに幸を感じるほどの修行が、僧侶にはなければならぬ。富む者、貪る者、奢る者は順礼の旅に堪えることは出来ぬ。

仏路の歴程にある者には、遠き路も感謝である。粗食も亦感謝である。何れも彼にとって恵にあふるる修行である。仏の名に於いて受ける者には、凡てが感謝であり讃美である。食する前に彼等は祈り、休む前に又祈り、起き出でては又祈る。歩く時も憩う時も同じく祈りの時間である。経を口ずさみ鈴に和して彼等は歩む。人に逢うては真言を唱え、又別れては念仏を唱える。或は和讃、或は詠歌、或時は祈願し或時は回向する。寺に達しては先ず口をすすぎ手を潔める。仏前に於いての読経は行者の勤《つと》めである。

彼等は朝早く立っては、夕べに早く宿る。眠る時は携える杖を洗って床におくことを忘れない。それは彼等と共に歩む同行者だからである。宿る家には同じ志の者が枕を並べる。縁《ゆかり》あって邂逅《かいこう》する誰でもが、法《のり》の兄弟であり姉妹である。彼等の信仰や霊験や、難有さや嬉しさが互の話題である。過ぎ去った道や、行くべき個所を尋ね合っては又西と東とに別れてゆく、或時は幾人かの同行で遍路も賑やかである。或時は一人で淋しき山里や海辺をとぼとぼと歩む。なだらかな道も嶮しき坂も、うららかな日も、雨降りしきる夕べも、凡ては人生の行路である。足の労《つか》れも仏の国に近づく幸《さち》あるしるしである。彼等が歩むのではあらぬ。仏の手に導かれつつあるのである。

仏に招かるるままに上人も国々へ彼の足を進めた。彼は幾多の名ある城下や駅や又は淋しい村々を過ぎた。だが賑わしい都会に長く留った場合は極めて少ない。多くは人にも知られない片田舎に杖を留めた。その方が彼の心に適ったのである。衰えがちな仏教も鄙にはまだ活きている。篤信な幾人かの者がすぐ上人のまわりに集《つど》うた。彼の廻国は只の回向ではあらぬ。有縁の地に入っては仏を刻み供養の堂宇を建てるのである。僅かばかりの滞留に彼はどうしてこのことを迅速に成し遂げたであろうか。村の者どもは上人が誰であるかを昨日までは知らないのである。然るにこの見知らぬ一人の願主に対して、早くも施主が集ることを思えば、彼の性格や信仰に異常な力があったにちがいない。いつも村の者は最もよき場所を上人のために献げるのを惜しまない。上人は即座に行《ぎょう》を起しその地に礎をおいた。

だが彼の成し遂げた仕事について、如何に無心であったであろう。成就するや彼はもうその村には留まらない。留まったなら村の者の崇仰を集めて彼も安楽な生活を送り得たであろう。早く去るならば僅かの間の滞留であるから、彼への記憶は長くは村に伝らぬであろう。だが上人はかかることには無関心である。兎も角それは彼の生涯の記念すべき出来事である。然るに日誌にすらそのことに触れた場合は少ない。あっても極めて簡略である。滞留四年間の佐渡の場合ですら、彼が建立した堂について又仏については無言でいる。彼の無慾の結果であろうか、今日彼の名を全く覚えずしてその彫像を蔵する寺は多い。

旅はもとより彼にとってこの上ない修行であった。修行に非ざる順礼はあらぬ。彼は長い遍歴の間に於いて、観察し反省し、思案し悟得した。人情が何ものであるか、人生が何を語るか、又仏の愛が何を示すか、是等のことを日々の生活から、じかに学んだ。苦しきこと、腹立たしきこと、彼も幾度かそれを経験したであろう。彼の風貌や彼の言葉や又信仰は多くの者の嘲りともなったであろう。彼はよく堪え忍んだ。そうして人々にも「堪忍」の教えを説いた。赦せよ、忍べよ、とがめるな、審くな、この単純な教えも、彼の長い旅から得た貴い体験である。この心を彼は屢々歌に托した。

長たびや　心の鬼はせむるとも
　　たゝかんにんが　ろせんなりけり
木喰の衆生さいどは　なにやらむ

唯かんにんが　修行なりけり

次の歌にもつきぬ味が含まれている。

佛法をぬすみだませし　木食も

まだも修行は　とゞかざりけり

終る修行は彼にはあらぬ。彼はいつも行者としてその旅を続けた。そうして之が彼の性格を築き、彼の信仰を深め、彼の彫刻に発展を与えた。残る彼の自像を見れば如何にも修行の洗練を経た人であるという感じを受ける。

木食の戒行五十年は彼に殆ど完全な健康を保証したようである。八十歳を越えた老齢でも、限りない精力を示したことを想えば、彼には異常な肉躰と精神とがあったにちがいない。彼の日誌を見て、絶えざる旅行と断えざる仕事とを考える時、病にかかったという痕跡を見出すことが出来ぬ。彼にはよき摂生があったようである。食物はごく少量だったにちがいない。彼は木食の戒によって火食を避け又肉食を採らない、屢々木の葉や木の実で足りたであろう。時として五穀や蕎麦粉を生のままとったようである。蕎麦粉は特に好むものだと思える。彼の歌の中にはいつもいい譬えに入る。

そば切や　いかなる人の　ながれぞや

よりくる人の　九ぜん十ぜん

「十ぜん」は「十善」にかけたのである。彼は酒を禁じなかったようである。特に八十四歳の折の自像には大なる瓢箪を添えて刻んだ。酒の歌も残る。悟得の彼には禁酒を必要とせねばならぬ程の不自由さもなかった。日誌によって特に目立つのは入湯である。之は彼の養生法だったともいい得よう。温泉のある場所には、屢々五日、十日を過ごした。「入湯のうち負佛《おひぶつ》預け候」等という句にも彼の様子が浮んでくる。彼は草津を態々《わざわざ》訪うたようである。四国順礼の折には道後に寄ることを忘れなかった。

限りない旅のことであるから、始めから終りまで彼とこの行を共にしたものはなかった。多くは独り旅であったにちがいない。だが彼の徳を信じ戒を受けて彼の門に入った者も二、三に止らない。年老いた彼を護ろうとて彼の順礼に従ったものも決して少くはなかった。明かに名の知られているのは「白道」と「丹海」とである。白道は甲州の人。安永年間上人の旅に伴って諸々を歩いたようである。彼の名は栃木県栃窪にある薬師堂の作に記されている。(本書一〇八頁「栃窪に於ける薬師堂」の条参照)。その墓は最近山梨県北都留郡鳥沢駅に発見せられた。碑には「木喰大秀白道比丘、文政酉八年十二月廿四日」としてある。その近くに屋敷跡も残ることを思えばここに長く留って法を嗣いだのであろう。他の一人は佐渡両尾《もろお》の人丹海である。人々には両尾《もろお》木食の名に於いて知られる。(この人のことに就いては本書一一九頁「佐渡に於ける上人の遺作」の条に短く記しておいた)。その他彼の日誌によって尚幾人かの弟子があったことが分る。併しそれ等の人々の名は記されておらぬ。又彼の戒に堪え得ずして落伍する者もあったようである。果しない彼の旅に、気を弱めて逃げ去った者も中にある。併し旅が一人であろうとも、又同行が彼に伴うとも、彼の旅に変りはない。彼は倦まず彼の行願を進めた。遍路は万象を写す鏡である。一生に起る色様々な場面をそこに映して、鏡は尚も廻転する。彼は何がそこに現われ、何をそれが意味するかを注意深く眺めている。或時は嬉しく或時は寂しく或時は苦しくも思ったであろう。併し歩みの進むにつれて彼は修《やしな》い練《きた》え遂に悟入の域に達した。現われる万象はそのままに彼の心に摂取される。そうしてそれ等の凡てが彼の不可思議な微笑へと入ってゆく。この順礼が終った時、彼の死も亦彼の微笑みの裡に受けとられていたであろう。

二　上人の遍路足跡

私は之から長い長い彼の廻国遍路に就いて語り出そうと思う、自《おの》ずから道筋の叙述となる故、一般の読者には取り分けて興味もないかも知れぬが、之は上人一生の中の最も大きな出来事であるから、順を追って述べねばならぬ。而もそれは只の順廻ではなく、修行し製作しつつある期間である。若しこのことがよく調査されずば、彼の伝記に手をつけることが出来ぬ。且つ何処に将来彼の遺作が発見せらるるかに就いては、全くこの研究に依らねばならぬ。

幸い彼がその旅に携えて日々筆を加えた「御宿帳」と「納経帳」とが、今日不思議にも発見せられた。長い間の彼の埋没は之がために再び光にと持ち来され、彼の姿が明確に浮び出て来た。私がこの篇を綴るために用いた主要な直接資料は次の通りである。

納経帳　紙数二百二枚　安永二巳二月より天明五巳八月十九日まで。（余白に寛政三亥九月の分を含む）。

万人講　紙数百八十九枚　天明五巳九月より寛政八辰二月まで。

奉納妙経　廿二頁　寛政十一未七月十二日より同月下旬まで。

奉経　紙数九枚　寛政十一未十一月六日より寛政十二申九月十三日まで。

南無阿弥陀仏国々御宿帳　半紙横折十六枚　安永九子五月十四日より天明八申四月廿日まで、及び寛政十一未四月廿六日より寛政十二申十月終まで。

御やと帳　半紙横折四枚　寛政九巳四月八日より寛政十一未十月二日まで。

四国堂心願鏡　（本書三七～四六頁に所載）

右のうち二つの「御宿帳」は、殆ど凡てが片仮名の細字で記されているため、その地名に本字を当て嵌めるのに屢々困難を感じる。併し之は上人の日誌とも云うべきものであって、この篇の基礎であるのは言うを俟たぬ。このほか彼の歌集又は村々に遺した軸物等も、それぞれに重要な資料である。

扨、私は便宜上彼の長い遍歴を五期に分けて簡潔に叙述しよう。

第一期　安永二年より同九年五月初旬まで。相州伊勢原を発して、関東、常磐、羽州を廻り、一度故郷甲州に帰り、更に北上、奥州を過ぎて北海道松前庄江差に留った時までである。その間凡そ八ケ年。

第二期　安永九年五月中旬から、天明五年五月中旬まで。江差を発して南下し、信越を経て佐渡に渡り、四年の間そこに留錫した時期を含む。その間五ケ年。

第三期　天明五年五月中旬から寛政九年四月初旬まで。佐渡を立ち故郷に入り、更に信州濃州飛州を過ぎ、能州に出で加州を経て南下し、紀州を一周して旧都を訪い、備州から四国に入り、八十八番の札所を廻り、遂に九州日向国国分寺に住職する期間である。旅すること三ケ年、九州に巡錫すること十ケ年。

第四期　寛政九年四月中旬より享和二年まで。国分寺を立ち下関に出で、山陰道及び山陽道を廻り再び四国を一巡し、瀬戸内海を舟行大坂に上り、道を東海道にとり、故郷に帰って八十八躰仏を刻むまでである。要した年月五ケ年八ケ月。その内終りの二ケ年余りは丸畑での滞在である。

第五期　享和三年より文化七年、死に至るまでの八ケ年。故郷を立って越後に入る。文化三年より同七年に至る約五ケ年間の事績は未だ詳かに知られておらぬ。

右の内第一期及び九州巡錫の期間は、「納経帳」のみ残って「御宿帳」がなき故、訪ねた寺々は分っているが、宿った地は知られておらぬ。第五期に於いては今日まで何等の依るべき文献が残っておらぬ。併し越後に於ける最近の調査によって、その驚くべき晩年の活動を幾分明かにすることが出来た。行程に於いて最も大きなものは第三期の旅である。

自伝が語る通り、彼は十四歳の時に家を棄てて出奔した。旅はその時から始まるとこそ云わねばならぬ。だがそれ以来彼の前半期の遍歴に就いては、全く拠るべき資料がなく、従ってその期間のことはこの叙述の中に入って来ない。只彼の言葉によって「所々の寺々を住職遍歴」したことを知るのみである。相州子易町に在ったことや、常陸国、観海上人の法を嗣いだことを思えば、恐らく江戸を中心に相州から常州の間を往来して、所々に滞留したと想像することが出来る。

彼が自ら記した「日本廻国」の行は五十六歳の時から始まるのである。それ故ここに叙述し得る驚く可き足跡は、全く長い一生の後半期にのみ属している。読者は私が作製した附録「足跡図」を座右に置いて、断えず参照しつつ読むならば、抽象的な叙述から来る無味な感を、幾分かは避け得るであろう。又その図によって上人の廻国が、如何に異常なものであるかを即刻に感じ得るであろう。

第一期

「万人講」の巻首に記入してある「行者取立之施主」姓名が、十二枚半に渡って列記してあることを想えば、上人の門出は多くの信頼と厚い希願とを受けていたことが分る。世話人の名は「萬右エ門、元右エ門、藤松」の三人。或者は「金壹分」を、或者は「じばん一ツ」を、或者は三四名集って「貳百文」を、或者は一人で、「參兩」を、或者は「ぼだいの爲」に「修行袋」を、又或者は「杖」を、贈った。そうして彼と終始行を共にした「納経帳」を贈った者には、「伊勢屋、作右エ門」という名が見える。又彼が背負うて行脚した本尊の施主は「市見、萬五郎」と記されている。

時は安永二癸巳歳二月十一日、上人の齢五十有六歳。彼に信じ入る多くの人々に見送られて、彼は果しなき旅へと出発した。発足の地は相州大住郡田中村片町である。今は中郡伊勢原の名によって記憶される。登路二里ばかり、彼は先ず大山寺不動大権現に第一番の妙典を納めた。三十四年前、時満ちて沙門の身となったのも、この不動へ參籠した折である。彼は必ずや敬虔な想いに満されて、彼の行願を仏に告げ、恵ある加護を祈ったであろう。「日本廻国行者、行道」としての彼の半生はこの時から開始せられた。

国から国へと進む彼は、相州国分寺に応わしい最初の讃礼を果し、先ず行路を東へと選んだ。北品川東海禅寺や目黒の明顕山祐天寺は彼が最初に足を留めし所。江戸に入って諸寺を歴訪したのは二月二十四日から二十八日までの間である。彼は芝の愛宕山や、万年山や日吉山王や根津権現や、伝通院や数多くの寺々へ詣でた。都を去るや道を川口にとり、大宮を経て早くも上野国へ入ったのは、三月の初めである。前橋市を過ぎて惣社を拝し国分寺に留まり榛名に寄り、八日からは坂東十一番、十六番へ札を打った。更に深く入って沼田に達し、碓氷郡を経て高崎に戻り、妙義へと登ったのはその月の下旬である。四月の初旬は秩父霊場の順廻に時は忙しく過ぎた。彼は逆に卅四番から一番へと札を打ち終った。道すがら坂東九、十の二番に納経して武州仙波に出て、高尾山に寄り、つづいて一ノ宮、惣社六所宮、かくしてその月の二十四日に府中国分寺へ達した。

五月に入っては藤沢駅から江ノ島、そうして鎌倉の寺々に詣でてその初旬は過ぎた。再び相州国分寺に帰り、坂東八、六、七、五番の順を経て、次には伊豆の国へと指した。南端の長津呂を通り半島を一円して修善寺に詣でたのは六月の初五日である。箱根の権現や、豆州三島の国分寺も亦彼の行脚の地である。富嶽へと登ったのは六月十四日。下旬には相州関本に足を留めた。そうして最初の長い滞留はこの地で過ぎた。

「納経帳」に再び彼を見出すのは翌安永三午三月である。その月の下旬、彼は秩父に在って再度の順礼を札所順に果した。四月に入って再び江戸を過ぎ回向院に供養し、房総の旅へ進んだ。行徳の徳願寺や又近くの国分寺や八幡宮を歴訪し、千葉町を通り、坂東二十九番や三十一番を過ぎ、五月には鹿野山、かくして保田《ほた》、那古《なこ》の諸駅を過ぎ、国分寺に詣で北条の辺《ほとり》に半月を過ごし、六月には半島の東端勝浦を通り、坂東三十二番清水寺を訪い、北上、成東町に出た。飯岡や銚子や又その近くにある古刹霊社も彼の足跡である。霞浦の岸辺にある鹿島も香取も行脚の地である。月末には成田山に寄りかくして足を常州に転じた。

府中国分寺に読経し筑波山に祈念し、足を北に進めて野州、日光中禅寺に達した。七月の中旬である。そこから再び南下、つづいて上野、下野、武蔵、下総の国境にかけて複雑な足跡線が画かれている。坂東十九番大谷寺や一宮の辺《ほとり》で一月程は過ぎ、八月の下旬には野州粟野に在り、九月には佐野や足利や館林や羽生を訪うた。上人はこの地に丁度満一ケ年を過ごしている。主として滞留したのは館林である。恐らくその間に初期に於ける幾個かの彫像は試みられたにちがいない。

安永四年九月三日から廿三日まで二十日間の日参が、足利の鑁阿《ばんあ》寺に果されている。「行者大願成就所」と「納経帳」には書き添えてある。この行《ぎょう》が終るや都賀郡《つがぐん》に出で、又栃木、小山、結城、山川、飯沼と並ぶ町々を訪うた。続いて百日の参籠が常州黒子を中心に成就せられた。それは安永四未十一月から翌五申三月十二日までである。日参の個所は常州下妻の大宝寺、長塚村の医王院、下総国豊田郡今泉村の光明院、常州黒子の勅願所東叡山、是等の四ケ寺である。

行を終えて四月中旬には笠間城下に達した。まもなく水戸に入り、久慈郡を過ぎて北上し、坂東廿一番八溝山《やみぞさん》日輪寺に参じ、奥州一ノ宮を過ぎ二本松に達したのは五月中旬である。更に福島を経て佐場野を過ぎ、六月には遠く羽州に入り、山形に国分寺を訪ねた。湯殿山、羽黒山の両大権現も亦続いて訪われた霊社である。更に歩を進めて遂に海辺に達し、岸に沿う町々、象潟や松ケ崎を経て秋田に着いた。安永五年八月初旬である。この辺《ほとり》に滞留すること約一ケ月、南へと下り、羽後国杉宮を通り相川に出で更に一ケ月をこの近くに過ごした。

この時から彼はひたすら南下して、米沢を通り東奥会津に出で、更に東行、年の暮には磐城国平町に達した。再び百日参の願がこの地に成就せられた。参じたのは閼伽井岳《あかいだけ》常福寺、飯野八幡宮、磐城稲荷五社大明神である。特に第三の個所に於いて次のような言葉が「納経帳」に記入してある。

「去申（安永五年）ノ極月十有七日ヨリ當社ヱ百日百夜籠當（安永六年）三月廿八日迄
相勤申候　右ニ附信心印ニ壹錢貳錢之志ヲ申請石ニ而唐獅子貳躰建立シ右コレヲ成就ニ附供養相
納申候以上　行者丈」

之によって上人が石にも彫刻を試みたことが分る。この百日の参籠が終るや、彼は一途に南へと指した。五月初旬には江戸を過ぎ、甲州街道を選んで、天目山や塩山、又は御嶽山の地を踏んだ。七月初旬には甲斐の国分寺に詣で、市川大門に到り、久方ぶりに故郷の地、東河内領古関村丸畑に足を留めた。

幾日間を故郷に送ったかは明かではあらぬ。併し滞留は凡そ一ケ月に過ぎなかったであろう。不思議にもここに達したばかりの彼は、今来た道を逆に踏んで、十一月には再び磐城国平町へと戻った。彼の心は更に北へと惹かれている。年の暮には相馬領を過ぎて、安永七戊の新春には原ノ町、中村、岩沼の町々を横ぎり、三月の節句仙台の城下に着いた。松島を訪い東端金華山の大金密寺に詣で、湧谷の見龍寺や平泉の中尊寺や、多くの寺々に法足を印した。かくして更に北行、五月には奥州南部の遠野を過ぎ東海岸に沿うて尚も進み、遂に陸奥国三戸《さんのへ》、野辺地に達し、本州の北端田名部《たなぶ》に到着した。六月の五日である。

止ることのないこの順礼は、遂に海を越えて上人を北海道松前庄に拉した。恐らく福山に舟を寄せて上陸したであろう。その折の歌であろうか、残る一首、

「帆をあげて浪のり舟の　おともよき
　　辰巳に卯くる　としは松前」

達するや上人は西海岸を沿うて深く進み、江差を過ぎ更に北上、熊石邑に門昌庵を訪うた。この辺りで「納経帳」に記入せられた最北の個所は尽きる。彼は戻って江差に有縁の地を見出し、ここに向う二ケ年近く錫《つえ》を留めた。私はまだ親しく踏査する折を持たないが、江差こそは上人の建立にかかる堂と幾多の彫刻とを見出し得る地であろう。二ケ年の滞在が彼の製作に結果を与えなかったと云うことは考えられぬ。

かくして大なる旅の第一期は終った。上人の齢六十三。

第二期

「南無阿彌陀佛國々御宿帳」最初の第一行には、次の字が見える。「安永九子五月十四日松前江指（江差の古字）ゟ立」。同日汐吹、十五日より江良町、十九日「マツマヘヨリビンセンフ子、同行兩人」。伴った同行とは恐らく「白道」と呼んだ彼の門弟であろう。二日

間を舟に過ごし、嘗て舟を出したその田名部の港に再び入った。併し帰路は異った道が選ばれ、川内、蠣崎の小邑を過ぎ、再び舟を出して陸奥海湾を縦断し、青森に上った。杉沢、藤崎、高杉等、津軽の村々を経て、弘前を過ぎ国分寺に寄った。道は大館、山田、大滝、花輪、浄法寺へと選ばれ、六月晦日には盛岡に宿った。北田、岩脇、綾織、柏崎、人首、田谷、水沢等は彼が過ぎた陸中の村々である。陸前に入っては、高清水、古川、吉岡、国分町、前田、岩沼が彼の宿った個所である。そうして七月の末上人は再び福島、二本松等の陸羽街道を下って道を日光街道に転じた。図が示す通り彼はこの途中に於いて道に迷うた。一度は東に折れ音金《おとがね》まで行って又戻り、次には街道の西、岩代の山奥に入り、両原中津川、本名《ほんな》を経て沼田街道に入り、大倉から入小屋《いりこや》、金井沢を経て又日光街道に戻った。彼は幾度かかる経験を嘗めたであろう。

迷ふたり里も見へざる片田舎
　　ことわからじと　思ふわがぐち

闇の夜に心もしれぬ川に來て
　　こすもこさぬも　こゝろ成けり

中新井《なかあらい》、上三依《かみみより》、高原は日光に近づく村々の名である。東照宮に達したのは九月の十五日。一宿の後今市に寄り、街道から右折して猪倉《いのくら》に泊り、廿一日偶々一小村栃窪《とちくぼ》に足を留めた。機来ってこの土地に在ること五ケ月。その間に薬師堂を建立し、本尊を始め二脇士、十二神将を刻み遺した。（委細は本書一〇八頁「栃窪に於ける薬師堂」の条に記してある）。

ここを立ったのは安永十丑歳二月廿一日。「御宿帳」によれば、続いて訪うたのは野州富岡、富田、佐野。更に武州の屈巣《くす》、大宮、王子。かくして又江戸に入った。宿ったのは蔵前と伝馬町一丁目であると記されている。留まること凡そ二十日間。再び大宮、屈巣《くす》を過ぎ、深谷、倉賀野、横川と中山道の駅々を経て、碓氷熊野権現や浅間山宝性寺に詣でた。つづいて岩村田から尚も中山道を進んだ。五月五日頃から雨降りしきるため、四日間を長久保村に過ごした。「コノトコロニ弟子ニハカル、」と記してある。弟子は恐らくあの白道であろう。

別れを告げた彼の旅は又一人となった。諏訪に着いたのは五月十日、ここに丁度旬日を暮した。西街道を上って稲荷山を経、善光寺に参り又戸隠山三社に詣でた。月の末には越後に入り、高田に国分寺を訪い、米山に薬師を拝した。旧暦のことであるから次の月も又五月として数えられる。六日は柏崎に宿った。つづいて荒浜に三日、経塔を供養し終って椎谷《しいや》、石地《いしじ》、出雲崎と浜辺の漁村に旬日は暮れた。

海を越えて佐渡に上《あが》ったのは五月二十三日。小木の港から陸路、道に沿う幾多の古刹を歴訪し、南は羽茂から北は内外両海府の村々まで、皆彼の法足に踏まれた。因縁によって上人は遂に加茂村梅津の人となり今より満四年をそこに送るのである。今日残る木食堂や九品仏を始め、檀特山上の御堂や諸仏、梅津の一帯に残る幾個かの内仏、又は数多くの曼荼羅、是等のものが上人の遺作として今日伝えられる。彼に関する多くの伝説も昔を偲ぶ物語りである。（佐渡に於ける留錫に就いては本書一一九頁「佐渡に於ける上人の遺作」の条に短い紹介を寄せた）。

第三期

天明五巳五月十五日、上人の齢六十八。舟を佐渡の東端水津《すいつ》の港から浮べて、翌日新潟へ泊った。休みなく果された彼の廻国の、最も大きな旅はこの時から開始される。彼は新潟から上陸せず、更に北へと舟行すること二日間、漁浜《りょうはま》に上り大中島に出た。北蒲原郡である。岡田に菅谷寺を訪ね、水原《すいばら》、田上《たがみ》、加茂、漆山、かくして弥彦の真言院や、弘智法院に詣でた。この所に「ノジク」と記してある。そこから出雲崎を通り、海を右に見て北国街道を進んだ。宿ったのは直江津や高田の町ではなく、茶屋町、二本木、関山等の村々であった。そうして妙香山に登り「山ニカクル」と彼は記した。参籠すること四日間。信州に入り野尻にて左折し、渋温泉を指した。再び野宿。渋に五日を送り草津に達したのは六月二十八日であった。温泉を好んだ上人は二十日間をここに暮し、再び北国街道に出て、七月末善光寺に着いた。篠井《しののい》や上田や追分《おいわけ》や軽井沢や、信州の名ある村々を歩んで、再び碓氷の峠を越え、八月中旬上州へ入った。横川や板鼻や倉賀野の名も彼の日誌に見える。武州に入っては本庄や用土《ようど》を通って、比企郡の小川に来た時、彼は嵐に逢った。「ヲウシケ」と一句記してある。

九月朔日八王子を立ち、与瀬を過ぎ鳥沢宿に留まること三日、此処に薬師像を刻み納めた。花咲《はなさき》や石和《いさわ》、市川大門、それ等の名は彼の道が今故郷に向いていることを語る。切房木《きりふさぎ》を通って丸畑に帰ったのは天明五巳九月十二日、甚五右衛門の家に宿った。滞在僅か半月。二十七日隣村の道《どう》に慈観寺を訪ね、続く旅へと足を運んだ。

月末甲府に入るや、上人は五十日の日参を希願し、極月廿七日大願を成就した。一条道場、千松院、府中八幡宮、同じく苑光院、同じく神明宮、同じく広厳寺、甲州善光寺、法城寺、一条町玄昌寺、以上九ケ所の神社仏閣が日参の霊場であった。「御宿帳」のこの条に「ホツ子ン　タケヤ」なる記入がある。その折上人の感化によって発心した者のあることを語っている。彼の名は恐らく「竹屋定吉」であったであろう。上人は彼の家に宿っていた。甲府を立ったのは天明六午二月廿三日である。

次に「万人講」に記してある寺は苗敷山宝生寺、次には巨摩郡《こまぐん》北宮地村八幡宮。その間に彼は十二日間を小村　南割《みなみのわり》に送った。折居《おりい》、入戸野《にっとの》、下黒沢、大八田《おおはった》、是等北巨摩郡の諸村を過ぎ、信州諏訪郡乙事《おっこつ》に三晩を送り、中新田《しんでん》を経て、田沢に八日間、諏訪に十三日間、乙事と田沢とには現に遺作が残る。かくして天竜川に沿う三州街道を南へと下った。五月に入るや座光寺《ざこうじ》を経て山本に達し、街道から離れ、山村清内路《さんそんせいないじ》に宿り、美濃国中津や大井町に遍路を進めた。

岐阜を廻る土岐、鵜沼、笠松、赤坂、それ等の町々に於いて巡拝した寺々、或は大慈寺、或は御岳、或は国分寺、或は一ノ宮、或は八幡宮。更に尾州にも入って同じく一ノ宮八幡、真清田、それ等の霊場を順次に詣でた。山口村に於いて興味ある一行の記入がある。五月二十三日と記しその肩に「弟子二人ニグル」と書いた。果しない上人の旅や、並ならぬ彼の行に堪え得なかったものと見える。ここに一首、彼等に贈った歌でもあろう。

法をきゝ　こそ〳〵にぐる　同行は
法ぬす人の　姿なりけり

上人は美濃を経て飛驒の国へと登った。武儀郡にある栗野、山本など、山に匿れた小村に幾夜かを宿って、下呂《げろ》湯の島に留まること旬日。その地にある温泉寺《うんせんじ》も彼の詣でた古刹である。益田街道を上って上呂《じょうろ》、一之宮を通り、六月二十五日高山に着いた。その日は国分寺に籠り一夜をあかし、更に袈裟山千光密寺へと向った。小豆沢《あずきさわ》を過ぎれば早くも越中に入る。笹津、福沢と進む道は、富山へと導いている。彼は欠かさずこの国の八幡《やはた》や国分寺を訪い、更に北上能登に入り、石動山に籠った。能州の国分村を過ぎれば、加州の高松である。金沢城下に達したのは七月二十四日。近くの村々、吉岡、二口《ふたくち》等二三の個所に立寄り、小松へと向い、山代の温泉に一週日を養った。金津《かなづ》は越前である。永平寺に詣で荒谷に止ること六日間、福井町に入った。九月一日「万人講」に「國分寺」の記入を受け、今庄、葉原《はばら》、かくして関所、疋田を通った。柳ケ瀬を過ぎれば、琵琶湖の展望が目に入る。西国三十番竹生島《ちくぶじま》に札を打って、近江国観音寺常東寺と過ぎ、鋳物師《いもじ》に留まること凡そ二十日間。

もはや秋十月である。中山の弥勒堂や、龍法寺の行者堂や、伊賀の国分寺や又は八幡、是等は凡て上人の籠った御堂である。彼は更に伊勢の国へと入った。加太《かぶと》、関町、国府、白子《しろこ》、津、小俣《おばた》は彼の踏んだ勢州の町々、関地蔵、国分寺、椿明神、白子観音、大宝院、八幡、浄眼寺、太神宮、金剛説寺は列記せられた寺社。志摩国に入っては五知《ごち》の観音堂や八幡村の大日堂に籠った。再び山田や小俣に戻り、勢州を横切って栃原《とちはら》、三瀬《みせ》、大ケ所《おおかしょ》、阿曾、崎、の村々に或は一日或は三日。

紀州長島町に一夜を送ったのは十一月九日。左手に熊野灘を絶えず眺め乍ら、引本や尾《お》鷲《わせ》、又は木《き》ノ本《もと》、阿田和、この終りの個所に旬日を過ごし、西国一番、那智山補陀洛寺に妙典を納めた。ここから熊野街道を北に登り、本宮に近い温泉場に入湯すること十日間。街道に散在する野中、十丈、真砂《まさご》、市ノ瀬を経て、湾港を扼《やく》する田辺町《たなべまち》へ来った。更に紀州の海岸に半円の足跡をのこすために、南部《みなべ》、島田、野島の漁村を過ぎ、天明七未正月二日関南第一禅林興国寺に詣で、翌日は山間の一小村中津川に留まり、此処に二十日間の新春を迎えた。村の者どもに見送られて東光寺へと立ち、更に藤白《ふじしろ》に一宿し、紀三井寺を経て和歌浦に出で、天曜寺や羅漢寺に詣でた。晦日には紀伊の国分寺、二月一日には西国三番、粉河《こかわ》寺に納経を果した。続いて高野山金剛峯寺《こんごうぶじ》、西国四番施福寺、泉州国分寺、一宮五社大明神、摂州堺妙圀寺、西国五番河州葛井寺《ふじい》、河州国分寺、是等の古刹は上人の足を招いた寺々である。

二月十五日、到着したのは大坂。僅か三日の滞留の後、摂津より山城丹波にかけて足を急ぎ、池田町に入ってから、西国の札所、第廿四、廿三、廿二、廿、廿一とこの順番に遍礼を勤めた。丹波国分寺に詣でたのは二月二十八日。三月に入っては京の寺々を廻るのに多忙な時は過ぎる。愛宕の麓に宿って、嵯峨や北野、三十三間堂や東寺、祇園や熊野、西国十六、十七、十九番、又は黒谷、知恩院等に詣でた。十日叡山に登り坂本へ下り、足は三井寺、石山寺、西国十二番十一番十番と続いた。黄檗《おうばく》山を経て奈良の旧都に入り、総国分寺東大寺、西大寺、唐招提寺、薬師寺、凡てが「納経帳」に記されている。郡山を経て法隆寺に到ったのは十九日。更に和州の名ある多くの古刹、例えば長谷寺や岡寺や、当麻《たいま》寺や、彼の訪れを受けない寺とては少ない。その間橿原や桜井に屢々宿った。

四月中旬天王寺に詣でてのち、再び大坂の街に入り三日間を過ごした。摂州西ノ宮、兵庫、明石と道は続く。播磨の清水寺は西国の廿五番、高砂社は相生松の名所。国分寺や八幡宮で卯月は暮れた。作州に進んでは河辺《かわなべ》を過ぎ、津山城下に勅願寺を訪ね、更に備州へと歩を移した。十一面観世音の美貌を以て知られた少林寺にも読経し、月の半には備中宮内に出で、岡山には留まらず下津井の港へと指した。いうまでもなく之から四国八十八ケ所の遍路を果そうとするのである。

舟を棄てたのは讃州多度津である。三百里の行程が尚もこの旅僧を待っている。最初の札は七十七番道隆寺に打たれた。天明七未五月十七日である。彼は番号の逆に歩を進めた。六十六番から六十五番に移ればそこは早くも予州である。彼は屢々それ等の寺に又石槌山にも籠った。六十四番の前神寺《まえがみじ》から五十二番の太山寺《おおやま》まで彼は休むことなく遍路を続けた。五十一番に移る間、彼は彼の愛した道後の温泉に最初の十日間を送った。六月中旬からは、温泉郡《うんぜんぐん》石手寺から仏木寺《ぶつもくじ》の四十二番に至るために、休みなき歩みを続けた。その間内ノ子《うちのこ》、大洲《おおず》、坂戸《さかど》の駅々を過ぎ、六月末宇和島に達し観音堂に一夜を過ごした。七月に入っては四十番観自在寺に納経し、之より土州の地に入る。和田村や福良《ふくら》に宿をかり四国の西南端窪津《くぼつ》に達した。ここからは難所を以て聞える三十八番蹉跎山《あしずりさん》金剛福寺に登るのである。次の札所までは二十一里、津蔵淵《つくらぶち》、竹島《たけしま》、入野《いりの》村、ここに五日間、そうして白浜や仁井田《にいた》、ここに三十七番五社寺がある。更に十三里、久礼《くれ》や順崎を経て宇佐に三十六番、高岡町に三十五番の札を打つのである。大雨に逢いしか「カハトメ」と記入してある。彼はここに数日を送った。既に夏八月である。三十四番から三十一番までを納めれば高知城下に達し、四国遍路の半《なかば》を終る。そこからは坦々とした海辺の路凡そ四十里。いつも左手には丘を、右手には限りなき海を眺める。長き単調な行路も忍耐への教えである。

国分寺、大日寺、神峯寺《かみのみねじ》、金剛頂寺、津照《しんしょう》寺等はその途上に横わる。土佐の東南角室戸《むろと》には廿四番東《ひがし》寺。そこからは北へと再び砂浜の道が続く。入木、野根の村々を通れば阿州に入る。那佐《なさ》や、牟岐《むぎ》や日和佐は上人の宿った地名である。ここの二十三番薬王寺から一番霊山寺まで、阿州二十三ケ所五十八里の順回に、過ごされた日数凡そ一ケ月。

十月の初旬上人は淡路島福良《ふくら》に上った。廻ること一週日、忘れず国分寺を訪ね、遠くは一小村柳沢の薬師堂に籠った。鳴戸を見て残した一首がある。

き、つとふ　むかしのなると　きてみれば
　ならぬをなると　いまにゆふ哉

戻った四国の港は木津《きづ》町であった。坂本に一宿して進めば再び讃州の区域である。引田、白鳥中村《しらとりなかむら》、槙川《まきかわ》、牟礼《むれ》の村々が彼の道すじである。その間に八十八番大窪寺から八十四番屋島寺までがある。高松には近い鬼無《きなし》に彼は縁あって半月の足を留めた。近くには讃州の国分寺もある。宇多津を中心にその辺りには八十一番から七十六番までの寺々。七十二番曼荼羅寺に詣でて金毗羅山に至りここで一週日を送った。再び鬼無《きなし》へと戻り二ケ月余りをこの村に送る。四国で彼の遺作が最も多く見出さるべきはこの地である。

天明八中歳二月朔日、彼は立って鴨村《かもむら》に行き旬日を暮し、金毗羅山へ二度目の参詣をすませた。新田《しんでん》、川之江、泉川《いずみかわ》、洲ノ内、来見《くるみ》の村々に一宿の思出を残し、再び予州の道後温泉に戻った、入湯すること十日間、南下して大洲《おおず》町に出て、近き港へと向った。四国遍路を終えたが故に、今は九州巡錫の志に充ちているのである。

海峡を渡り舟を寄せたのは豊後の国佐賀関《さがのせき》である。三月十二日。旅は又続く。馬場、臼杵《うすき》、福良《ふくら》、一宮《いちのみや》、豊後の国府《こくぶ》。南下すれば道は日向の国へと導いてくる。海辺には近い小さき村々、白石、可愛《ええ》、加草《かくさ》、と過ぎれば笹野に出る。「吉祥天女」一像がその折の形見として今日残る。かくて名貫《なぬき》を宿に過ごせば、児湯郡《こゆぐん》府中国分村に来るのである。時に天明八申歳四月二十日である。知れざる縁《ゆかり》の結びによって、上人は勅願所五智山国分寺に住職を勤《つと》めた。この日からここに留錫すること十ケ年。上人にとっては異例な長期の滞在である。三年目の正月の廿三日失火に逢い、それより七ケ年難行苦行にて伽藍を建立成就した。その次第に就いては彼の自筆の遺稿に明かである。（本書三七〜四六頁「四國堂心願鏡」参照）。今日国分寺は昔の光なく無住の廃寺であるが、今尚上人が作った丈余の大なる本尊五躰、即ち五智如来その他自像又は大師の小像等残存する。（委細は本書一三七頁「日州国分寺に於ける上人の大業」を参照）。長い滞留の期間であるから、その地方に残る仏軀も筆蹟も必ずや多いであろう。

まして十年の間国分寺の一ケ所に留まっていたのではない。伽藍再建のために托鉢の日も長く続いた。「納経帳」によれば寛政三亥、九月には宮崎郡、那珂郡へ順廻したことが分る。又「万人講」の終りを占める数頁によれば、寛政七年四月、彼は九州の巡錫を志して、日向を発し、霧島に登り、隅州の国分寺や長年寺を経て鹿児島に着き、この辺りで三ケ月を過ごした。八月中旬北に進み、肥後八代から熊本に出て、舟を以て島原に渡り温泉《うんぜん》山《ざん》に登り、更に長崎へ達した。それは寛政七卯十月初旬である。上人は少くとも一年近くを長崎で暮したにちがいない。この町を去ったのは恐らく寛政八辰歳半の頃であろう。

　からく〳〵と　笑ふて入るも　たから舟
　　なさけの下に　見ゆる長崎

　上人の歌集の最も厚いものは長崎に於いて編輯せられた。奥書には「寛政八辰年正月六日」「於長崎」とある。この地方からどの道を通って日向へと帰ったかに就いては、一行の文献も残っておらぬ。だが同じ道を踏むことが少なく、且つ廻国の行願を持っていた彼は、少くとも筑前や筑後にも足印を残して帰ったであろう。寛政八年十二月の頃、彼の姿は日州佐土原に現れてくる。上人はここに丈余の釈迦像を刻み遺した。かくして彼は寛政九年三月末再び日州国分寺へと戻った。(本書一五七頁「佐土原に於ける釈迦像」参照)。今後幾躰彼の彫像が九州に於いて見出されるかは未知の謎である。その数は決して少なくはないであろう。十年間の月日は彼の信仰にも深さを与えたにちがいない。「五行菩薩」と自ら署名したのも、「天一自在法門」と肩書したのも皆九州時代のことであった。

　十年は過ぎ愈々寺を去る時期は来た。別れるに臨み一首を残した。

　朝日さす　その日に向ふ　國分寺
　　國安のんを　守れ五智山

第三期の最も長い旅程の記述は自《おのず》からここで終る。

第四期

南国での長い年月は去った。国分寺再興の大願も成就し終った。だが廻国の業はまだ終りを告げない。山陰山陽も未踏の地である。東海道の土も踏まねばならぬ。八十歳の上人はいつもの信仰と健康とを以て来るべき旅程へと発足した。彼は新しく紙を綴じて、表紙に「御宿帳」と記し、「寛政九巳四月八日立」と書き添えた。

北へと進み、高城から美々津《みみつ》。笹野《ささの》には十日間。延岡に宿り、そこから五ケ瀬川に沿うて日向の奥深く入った。新町や一ノ水や河内など、知る人も稀な西臼杵郡の村々に宿って、豊後国竹田町へと辿った。留まること凡そ半月、頃は春である。残る歌に、

おく山に　年月しらで　くらせども
　　あをきを見れば　春の頃かな

いつもの如く、その国の国分寺を訪うて後、別府に入り鉄輪《かんなわ》に寄った。この二つの著名な温泉は上人に数日の足を留めさせた。そこから上河内《かみかわち》、立石、敷田《しきだ》へと進んだ、敷田に四日留まる間、薬師堂に於いて「仙外」の招きを受けた。仙外とは、その頃九州に在ったあの奇僧「仙厓」のことであろう。六月に入っては川原口に下り、築城村《つきのきむら》の氏神に籠り、山間の村彦山町に達し、再び北上行事町に進み、その月の二十二日に小倉城下に達した。

遂に九州の地を離れて下関に上陸したのは翌々二十四日。再び長い足跡の線が、この本州の一角から引かれるのである。

いつまでか　はてのしれざる　たびのそら
　いづくのたれと　とふ人もなし

長たびや　なかとの國で　たづぬれば
　まだ行きさきも　なかとなりけり

足は自《おの》ずから山陰の国々へと指したのである。本願として千躰仏を因縁ある所に遺そうとする彼の志は、益々強まったようである。長州はそのために上人に選ばれた土地であった。山間の僻村広谷《ひろたに》に毘沙門堂がある。滞在一ケ月であるから幾躰かの像がそこに残るであろう。広谷の名を入れた歌に、

木食の　かたみの姿　なかむれば
　人の心も　ひろたにの里

次には北河内村の薬師堂、野戸呂の大師堂、次には萩城下、滞留は一ケ月半。通称「千躰仏」と云われし西法寺に宿った。必ずや将来この地に幾躰かが見出されるであろう。次には長州の三隅村、「藥師、湯權現、大師」と書き入れてある。つづいて奈古の浜に半月、その地の法積寺に遺作は残るにちがいない。次には福井村の願行寺、この寺に於いて新春を迎えた。留まること二ケ月。つづく村々紫福《しぶき》の信盛寺や、福田村の太用寺、各々の

寺に仕事のために旬日が送られてある。上小川の観音堂、友信村《とものぶ》の地蔵寺、江崎浜の観音堂、大滝村《おおたき》の地蔵堂、悉くが上人とは因縁のある寺々である。幸い保存されてあるなら、恐らくはそれ等の凡てに、上人の作は発見されるであろう。

仕事に忙しい日が暮れればあとは順礼の日である。高津、三隅《みすみ》、小坂、久利《くり》、太田、波根《はね》の村々に宿り、出雲大社に詣でたのは五月七日である。宍道湖《しんじ》の汀《みぎわ》にある湯町や、漁村赤坂や、瀬戸等に宿れば、伯耆の国府に出る。泊村《とまりむら》を過ぎて因幡に入り又その国の国分寺を訪ねる。雨瀧街道にある拾石を経て但馬に入る所に湯村がある。入江、日陰は山陰道にある小村。観音寺村に立寄り但馬の国府から丹後の国府へと進んでゆく。更に国境を越えて若狭の一小村関屋《せきや》に止ること五日。いつもの如くその国の国分寺をも訪うたであろう。彼はここで踵《きびす》をかえした。由良、坂井を経て但馬の城の崎《きさき》についた。入湯の日四日間。蘆谷《あしたに》、切浜《きりはま》に一宿して進めば因幡の国に帰る。岩戸、浜等の漁村を経て伯耆に入り、石脇《いしわき》に止ること八日間。隣村泊《とまり》には六日間。かくしてその近くの多くの村々、高辻に旬日、入村《いり》に一週日、八屋《やつや》に五日、三朝《みささ》に旬日、かくして助谷《すけたに》や穴鴨を経て作州に下り、八月二十八日津山城下に達した。そこから更に幡多に出で東には行かず方向を西へと転じた。山陽の駅々を進もうとするのである。

秋九月中旬宮島につき更に周防の国に入った。栗屋、福川と過ぎ、山口に達した。八十二歳の齢を迎えたのは、宮市町。中ノ関の寺々にも留り、藤崎《とうざき》の長命寺に二十日間。かくして恐らく寛政十一未歳四月末、彼は舟を三田尻より出した。四国に赴こうとするのである。廻国の業をほぼ終った彼は敬虔な凡ての信徒が屢々なしたように、感謝の順礼をもう一度八十八ケ所の霊場に果そうとするのである。行程三百里が又もこの行脚僧を待つのである。

三津《みつ》の浜《はま》に上るや三度《みたび》道後に半月を過ごし、舟路堀江村から発して、燧灘《ひうちなだ》を廻り、桜井に上った。前とは道を逆に四国を一円するのである。途上に於いて留まった個所は大頭や中之庄。中之庄光明に上人遺作二躰残る。寛政十一年六月廿八日成就。（詳細は本書一八〇頁「四国中之庄木喰仏」に紹介してある）。讃州に入っては、観音寺町に宿り、普門山浄蓮寺に一週日を送った。善通寺、宇多津、国府、鬼無《きなし》は彼の過ぎた村々である。屋島近くにて彼は野宿した。左の歌を引用すべきであろう。

行暮て　はつとのてらに　こひければ
　おしやうの心　やみじなりけり

一宿を　願ふてみても　庄屋さま
　はつと〳〵で　一石六斗

「はつと」は「法度」、規則、禁制の意。納札《おさめふだ》は第一番から順次に打ったようである。志度町を過ぎて七月末には徳島に達した。日和佐に出れば、あの長い海岸の路が始まるのである。土州で彼が宿った地は野根や黒耳《くろみ》や河野《こうの》。八月中旬土佐城下に着いた。森山、高岡、宇佐と過ぎれば再び蹉跎山《あしずり》の嶮路へと来る。九月に入ればこの遍路は終る。柏、宇和島、大洲、そうして四度《よたび》道後の温泉に休んだ。度々企てられた休養の間に、彼は安逸を貪ったと思うことは出来ぬ。きっと幾躰かの仏像は彼を紀念して、今日残るであろう。九月中旬上人は便船を三津浜に待った。舟は島々を縫って瀬戸の内海を進むのである。

十月二日大坂に上陸した。留まること六日間。京都、伏見、大津は上人の歩みし町々。近江に入っては石部、水口《みなくち》、土山の駅々。道は伊勢に足を誘い、坂下や関町、又は庄野や四日市や桑名は彼が続いて宿った個所である。月末熱田神宮へ参じた。尾州を横切れば早くも参州に出る。飯田街道を歩んで、智立《ちりゅう》、藤川、御油《ごゆ》、へと進んだ。御油は国分寺や一の宮に近い個所である。此処から彼は豊川に沿うて上り新城町に着いた。塩沢村に留まること一週日。国境を越えて遠州の一寒村狩宿《かりしゅく》に杖を止めた。有縁の地と思われたのであろう。彼は凡そ三ケ月半をここに送り、その間に十王堂を建て、閻魔王、奪衣婆を始め、王の眷属等〆て十躰を刻み遺した。作は甚だ優秀である。上人はこの山里で新しい年を迎えた。

業が終えるや奥山にある臨済宗本山方広寺に一ケ月を送った。明治初年堂宇炎上したため惜しいかな一つの作品も残らぬ。かくして又堀江村に旬日。浜松に入っては諏訪明神や五社大明神に参じ、つづいて森町に留まること凡そ半月。掛川、藤枝を通り岡部の人となった。六月十三日から八月十三日までの滞留である。この地に今遺作六躰残る。内幾つかは、もと桂島の神入寺にあったのである。今は梅林院に二躰、十輪寺に二躰、光泰寺に二躰。この地を去るや静岡に近い手越村に半月の滞在。泉秀寺にその形見として二躰残る。九月一日には久能山、その日駿州国分寺や八幡宮に詣でた。駒越、江尻を経て興津に六日間、宍原《ししばら》を過ぎれば甲斐の国である。道は故郷にと近づいている。

しやばにきて　こきやうの道を　うちわすれ

和尚も人に　道をたずぬる

万沢《まんざわ》に一夜を宿り身延山へと指した。今日残る「納経帳」の最後の頁は「身延山」の捺印である。九月十三日。上人は富士川を渡って帯金《おびがね》の浄仙院に入った。留ること凡そ四十有五日間。今日一躰残存する薬師立像は、そこで果した彼の仕事の一断片である。村には多くの曼荼羅掛軸も残る。

ここで彼の長い長い遍路は一段落を告げる。廻国の大業を起してから二十有八年、「日本廻国修行せんと大願を起して、およそ日本国々山々岳々島々の修行を心に掛けて、日本粗々《あらあら》成就にいたる」と上人は記した。

寛政十二申歳十月晦日、帯金より行程三里余り、上人は遂に故郷丸畑に帰った。だが安らかな日を送るがためではない。否、上人一生のうち絶大な仕事が此処に果されるのである。滞留凡そ二ケ年であるが、その内一ケ年の間に於いて、彼は総じて九十八躰の仏軀と一つの堂とを建立した。その委細は本書一九二頁「故郷丸畑に於ける上人の彫刻」に詳述してある。彼は仕事を成した。併し仕事の一つが終ったので、全てが終ったのではあらぬ。まだ上人の心臓は健全に波打ち、信念の炎は燃えている。上人は故郷を去った。

第五期

丸畑以後、上人が何処へ行ったかに就いては、今まで一つの文献もなく、凡てが不明であった。だが俄然驚くべき場面が私の前に開展せられた。機は熟したと見える。常にこの研究に与えられる恵みに就いて、私は盲目であってはならぬ。委細の叙述は本書二一九頁「越後に於ける晩年の遺業」に譲り、只事実の外廓のみを描くに止めねばならぬ。

享和三亥歳正月、八十六歳の上人は甲府を指して旅立ったと思える。彼の心を誘ったのは北方の国であった。恐らく道を諏訪にと選び、松本や長野を経て、越州へと向った。如何なる駅々を過ぎて、如何なる個所に留まったかはまだ知る由がない。併し同年八月以降、向う二ケ年間に就いては、明確に上人の姿を見ることが出来る。彼は彼の活動の地を中越に選んだ。残る遺作の数を見れば彼が如何に異常な精力の保有者であったかが分る。古志、刈羽、東頸城《くびき》、中頸城の四郡に亙って私が短時日の間に調査し得た仏軀、総じて壱百〇七躰である。残された軸物も合せて三十にも達する。未発見のもの越後一国に幾躰あるかは、興味ある未知数である。

上人の活動は小栗山《こぐりやま》から始まる、そこは古志郡東山村の字である。恐らくここに達したのは五月の頃であろう。信濃川を遠く俯瞰する高い丘上に観音堂が建てられてある。その中に安置せらるる仏躰総じて参拾五体。内三十三躰は大悲の像。凡ては上人の作、八月一日から八月二十四日までの日附が記入してある。滞留一ケ年、多忙な時は過ぎた。上人を慕って霊験を受ける者も数多くあった。だが上人は残る千躰仏を又有縁の各地に遺さねばならぬ。

川を渡り小千谷《おぢや》に出て、小国峠《おぐにとうげ》を越え、偶々刈羽郡《かりわぐん》上小国村《おぐにむら》太郎丸の人となった。享和四子歳、初めの頃であろう。その村の古刹真福寺に彼は迎えられた。選ばれた仏像は山門に納置する仁王尊であった。丈各々八尺、嵩に於いても質に於いても蓋し上人の技を語る卓越した大作と云わねばならぬ。日附は四月廿一日と五月二日とである。一躰を造るのに要した日数僅か十日であった。このほか寺には今二個の作が残る。一つは金毘羅大権現、八月十三日作。一つは立木観音と呼ばれるもの、同年五月の作。もと保坂庄助氏の邸にあった梨木に刻んだものを、後ここに移したのである。

同年八月中旬上人は真福寺を去った。次の谷は刈羽《かりわ》郡南鯖石《さばいし》村である。字西野入安住寺に満二ケ月の多忙な日を送った。その間観音堂を境内の丘に建立して、観世音三十三躰仏を勧請した。裏面に記入された文字によれば九月初旬から十月初旬までである。平均一日一躰を作ったわけである。

十月半の頃には早くも同郡田尻村安田に出た。鳥越《とりごえ》に於いて施主をつくり仏躰を刻んだ。今日残存するもの二躰。一つは大日如来、十月十六日作、他の一つは吉祥天女、同月十八日作。今は共に同地の大日堂に勧請してある。

彼はすぐ去って柏崎に接する枇《び》杷《わ》島村《じまむら》に入った。恐らくこの村には文化元年（享和四年）十月末から文化二年二月中旬まで滞留したであろう。彼はこの村で米寿を迎えた。自像を刻って歌を添え、印刷した。

今この村が上人の滞留を紀念するのは十王堂に納置される十二躰の仏像である。閻魔大王とその眷属奪衣婆《だつえば》、賓頭盧《びんずる》尊者、合せて拾二躰。最も早きは文化元年十一月九日、晩《おそ》きは同二年二月十一日の作。別に隣村大州村の洞雲寺のために道元禅師像を刻んだ。同年正月の作。

続いて吾々は中頸城郡米山《よねやま》村大清水大泉《だいせん》寺に上人を見出している。境内の大木銀杏の立木に子安地蔵を刻りつけ、之に一個の扁額を添えた。三月中旬の作。この寺に於いて弘法、興教の二開山の像を彫り、又大日、賓頭盧その他の像を残した。

この処に長くは留まらず、恐らく道を柿崎にとり、保倉《ほくら》川を添うて深く東頸城郡に入った。留まったのは保倉《ほくら》村大平《おおだいら》の大安寺である。着いたのは三月末。十六羅漢を刻んだ。その内今日残るもの僅か三躰。別に金毘羅大権現の小像一躰、及八十八歳の自身之像がある。凡ては四月中旬より五月中旬までの作。

次には刈羽郡野田村熊谷《くまだに》に出て、今井氏の邸内にあった梅木に一小立像を彫った。作の月日は分らぬ。併し同年五月下旬であると見るのは妥当であろう。この他天満宮、秋葉権現二躰残る。

次に現われる彼は椎谷《しいや》である。同じ刈羽郡高浜町大字椎谷《しいや》坂ノ下、今観音堂内に十三仏が安置してある。記入してある年月日によれば、悉くが文化二丑歳六月の作である。かくして道は出雲崎にと導き、西越村大釜谷に杖を留めた。

之によって満二ケ年の彼の足跡線は明かである。そうしてその間に於いて成就した彼の遺業は吾々の前に明示せられた。順礼の時期は終って製作の時期である。大釜谷に於いて今日知り得る足跡の線は消える。彼の歩みは自由であるから、次に何れの方向を選んだかを速断することは出来ぬ。併し最近南魚沼郡六日町に八十八歳作一軀及び甲府市教安寺に於いて九十一歳作七観音が発見せられた。（委細は本書二七五頁「甲府教安寺の七観音」に記載してある）。之によって見れば、越後での多忙な年月が去った後、上人は南に下り、或は上州に出で、信州を経て故郷の都に入ったのであろう。八十九歳から九十三歳までの五ケ年間のことに就いては、その他詳しく記すだけの史実が見出されておらぬ。併し未知の謎が解明せらるる日は吾々に近づきつつあるであろう。

上人臨終の地が何処であるか、度々の調査も未だ結果を得ないでいる。併し上人血縁の一属伊藤瓶太郎氏の家で遂に発見せられた位牌によって、その死期は全く分明にせられた。

文化七庚午年

圓寂　木喰五行明滿聖人　品位

六月初五日

故に上人示寂の齢は九十三歳である。

（因に云う。同じく伊藤家にある先祖代々の戒名軸にも、同じ文字が記入してある。之は後にこの位牌から筆写したのであることが分る。別に甲州北都留郡鳥沢村円福寺にある過去帳五日の部に、上人の戒名が発見せられた。それには次の如く記してある。

五行明滿禪者

文化七午六月

一見すると、上人臨終の地は鳥沢であるかのように見える。併し円福寺には未だ上人の墓碑が発見せられず、然もこの過去帳への記入は少くとも五年後に弟子白道が入れたのであると考えられる。何故ならこの一行の前に記されてある入寂者は、文化十一戌年となっているからである。且つ之は円福寺が贈った上人の法名ではなく、上人自身の僧名である。上人入寂の地と鳥沢とは恐らく関係がないであろう）。

家を出てより三界に家無きこと八十ケ年。沙門の身となってより法に活きること七十二ケ年。戒を守り身を修ること殆ど五十年。廻国せんと歩むこと三十有八年。踏みし里程上下凡そ五千里。刻みし仏軀一千余躰。かくの如きが吾々に示された上人の一生である。

（読者よ、玆に私が書き列ねた事実が語る通り、彼の足跡が日本全土に及ぶと共に、彼の製作の分布も亦広汎である。私一個人でその一切を完全に調査することは出来ぬ。併し読者は上人の歩いた凡ての地に分布せられているであろう。各々の地からこの記事に従ってその調査を私宛に『京都市吉田神楽岡三』報告して下さるなら、幸は私にのみ属するのではない。研究する者にとってかかる助力ほど感謝に余るものはないであろう。私は甲州に於いて越後に於いて、又佐渡に於いて或は知れる或は知らざる多くの友から厚い志を受けた。それ等の友がなかったら、この研究は今日の進捗を得るに至らなかったであろう）。

（一九二四・一〇・二五）

初期の供養仏

一　上人の彫刻に就いて

供養仏に添えられた奉納額に、次の文字が屢々記されてある。

「日本順國八宗一見之行想、十大願之内本願として佛を佛師國々因縁ある所にこれをほどこす、みな日本千躰之内なり」

之によって供養仏の彫像は、彼が立てた十大願の内の本願であったことが分る。而も日本順国の途上に於いて、因縁ある凡ての地にそれを刻み遺したことが分る。そうして彼は古例に倣って「千躰仏」の数を希願したことが分る。如何に彼が彫刻に一生の努力をおいたか、如何にその分布区域が広汎であるか、又如何にその数量が尨大であるか、私は頁を追ってこの事実を語らねばならぬ。

いつの頃から彫像を試みたか、定かではない。恐らく四十五歳の時、木食戒を受けて彼の生涯に一転期が来てからのことであろう。少くとも長い一生の後半期に於いて、彫像に彼が多忙であったのは事実である。今日まで見出されたものも、凡てがその期間に属している。年を追うと共に彼の努力はいやが上にも重っている。慥《たしか》に彼が刀を下したと思われるのは、安永初年日本廻国の途に出た頃からであるから、少くみて仏師としての彼の経歴は三十五年余りに亙るのである。

彼の廻国の足跡を辿ることは、殆ど名ある一切の地名を読むに等しい。その区域は北は蝦夷から南は薩州に及ぶのである。その途上に刻み遺した彼の彫刻が、広汎な領域に分布されているのは云うまでもない。僅か三日間の滞在にも遺作を見出す場合がある。十日半月と杖を留める所には、怠ることなくこの仕事を励んだ。之を「千躰仏」と呼んだのは晩年であるが、最初からこの計画に進んだかは知る由がない。併し供養仏の彫刻が彼の選んだ生涯の本願である。

如何なる仏師も量に於いて彼を凌ぐことは出来ないであろう。現在幾躰残存するかは未知の謎である。その半も調査し得ない私に、知られている数は既に三百躰にも近づいている。まだ埋もれているもの、失われたもの、是等を加算するなら驚くべき量を示すであろう。最近の発見によって、彼は実に「千躰仏」の希願を成就したことが明かにせられた。そうして彼の新しく記した文字は「二千躰」であった。驚くべき心願であり努力であると云わねばならぬ。（本書二七五頁「甲府教安寺の七観音」参照）。一個人として彼程多くを刻んだ者があるであろうか。彼の作は小品ではない。是等の量が豊かな質を以て、まだ片田舎に知る人もなく埋もれている。今までに於いても彼の発見は一大驚異であると云わねばならぬ。

驚くべきは彼がそれを成し遂げた精力である。速度である。今日まで知られた彼の最高の記録は一日に四躰の仕上げである。各所に伝る口碑によれば、彼が刻んだのは多くは夜間であった。如何なる仏師がこの速かさを為し得たであろう。最も長き仕事の継続時として、九ケ月間間断なく鑿を執ったことが知られている。力を要する木彫の仕事を、何処に斯くの如く長く持続して為し得たものがあろう。而も彼は若者ではない。それは八十代の出来事である。刻む折彼はいつも人を避け、開眼の日までは見せなかった。刀をあてる前、彼は必ずや斎戒し行を修じ、心を浄めたであろう。

見出された作を見れば、彼が仏師としての経歴は、技工の門を通ったものでないことが分る。若し彼が師に就いて伝習的技工を学んだとするなら、徳川末期に於ける作風がどこかになければならぬ。併し比較的最初の作にもその痕跡を見出すことは出来ぬ。想うに彼自身の観察が彼の刀法を成長せしめたのであろう。あらゆる古刹に詣でた彼は、あらゆる古作品を見得たのである。彼は注意深くそれ等のものを省み、如何にして刻むべきかを修得したであろう。之はよき出発であったと云わねばならぬ。技工の門は美を産まない。まして深さをまで添えることは出来ぬ。若しこの門を通ったなら、彼の刀跡にも躊躇や疑念が見られたであろう。

　もとより彼が示し得た美と深さとは、彼の心境から創られたのだと云わねばならぬ。彼に修行と安心と悟入とがなかったら、彼には彫刻がなかったとさえ言い得るであろう。至る処に刻み遺した作品は、それぞれにその折の信心の披瀝とも思い得よう。

　彼が刻んだ仏像は極めて多様である。殆どあらゆる名が現れてくる。釈迦如来、弥陀如来、大日如来、阿閦如来、宝生如来、薬師如来、弥勒菩薩、普賢菩薩、文珠菩薩、地蔵菩薩、子安地蔵、虚空蔵菩薩、聖観世音、十一面観世音、千手観世音、馬頭観世音、子安観世音、準胝観世音、如意輪観世音、子安如意輪、白衣観世音、廿三夜勢至、吉祥天女、多聞天、不動尊、閻魔王、十王尊、葬頭河婆、十六羅漢、二王尊、十二神将、日天月天、随身尊、神変菩薩、或は又金毗羅大権現、稲荷大明神、秋葉大権現、天満宮、西宮大神宮、山神、大黒天或は又聖徳太子、行基菩薩、弘法大師、興教大師、道元禅師、又は自身像、その他狛犬、唐獅子、更に多くのものが見出されるであろう。仏名が異ると共にその表現ももとより多様である。一番数多く彫ったのは観世音と薬師とである。

　是等のものの種字を皆知り、且つ仏躰の伝統的約束を熟知していたことを想えば、彼には厚き注意と充分な準備とがあったのである。大部分は木彫であるが、又時として石材をも選んだ。立木に刻んだものも少くはない。材は銀杏と楠とが最も多い。併し量と種とへの驚きよりも、私達を惹きつけるのはその質である。そうして質を形造る彼の心境である。その表現である。その手法である。一見して誰も彼の独創を見過ごすことは出来ないであろう。時代は徳川末期の仏師の中に彼を交えている。併し時代を知らせないなら、誰か彼の作を幕末のものだと言い得よう。それ程彼の世界は独自である。時代の潮流からは離れている。一度彼を知るものは二度とその特質を忘れ得ないであろう。彼は彼自身の内に一つの様式を開いた。いつか「木喰仏」の名称が認知される時は来るであろう。日本彫刻史に彼が占める独特な位置に就いて疑うべき余地は残らぬ。私は躊躇なく万人の前に彼を彫刻家として勧めることが出来る。伝統的見方に沈む者に彼の美は閉ざされるであろう。併し彼を讃美する者は早く集っている。彼を正しく認識する時期は遂に到来した。(彼の彫刻の特質に就いては本書二〇九頁の「八十八躰仏の美」を論じた所に述べてある)。

併し彼が表現し得た驚くべき独創は一日にして出来たのではない。私達はその背後に貴い準備の幾年かが過ごされているのを忘れてはならぬ。突如とした独創の示現は一つの驚愕である。だが長い心の準備によって、独創へと熟し切ったものは、一層意味深い驚愕を与える。上人の異例な彫刻にも、その必然な経路があった。古典からの全き離脱は、古典への尊重を経て生れたのである。伝統を越え得た彼は、伝統を無視した彼ではない。彼はよく観察し理解しその真意を咀嚼《そしゃく》した。もとよりそれ等のものに対する修得は、彼にとって模倣を意味するのではない。それは独創を育てるための教養であった。彼は準備の時代に於いても、尚彼自身を失っていない。彼には古典によって自らを殺さないだけの力があった。そうしてそれによって自らを活かすだけの余裕があった。長い彼の生涯は発展の生涯であった。絶えざる創造であった。

だがそれ等の仏は何人からも注意されずに、沈黙の時を長く過ごした。僅かの例外を除いてはその地方の信仰をも今は受けていない。彼等を包むものは塵埃であって、人々からの愛慕ではない。どうしてそれ等の異常な作が、埋没の運命に逢ったのであろうか。私は二つの大きな理由を数えることが出来る。彼は名聞に無関心であったからである。そうして彼の作は拙劣なものと思われ易いからである。

一堂を建立して開眼の式を挙げるや否や、彼は執着もなく、その地をすぐ旅立っている。日誌にすら建立のことを記した個所は稀である。宣伝は彼の関わりない仕事であった。供養するそのことに行願があった。彼は富んだものの庇護を受けて彼の仕事を果そうとは欲しない。民衆からの僅かの寄進が彼の受けた悦びであった。彼が関係したものに名ある古刹は極めて少ない。彼は彼の刻む像を、それ等の寺に安置しない。彼は屢々貧しい無名の一堂を自ら建立した。而も彼が好んで選んだ個所は片田舎である。彼は仏の友を市街に求めたのではない。読者は屢々その堂の在る地名を、詳しい地図にさえ見出し得ずに終るであろう。是等の事情は彼の作を長く封じ去って了った。まして伝統的見方に沈む者には、彼の作が粗悪なものとしてのみ映るであろう。さもなくば高々奇異な作だとして感じるに過ぎぬ。併しそれは見る者の心の乏しさによるのである。彼の作に乏しさがあるからではない。併し時は来たのである。いつか光は雲を破らずにはおかないであろう。

　初期に於ける彼の作は関東以西には存在しない。凡てはその以北である。私の予想にして誤ることがなくば、彼の最も初期の作は今後次の地に於いて見出されるであろう。第一は相州伊勢原附近である。第二は同じく相州の関本である。第三は上州の館林附近である。第四は北海道の江差《えざし》である。併し嘗てあっても、今残るかは保証し難い。私は自らそれ等の地を訪う折のまだ来ないことを遺憾に想う。私は先ず比較的初年の作を一瞥するために、自ら調査したものの中から、野州栃窪の作品と佐渡梅津の遺作とを選びたいと思う。それは六十代に於ける彼の作を代表する。是等の作に於いて私達はまだ彼の「微笑」に接することは出来ぬ。だがそこに進みつつある彼の修行を見ることが出来る。八十八躰仏を刻んだ頃からすれば、二十年程も前に帰るのである。

二　栃窪《とちくぼ》に於ける薬師堂

　上人は江差を立ち、津軽海峡を越えて奥羽へと入った。更に順礼の足を南へと取って遂に日光まで達した。安永九年九月の中旬である。彼は弟子白道をつれた。順礼の途次、上人の徳と行とを慕って彼の門に入った者は少くはない。日光から更に今市へと出、右に折れて道を猪倉《いのくら》にとり、九月二十二日栃窪《とちくぼ》の村を過ぎた。この村の名と個所とを知る人は少ないであろう。それは栃木県上都賀郡菊沢村《かみつがぐんきくさわむら》の字《あざ》である。宇都宮へは三里余り、鹿沼《かぬま》駅からは東北一里。

有縁《うえん》の地と思われたのであろう。因縁に導かるるままに、上人はこの村に錫《つえ》を留めた。彼が宿った庵は「トクシヤウイン」（徳性院）と記されている。恐らくは真言宗等持院所属の末寺十二個寺の中の一つであろう。滞留僅か五ケ月であるが、この間に総じて十五軀の仏像を彫刻し終り、之を勧請するために一つの堂を建立した。彼を知らないこの地に来て、突如としてこの行を果そうとするのである。彼に信じ入る施主がまたたくまに集ったことを想えば、彼の性格や彼の行実が如何に強く人々を惹きつけたかが分る。彼はいつもの勤勉を以て又精力を以てこの仕事を猶予なく果した。

堂を建てるために選んだ個所は村の氏神と道を隔てて相対する。背には竹林を負い、又その後ろには遠くあの古賀志山《こがしやま》が嶮しい厳そかな姿を以て、この地を守るかのように聳える。堂は南面して建てられてある。前に開ける広い空地に残る明和時代の石仏は、古い徳性院の名残りである。

堂は二間四方の小さなものに過ぎず、とりわけて装飾もないが、形とのいその姿は美しい。二尺五寸巾の廻廊が四囲を廻って、葺茸の庇《ひさし》と相対し形を一層完くする。

私がこの堂を見出すに至ったのは、珍らしくも上人が「御宿帳」に書き入れた二行の言葉に拠ったのである。「安永十丑二月廿一日立トチクボ、」「ムラニ、ヤクシ、ジヤウニジン、コンリヤウ」（ヤはユの意）。若しもこの二行が残っていなかったら、堂は長く忘却の運命に終ったであろう。何故なら私が繰り返して尋ねたに拘わらず、栃窪の村には全く上人に関する記憶が絶えているからである。不思議にも村の者はそれが誰の手で建立されたかに就いて全く知る所がない。名もないこの堂の調査に人々は只不思議がるのみであった。それ程上人に就いては一つの口碑も残っておらぬ。同村等持院に長年在職する老僧に問うてみたが、「古老も私に何事をも話したことがない」と答えるのみであった。だが忘却につつまれたまま幸いにも凡ては安全に保存せられた。そうしてもはやこの堂の記憶が世から忘れられる憂いはない。

この九月二日私は一人朝早く東京を立って、汽車を鹿沼《かぬま》駅で降りた。私は再びこの調査が恵まれた結果に終ることを疑わなかった。私は田野《たの》に通じる一条を指して前に進むのである。上人の足が踏んだと思われる道すじは、近年幅広く改修せられた。僅か一里であるから、仁神堂《にかみどう》を過ぎると早くも栃窪の村に入る。村には一つよりないと聞いた堂へ兎も角私は道を急いだ。併しそれが果して上人の建立した薬師堂であるかは分らない。だが幾多の像が蹲っている。私は格子の間から暗い中を覗いた。形は定かには見えない。だが幾多の像が蹲っている。私は幾秒かの後に来る悦びを予想して、釘附けられた扉を開いて中へと入った。

「日光、月光、十二神将を相具して」など「盛衰記」の文にも見えるが、本尊の薬師を中心に、まごうことないそれ等の像は、数にも欠けず私の前に並んでいる。その一つをとり

薬師如来（三五七頁）

上げて裏を見れば、「日本廻國行者」、それに上人が初年に用いた「行道」の花押が明かに見える。上人が日誌へ記し残した二行の文字が、形ある姿となって私の前に現れている。

それは完全な一群をなす彫像である。凡ては木彫。中心には薬師如来、それに日光月光の二菩薩を脇士とし、又左右に分れて十二の神将がこの仏を守っている。故に総じて十五軀に数えられる。上人は正式に一族を調《ととの》えた上この堂に勧請した。本尊の丈二尺五寸、裏には墨を以て「薬師大兕《やくしだいじゅ》」と記し、「安永九子十二月八日四ツ時」と書いてある。夜を通し朝に及んで之を仕上げたことが分る。蓮台に座り、温く法衣を纏い、薬壺は手巾に被われた掌の上に休んでいる。光背は古作品にも見られるように、焰の形をとって高く頭上に被いかぶさる。台座は黒、蓮瓣は白地に桃色のぼかし、衣は褐色、頭髪は黒、光背は緑、焰は金色である。色様々なこの世界の中に仏は静かに座を占める。(この一躰の着色は後代のものであろうが、原色を模して塗られたのであろう)。眉は円かに、頰は脹らみ、耳朶は豊かに、軀《からだ》は肥える。眼はゆるやかにつぶり、口もとは音もなく微笑んでいる。衆生を想い、凡てに憩いを贈るその風情は、見る者の愛を集めてくる。上人六十三歳の作である。

穏かなこの一軀から、眼を十二の神将に転じる時、柔と剛との対比が実に鮮かである。凡ては薬師如来の眷属《けんぞく》。護法の神将であるから、表現強く時として忿怒《ふんぬ》の相を現している。列名は経典の諸訳一致せず、又持物等も相違する故、各々の名は定め難い。十二神は十二支に配せられ、玄奘の訳本では次の通りである。

一は毘羯羅子神、二は招杜羅丑神、三は真達羅寅神、四は摩虎羅卯神、五は波夷羅辰神、六は因達羅巳神、七は珊底羅午神、八は頞儞羅未神、九は安底羅申神、十は迷企羅酉神、十一は伐折羅戌神、十二は宮毘羅亥神である。

彼等の持物は太刀、弓矢、剣、宝珠、斧、鉆、螺貝、棒、鉾等の如きである。既にその内の二、三は欠損する。作られた神将の頭上には十二の獣類が一種ずつ刻んである。或者は摩滅して何であるかを判じ難い。守護神であるから本尊の左右を守り、各々六個相対する。左一と右六と、左六と右一と、それに準じ凡ては一対である。（只左の三、四（又は右の三、四）はその順が恐らく逆であろう）。番号の記入は裏にしてある。神将の丈、凡ては一尺九寸前後、仏軀は全身に彩どられ、用いられた色彩は多様である。朱、黒、緑、青、白、褐等。顔料は胡粉である。年を経て落剝の個所が既に多い。

是等十二の神将は悉く巌上に立って、身をかまえ吾々を睥睨《へいげい》する。眉太く上り、眼明かに開き、鼻高く、口引きしまり、頭髪逆立ち、手休まず、正に動こうとする風情である。或者は歯を顕わし、或者は剣を準備し、凡ての法敵を征御しようとする形である。それ等のものに囲まれて、薬師の尊躰は静かに軟かくその座を占める。内なる美と外なる力、静寂と動律、是等の対比が浮び出て、活ける法界を堂内に満たしている。

二脇士、左手に月を支えるものは月光、之に対するものは日光。前者は仏に向って右に、後者は左に侍している。十二神将中、作として特に傑出するものは、宝珠を持つ右側の二番、螺貝を支える左側の二番、及び鎌を持ち口を開く右側五番の像である。

刻んだ年月は安永九年十二月の中旬であろう。或ものには記入があって十二日としてある。仏躰の裏面には、梵字の他に二、三次の文字が見える。「天下太平國土安全」、「慈眼眎衆生、福集海無量」、「相州伊勢原町、日本廻國行者、行道（花押）、同弟子白道」。この句の中に次のことどもを注意せねばならぬ。相州伊勢原町とは出生の地を指すのではない。日本廻国の行に出発した時、彼の住んでいた町を云うのである。詳しくは相州大住郡田中村片町である。彼が常に携えた「納経帳」にもこの宿所が記してある。田中村と伊勢原とは同しである。その辺は大山不動とは近く、上人にとっては縁故の深い地である。初年の彼はいつも「日本廻國行者」と記し、又その頃の僧名「行道」と自署した。彼の最初の花押は明かに「行道」の二字を組合せて作られてある。注意すべきは、弟子白道の名である。彼も亦甲斐の人、今鳥沢宿に彼の墓碑が残る。同村円福寺に見出された位牌によれば、次の如く記してある。

木食大秀白道比丘

當國萩原俗姓小野同所法幢禪院而剃度則血脈所持遊行而當山寄偶山居于清水入凡二拾有餘歳于時文政八酉年十二月二十四日寂

萩原は今の東山梨郡大藤村である。清水入は鳥沢の小字、今ここに上人屋敷と呼ばれるものの跡が残る。文中「遊行」とあるのは、恐らく上人に伴って諸々を遍歴したことを指

十二神将（三五七頁）

すのであろう。思うに安永六年夏の頃、上人が故郷を立って北国に赴く折、偶々甲州街道に於いて白道に逢い、縁《ゆかり》あって戒を授けたのであろう。遂に伴って北へ進み、奥羽を過ぎ、蝦夷に入り、二年をそこに送り、再び伴って南下し、枥窪の村を過ぎたのではあるまいか。

「同弟子白道」と署名があることを想えば、是等の仏躰の或ものは、白道が手伝ったにちがいない。今日甲州には明かに白道の作と思われる仏像が発見される。その数は少くはない。

(上人の自署に添えてこの弟子の名を加えたものは四躰ある。十二神将中、左の一、右の三、右の六及び月光菩薩である)。この外仏軀の裏面に記した文字には、他の場合と異って「木食」の記入も、又年齢の記入もない。

堂内にはもと奉納額や、施主の名札が必ずあったであろう。併し今は一つも残存しない。内部に多少の改修があることを思えば、いつの間か紛失したものであろう。北壁に沿うて壇が設けられ、中央は幅一間奥行三尺一寸五分。その壇の前面両端は柱によって支えられる。柱頭には蛙又の組木、その横木には、彫模様がある。左右の壇は奥行せばまり一尺五寸、幅は各々三尺である。云うまでもなく中央に薬師を安置し、左右の壇に二脇士と十二の眷属が並置してある。秩序だった計画であるのは云うまでもない。(今是等の仏と共に、木彫の仁王と不動、及び小石仏一躰が合納してあるが、もとより上人の作ではない)。凡てを彫造し終ったのは、臘月のことと思える。堂が竣成し、仏を勧請して開眼の式を挙げたのは翌安永十年辛丑正月のことであろう。

一年に一度、四月八日は薬師祭りの日である。村の者は集ってこの堂に詣で賑わしい一日が過ぎる。この薬師は眼病を癒すと云われ、「め」字の奉納額が堂内に掛る。併し祭の日を除いてこの堂に集る者は悪戯《いたずら》な子供の群《むれ》に過ぎない。仏は特別な守護を受けることもなく、塵のつもるに任せてある。仏具とても数える訳にはゆかぬ。村には上人に対する記憶が絶えた故、この堂は何等敬仰の心を受けてはおらぬ。若しこの紹介が再び上人への注意を植えつける縁ともなるなら幸いである。語らざる堂が、村の名誉を語る日が近く来ることを私は信じたい。

恐らく栃窪に見出されたこの一群の像は、上人初期の作として最も代表的なものであろう。本尊の手法は彼がよく古作品にも通じていたことを語っている。後期に屢々刻んだ薬師像とは如何に異るであろう。晩年に於ける独創は瞬時的な発作ではない。その背後に是等の準備があったことを忘れてはならぬ。而も彼は古典の手法を、よく彼の宗教的体験に於いて、我がものに取り入れている。それは彼の信仰が既にゆるやかな落ち着きに達していたことを語っている。私はその薬師像に現われた円かな相を愛する。誰でもこの仏の前に佇んで心の安らかさを受けないものはないであろう。もとより用いられた手法は悉くが彼のものではない。而も徳川期の作に共通して見られる無用な煩雑な技巧がここには一つだに見えない。実に僅かの柔かな線と、僅かの脹《ふくら》みとから、仏の姿が浮び出ている。

手法として一層大胆なのは、云うまでもなく十二人の神将に於いてである。手法にも亦遅滞がない。彼は選んだ主題を表現するのに極めて自由であった。それは晩年の独創を暗示する。彼は躊躇《ためら》うことなく率直に護法の力を示し出した。足に踏まれる岩又は纏う衣に流れる単純な線、それ等は特に後期の作にも見出される特質である。而も現わされた相貌によって、それが如何に民衆の仏であるかを見逃すことが出来ぬ。そこには理知による教理はない。邪を払い法を護る心の意力がもっと直下《じきげ》に迫ってくる。彼等の持てる顔、手に握る持物、戴く十二支。見る者も亦それ等のものの等しい持主ではないか。「護法の力は既にお前達にもある」、上人はそう民衆に向って語るように見える。

今や恵みによって為すべき仕事は終った。五ケ月は繁忙の中に過ぎて行った。上人の心は既にこの地を旅立っている。まだ踏まねばならぬ法界は広い。早くも安永十年二月二十一日、彼は栃窪の村を去って、再び帰らぬ遍路へと出るのである。彼は既に作り終った薬師堂を想うよりも、有縁の地に作らねばならぬ堂について心を向けていたであろう。次には何処に杖を留めるかを彼も知らない。凡ては弥陀の導き給うままに任せてある。彼は足の進むままに更に南へと旅をつづけた。

三　佐渡に於ける上人の遺作

上人は今越州の浜辺にある。安永十年即ち天明元年五月の初旬である。齢六十四。武州を立ち道を碓氷にとり、この辺《ほとり》で弟子、白道と別れを告げた。上人は一人諏訪に下り、再び善光寺へと登って、高田を過ぎ越後の柏崎へと出た。汀から見える佐渡の島に彼の心は向いている。上人は十幾日かをこのほとりに過ごした。舟に身を托すために、天候を待っていたのであろう。待つ間或は荒浜村の観音堂に奉経塔を供養し、或は椎谷《しいや》の地蔵院に詣で、又は出雲崎に出、返って石地町に止っている。何処の港から舟を出したかは定かではあらぬ。遂に海を越えて佐渡へと渡ったのは五月の二十三日であった。上陸したのは小木の港である。まもなく小比叡山に蓮華峰寺《れんげぶじ》を訪ね、度津《たどつ》に神宮寺を訪い、小泊《こどまり》や大須《おおず》に一宿し、真野山真輪《まのさんしんりん》寺、国分寺、八幡宮、是等に納経し終って相川へと出た。六月に入っては金北《きんぽく》山下真光寺を始めに、北へと指して遠く檀特山清水寺を訪い、又山居《さんきょ》の光明仏寺まで登った。戻って羽黒山大権現に詣でたのは六月の七日である。

運命は彼の足をこのほとりに留めさせた。縁《ゆかり》あって加茂郡梅津の村に入り、彼は丸四年の間をここに暮すのである。天明元年六月初旬から同五年五月までである。齢にすれば六十四歳から六十八歳の間である。その頃の彼は尚僧名を行道と呼んだ。

何故彼が突如として居をこの地に定めたかは知る由がない。併し彼が選んだと云うよりも彼のために選ばれた地だと云うべきであろう、この因縁を彼はすなおに受けた。驚くべき彼の戒行とその徳望とに信じ入った幾人かが彼を厚く迎えた。彼の名は早く深くこの村に植えつけられた。併し彼にとっての滞留は、長い旅の後に来る休息ではなかった。嘗て同じ場合に於いてなしたように、彼は一つの仕事に準備を急いだ。彼の起した拾大願の一つを果すために、選ばれたこの地に供養仏を遺そうとするのである。彼は彼に信じ入る者の中に広く施主を募った。

この企が形に現われたのは天明二年の頃からであろう。年の末彼は幾枚かの紙を綴じて「集堂帳」と題し、歌を書き列ねた。堂に集める歌の意であろう。彼がこの村に遺そうとして選んだ仏は阿弥陀如来であった。而も九品《くほん》の浄土に住む九つの阿弥陀である。九品とは極楽浄土に九個の品位があるのを云う。即ち上上、上中、上下、中上、中中、中下、下上、下中、下下の九種の相である。この九品阿弥陀は今村の人達からは短く「九品仏《くほんぶつ》」と呼ばれている。上人は真言の僧ではあったが、阿弥陀への篤い信仰があった。佐渡滞留の折に歌った一首に、

たゞたのめ　たとへわが身は　しずめども
　九品《くほん》浄土は　願《ねがひ》なりけり

歌を見れば宛《さなが》ら彼が浄土宗の人であったかのようである。彼の歌に阿弥陀を讃えたもの

は数に於いても夥しい。

彼は更に是等の仏を勧請するために、九品堂《くほんどう》の建立にかかった。今日村の人達からは「木食堂《もくじきどう》」の名に於いて記憶される。選ばれた個所は海辺である。梅津川の注ぐところ、松の枝を通して両津《りょうづ》の湾が目前に見える。そこは梅津の小字北平沢《ひらさわ》に属する。夷《えびす》の町から浜辺に沿うて北行わずか半道である。

去る八月の十日、私は病の癒えるのを待って、寺泊から身を船に托した。上人が書き残した僅かの記事と、携えていた納経帳とを頼りに、小木をさして行くのである。上人にとっては異例である四ケ年の佐渡滞在に、彼が何事をもしなかったと云うことは考えられぬ。彼はきっと幾つかの仏を刻んで仏寺に勧請したであろう。私はそれを信じて、上人の足跡を追うのである。だが蓮華峰寺《れんげぶじ》の一夜《ひとよ》も、国分寺の一昼《ひとひる》も益なくして終った。長谷の長谷寺も、塚原の根本寺も上人とは何の関わりもないことを知った。老僧に尋ね地人に質《ただ》しても上人の名をすら知るものがなかった。私は新穂《にいほ》で心もとなき一夜を送った。翌る日私は湊を過ぎ夷《えびす》へと出た。最後に望みをおいた梅津を訪いたいためであった。だが羽黒《はぐろ》が幾年かの前炎上し尽したと聞いて、私は又空しくその地を彷徨わねばならぬかと思った。

それは暑い午前であった。梅津村のある御堂の椽に疲れた体を休めている時、遂に知らせがあって木食堂が今尚残ると聞いた。心は躍るばかりであった。梅津川の床は涸れて、八月の光は草にさえ疲れを与えるようであった。併しそこを沿うて歩む私には限りない嬉しさがあった。海辺近くに掛けられた橋を過ぎると、両津《りょうづ》の町に向う街道の右に、堂は今も黙して佇んでいる。

誰も戸を守る者はない。だが扉になびく順礼の御札が、詣でる者のあることを語っている。私は急ぎ閉ざしてある障子を開いた。散り荒された床の向うに、一列に並んだ仏が金色の顔に輝いている。そうしてそれ等の仏の前に、円頂有髯の一小座像が静かに私に向って微笑んでいる。

私は今見出されたこの堂の叙述にと、筆を戻さねばならぬ。堂は間口五間、奥行三間半。古くはその周囲に幅一間程の廻廊がめぐっていたと云われる。西方浄土に住む阿弥陀をまつるのであるから、堂は東面して立てられ、西壁に沿うて仏が勧請してある。堂の屋根は茅葺である。外から見るならば、とりわけて目を惹く風情もない。だが内部の結構、甚だ異例であり且つ優秀である。堂内は二つに分れ、左室西壁には壇を設け本尊たる九品仏が一列に並んでいる。右室も之と等しく弘法大師、岩船地蔵、大黒天の三大立像が安置してあったと云うが、室は全く変形せられ更にそれを二つに分け荒れはてたままである、左室は幸いにも旧《もと》のまま残って、室内の凡て、柱から横木から壇から天井に至るまで生《き》漆《うるし》で塗ってある。越州地方は漆の産地であって多くの民家もかくする習慣がある。天井は合天井である。一つ一つに白円を画き出し、その中央に筆を以て墨黒く梵字が認《したた》めてある。板に塗られた漆の色甚だ美しい。（その内五六枚は失われ、残るものも虫の蚕食に痛んでいる)。向って前方、天井の二隅から室の中心に向って、構造極めて堅実な蛙又の組木が突き出ている。前面の横木には大きな草模様の着色浮彫がある。壇は南北両壁に沿うて三尺ほど曲り、上から見るならば鍵形を呈している。今はここに右室にあった三躰の大きな立像が安置してある。

本尊は座像、蓮台から光背までの丈三尺二寸。伝えによれば梅津から北へ三里近くの漁村馬首《うまくび》から、一本の栃《とち》の木を得てそれで九躰を悉く刻んだのだと云われる。刀を下したのは恐らく天明四年に入ってからであろう。珍らしくも仏軀の凡ては厚い漆塗である。黒と朱との色極めて美しく、艶消《つやけし》の味わい穏やかである。顔と手と光背とは金色である。年を経て色は既に燻《くすぶ》る。光背の中央には太く朱漆で梵字が入れてある。仏は蓮瓣の上に座り、更に蓮瓣の下には低い台がある。中央三躰のうち、左右二つの台には筆で牡丹が画かれ、中のものには浮模様がある。中央の一躰は九品のうち上々の相であろう。(惜いかなこの仏のみ印手に破損がある)。かかる漆塗の仏は類例が稀であろう。而も衣と袈裟と蓮瓣とを染める黒朱の二色は、九躰の交互にその個所を更える。即ち右端にある仏の蓮台は黒であるが次のは朱であり、第三のは又黒になる。同じく袈裟の色も亦交互に変化する。整然と計画されたものであるのは云うを俟たぬ。誰にでも気附かれるであろうが、法衣の襞《ひだ》が甚だ美しい。末期の作に見られる錯雑がなく、只僅かの線のうちにその美が流れる。九軀の仏、只所々に虫のあとを見るだけで、原形に甚しい毀損はない。

仏は同一の阿弥陀如来であるから、九個の相貌にはその間に僅かの差異よりない。もとより印相は別である。手法に煩雑な跡なく、表現は静かであって古作品に近い。丸畑時代の作に比べれば、遥かに伝統を守っていて、古典的味わいがある。気品高く温雅である。併しこの九品仏はその製作に長い時を要したと思われるに拘わらず、上人の作としては特質の多いものだと言うことは出来ぬ。漆で厚く被われているため、刀の走りが見えないのも力を乏しくする。それに様式への固守が表現に拘束を来したと考えられる。そこにはまだ晩年に見られる微笑がない。彼自身の全き作であるというよりも準備の意味ある一時期を代表するものとして見ねばならぬ。それ等の本尊よりも私の心を惹いたのは上人彼自身の肖像である。

丈一尺七寸。荷葉の上に端座する。之も九品仏と同じく、黒と朱との漆塗である。裏面の素地に墨で作年月及び自署がある。天明五年三月十五日の作、「出生甲斐國、願主、木食行道六十八歳」の像である。(上人は五十八歳と記しているが、十歳の違算がある。若し之を正しいとすると自伝に記した年齢は十年多きに過ぎる。何れが正しいかは後日の攷究に譲りたい)。示された風貌は又穏かであって円頂にして有髯、微笑むかのように見える。眼を静かに閉じ、合掌する手は衣の中に包まれている。上人は今深い想念三昧の世界に在るもののようである。彼の心境が静謐であったことを告げる。「慈眼衆生を視る」と云う句が裏に記してある。示された相《すがた》も又等しい。実に可憐な一優品だと断ぜねばならぬ。

自刻像（三五八頁）

堂内には是等の諸仏を外にして、前面には長方形の奉納額を、その左右には円板を掲げ、一首ずつ歌が記してある。そうして大なる位牌が壇上に置かれている。凡ては上人の自筆にかかる。

奉納額の文字、

奉納佛前
當國村々御徒衆中
天下泰平國土安穏
今上皇帝
當國御代々御奉行所
天明五巳三月吉祥日
日本廻國三界無庵無佛
木食　　行道（花押）

記された二つの歌は次の通りである。

右　よとしへて　きやう立そむる　佐渡嶋を
　　いつきてみるや　のりのともし火
左　なむあみだ　かけてそ願め　ほとゝきす

しやうし偏は　地獄極樂

額の裏には日附がある。「天明五巳三月十日、父母爲菩提也」としてある。

位牌は三界万霊牌である。

當國中村々施主之面々過去帳一切年々令供養者也

三界萬靈　　三界無庵無佛木食

天明五巳年三月吉祥日　　行道（花押）

裏には次の文字がある。

南無大師遍照金剛

天下泰平國土安穩

天明五巳三月六日

出生甲斐　三界無庵無佛

木食行道

同弟子丹海

左右両側の内壁には、五輪塔の形をした板を並べ、各々に施主の名を記してある。或は近く「施主湊町藤右エ門、平澤村六兵衞」、或は遠く「甲斐國甲府金手町名和善內」等。名の上には悉く「光明遍照十方世界、念佛衆生攝取不捨」と二行に書いてある。

前述のように九仏一像の他に、大師、大黒、地蔵の三躰がある。皆共に漆塗であるが、その質は劣る。地蔵最も大きく四尺二寸。作は粗である。大師と大黒とは各々四尺前後である。この外もう一個、天明四年作と読まれる大黒小像がある。丈一尺四寸。この小像は恐らく何人かに贈ったものを、後にこの堂に納めたのであろう。故に今は総じて十四個の上人作仏像が堂内にあるわけである。（その他に今小石仏十数軀、及び三十三番の観音額面が並び掛けられているが、もとより後人の追加である）。

　私達は白木の位牌が二つ仏壇の上に立つのに気づく。そのうち可憐な一つは上人の自筆にかかる。天明四年甲辰五月二十日年十一歳で亡くなった女の児のために、自分で「智明比丘尼」と法名を記し仏の前に置いてやったのである。他の一つには「木食春全法師不生位、文化三丙寅天、十一月廿七日」と記してある。この位牌は上人梅津滞住の折、上人から戒を受けて木食の生活に入った弟子の位牌である。僧名は丹海。今村の人々からは「両《もろ》尾木食《おもくじき》」と云われている。佐渡国水津近くの両尾《もろお》の人だったからである。上人は之に対して出生の地によって分けられ「甲斐木食《かいもくじき》」と呼ばれている。この弟子丹海の遺作も少くはないようである。上人に学び彫刻を作り又梵字を書いた。甲斐木食が佐渡を去って以来、この両尾《もろお》木食が堂を守り、二十余年間在世したわけである。今堂の前に円頂の天然石碑がある。それは両尾《もろお》木食の碑だと云われる。風雨のため字句磨滅し読むことが出来ぬ。

　その石碑の背後に、今幾枝かを出す若い桜の木がある。それは甲斐の木食上人が手植の桜だと固く言い伝わる。樹は村の人々に今尚愛されている。大正四年講中が募られ、両尾《もろお》木食の碑と共にその周囲に石柵を設け、「木食上人之遺跡」と刻した。伝えには、この樹の盛衰によって村にも盛衰があると上人が言い遺したと云われる。古老の言葉によれば数十年前までは非常な大木であって、枝は道に大きな陰を残した。惜しい哉漸次朽ちて遂に幹は枯れたが、不思議にも根本から又幾本かの新しい枝が萌した。今あるのはその新しい甦りである。村の人々は上人の言い置いた言葉が真理であったのを堅く主張する。村の命運がこの桜の消長にかかるのを今も疑わない。

九品堂に隣接して今「龍宮堂」と呼ばれる一祠がある。その本尊弁才天（乎）も上人の刻んだものであったと云われる。今は失われて新しいものが置き換えてある。又街道を隔てて小さな祠が二つ見える。その内の一つには上人が刻みかけて半で止めたという不動尊が一軀入っている。之に就いては区々の口碑が伝わる。或日上人はいつもの如く室を閉じ不動尊一躰を刻みかかった。然るにふと或女が戸を開き中を覗いた。常に不浄を避けて刀をとった上人は、穢れたから之を仏にするわけにはゆかぬと云って中途で止めて了った。この話は実らしく思える。何処の地でも、刻む時上人は決して人に見せなかったと言い伝わる。後年の話ではあるが、或日子供がそれを取り出して近くの小川に浮べて遊んでいた。通りかかった村の者がそれを見て、勿体ないと云って取り上げて了った。所がその者はすぐ気が狂って畑の中を躍り廻った。仔細を近くにいた行者に話したところ、子供の無邪気な遊びを妨げたので上人の怒にふれたのだと云って、祈禱してその者を癒してやった。

上人に関する超自然的な物語は既に数が多いようである。幾年か前、九品仏の金色が黒ずんだからといって、新しく着色しかかったが、その者はすぐ病気にかかった。之も上人の怒に触れたのだと言われている。私が九品仏を見た時、現に右の三躰だけ顔の金が塗りかえてあるのを目撃した。同じ理由でそれ等の仏を撮影する時、私は抗議を受けた。

村の人々は上人が非凡な人であったということを親しく語る。「活き仏」であったとも彼を呼んだ。だが上人を直接熟知する人々は去った。又彼等の子も既に逝いた。上人が佐渡を去ってから、百四十年近くの時は流れた。時代は移り、事情も変った。信心が去ったのが何よりも目立っている。村の者は堂を厚く守らない。毎年旧三月二十一日に大師会を催すのと、正月二十三日この堂に籠る習慣が残るばかりである。何人かが四畝五合の田地をこの堂に寄進したので、そこから取れる僅かの米で、この堂を支えている。上人への記憶が今尚村の人達に明かであるに拘らず、進んで堂を保護しようとは試みない。全く無住の庵に過ぎなく、凡ては荒れたままである。私がこの堂を見出した前夜も、堂は人形遣の舞台となっていたのである。今守らずば、取り戻しのつかない日は来るであろう。私のこの叙述が堂を支える幾分の力ともなるならば幸いである。

私は佐渡の古刹を歴訪して、二、三の国宝と特別保護建造物のあることを知った。だがこの堂の小さな空間内に含まれた美と価値とが、佐渡の名誉としていつ認識されるであろうか。この九品堂は上人の建立したものの内最も多くの時と金とを費したものであるにちがいない。勧請された仏も亦同じである。日向の国分寺に住職であった時を除けば、佐渡は上人の一生中最も長く滞在した場所だと言わねばならぬ。だが上人のことはせまい佐渡にもよく知られておらぬ。在住の長い老僧すら彼の名を全く知らない。上人に対する記憶は僅か梅津一帯に限られるようである。佐渡に於ける彼の感化は遠くに及んでおらぬ。彼は説法の人ではなかったからである。生涯行者を以て身を守り千躰仏の彫造を発願し、説くよりも行い、教えるよりも働いたのである。彼は学識の人ではなく、実践の人であった。教理よりも修行が彼の宗教であった。かくして名聞を求めなかった彼は遂に知られることなく忘却の裡に埋められた。私はまだ佐渡誌にも彼の名の挙げられているのを知らない。梅津の人とても上人の伝記に就いては何等の知識もないようである。佐渡の故実家も今日まで上人に就いて一つの注意も払っておらぬ。

晩年の作四国堂が失われた今日、この九品堂は上人にとって重要な遺作である。特に堂内の構造に於いて四国堂を彷彿《ほうふつ》せしめるものがあろう。このほか現に檀特山奥の院にこの堂と類似する梵字入格天井を持つ堂宇があると聞いている。それは恐らく上人の作であろう。(補遺参照)。その他上人が携えていた稿本の中に「佐州加茂郡真更川村光明仏御堂建立勧化帳」なるものが残っている。それによって上人がこの堂を建てるために施主を募ったことが察知される。私は調査の折を持たなかったが、この光明仏寺に或は上人の遺作が伝えらるるかもしれぬ。檀特、金剛、金北《きんぽく》の三山は佐渡に於ける上人の厚く慕った霊山であった。それ等の山に雪降る日、日参したということが今も口碑に残っている。上人は山に籠ることを愛していた。

梅津一帯、即ち羽黒、馬場《ばんば》、中鷺野、大野、平沢にかけて、上人の書いた書軸、所謂「曼荼羅」が散在する。上人から講中への贈物であろう。長く留まった地方には、よくこの種のものが発見される。梅津に於いて私が目撃したもの凡そ十五軸であるから、現存するもの尚その倍にも達するであろう。仏名又は神名のほかに和歌の添えてあるのもある。九品堂所属のものは今三軸ある。羽黒山正光寺が焼けていなかったら、きっと上人の遺作が二、三はあったであろう。そこは上人の足が屢々通った所にちがいない。

佐渡に於ける上人の自署はいつも次のように書かれた。「三界無庵無仏、木食行道」と。晩年に彼が「天一自在法門、木喰五行菩薩」と書いたのと相対している。三界無庵とは、出家の身にとってこの世に住むべき家を持たざる謂である。欲界、色界、無色界の三界は迷の衆生が住む生死輪廻の境界である、「無仏」とは仏を否む意ではあらぬ。仏もなき境に仏との相即がある。「神をも求めるな」と云った中世紀の僧がある。心は同じである。有に滞らず、空に還って、空にも止らぬ意である。僧名「行道」はいつ頃から得た名であるか分らぬ。恐らく四十五歳木食戒を受けた時からの名であろう。晩年と異って木喰をいつも木食と書いた。彼は又行道の上によく「日本廻国」の字を附した。廻国順礼が彼の心願であり又その一生であったからである。佐渡滞留は、偶々その途上に現れた輝かしい一場面である。

九品堂の建立、その本尊九躰の彫像、及彼自身の像或いは又檀特山上の御堂再建の外に、上人が佐渡に於ける遺作として、短き歌集「集堂帳」を挙げねばならぬ。表紙には「天明二年とら十二月十八日」と記してある。集むるもの異る歌二十首に過ぎぬが、中には上人の作中最も宗教的な味わいの深いものが含まれている。その内の二、三、

目とみ、と　口はぼたひを　まよはする
　庚申とうを　みるに付ても

我かこ、ろ　一度にひらく　白れんけ
　常と無常は　ゆふにいわれず

皆人の　心に咲きし　白蓮花
　花はちりても　たねはのこらむ

彼は歌集の終りに更に一つを添えた。

平澤や　深き願は　なかれても
　また宿ごうの　つみはながれじ

平沢は梅津の小字、木食堂の建つところである。傍に小川が流れている。

彼は仕事をなした。成し就げたということは彼には去れという意味があった。天明五年

三月末開眼の法会を営むや否や、再び帰らぬ旅に出ようとするのである。来るべき仏宇の建立が他の個所で彼を待っているからである。立つ時村の人々に言い残した「私はどこでいつ死ぬかは分らない。この別れの日を私の命日と思ってくれ」。私は又あの御堂に掲げられた歌を繰り返そう。

四歳經て　今日立ち染る　佐渡嶋を
　いつ來て見るや　法の燈火

多忙な歳月は過ぎた。そうして一つの大きな仕事は終った。だが上人は自らの成し遂げた仕事に就いて如何に無心であったであろう。彼は日誌に一言だにこのことに及んでいない。「安永十午の年より巳年マデトウリヤウ」只之だけである。「御宿帳」の示す所によれば、別れを告げて梅津を立ったのは、天明五巳五月十二日。つづいて夷に一日、大川に二日、かくして舟を水津の港から出したのはその十五日であった。着いたのは新潟である。上人の齢六十八歳。彼の廻国遍路は又休むことなく継続する。

（一九二四・八・二五）

補遺

私が以上の調査を報告して以後、佐渡に於ける上人の研究は著るしい進捗を遂げた。主として若林万吉、中川雀子、川上賢吉三氏の労によるのである。

第一は檀特山の調査である。山上の御堂に於いて、上人作彫刻二躰が発見せられた。一つは地蔵尊立像、一つは薬師座像。並びに三個の梵字円額、数十枚の梵字入格天井板、記された日附によれば、天明元年（二年の誤ならん）丑七月七日である。それ故是等のものは佐渡に於ける最初の遺作である。別に奉納額一枚、その上に刻まれた歌に云う、

國々へ　申納る　念佛の
　　生みわこゝに　天下泰平

この日附は天明三卯四月八日である。（檀特山遺跡に関する委細は、『木喰上人之研究』第二号所載の若林氏の研究に報告せられてある）。

この外大黒天像数軀が加茂村に於いて発見せられた。近時河原田に於いて見出された一躰は、もと金北山にあったと言い伝わる。他のと異り鼠が添えて刻んである。佐渡に於ける金北、金剛、檀特の三山は上人の愛した霊地だと云われる。之によってその内の二山には上人の遺作があったことが知られる。残る金剛は再三の雷火によって堂を失い作を失っている。

その他巷間に二、三の仏像が見出された。夷町藤原長平氏内仏地蔵尊、白瀬高野甚左エ門氏内仏如意輪観世音小像、又最近夷町吉祥寺に一軀発見せられた。共に佳作である。就中「如意輪」の一像は後期の様式を彷彿するものであって、研究上極めて興味深い。その

他天神小像一軀、天明三年作。之は数年前商人の手に渡り、新潟に於いて売られ今は私の手に帰した。

更に加茂村一帯には掛軸が数多く発見せられた。或は和歌或は俳句、或は神号、或は画像。俳句に左の二首がある。

東西や　南に北る　福集草

南無阿彌陀　ひもじくもなし　年の暮

この他上人に関する口碑伝説が数多く調査せられた。

（一九二五・三・三〇）

日州国分寺に於ける上人の大業

一

上人は過ぎし日のことを伝えて云う、

「ヲヨソ日本國々山々タケ〳〵嶋々ノ修行ヲ心ニカケテ、日本アラ〳〵成就ニイタル、ソノセツ九州修行ノ節ニイタツテ、日向ノ國分寺ニ、ヨン所ナキインエンニヨツテ、トドマリテ、住シヨクイタシ、三年目ノ正月廿三日ニ、シユ火ニアイ、ソレヨリ七年ケ間、ナンキヤウクキヤウニテ、ガランコンリユウ、成就シテノチ、寛政九巳歳四月八日ニ國分寺出立ス」云々。

終りに署名を次の如く書いた。

勅願所　日州兒湯郡府中國分村
五智山國分寺隠居事

天一自在法門
木喰　五行菩薩（花押）
八十五歳

上人は彼の長い経歴の中で、特に国分寺に於ける幾年かを忘れ難く思ったようである。晩年の稿本には「国分寺隠居」と云う字が屢々読まれる。又彼がその古刹に在住したと云う口碑が、今も二、三の村々に伝わる。いつも上人にはこの時期の思い出が鮮かに浮んだにちがいない。それには数々の理由を挙げることが出来る。

国々への遍歴は国分寺への遍歴とも云える。日々携えた「納経帳」に捺してある幾十かの「国分寺」と云う捺印は、やがて彼の足印であるとも言い得よう。一行者の身として上人はいつもこの勅願寺に彼の礼拝を献げその行願を告げた。然るに運命は彼の足を留めさせて、彼をその大寺の住職とせしめた。之は地上に於いて彼が享けた最高の位であった。併しこのことよりも在住の記憶が彼を去らないのは、その時期に彼の上に与えられた大なる仕事に依るのである。彼はその大業を成就するために、珍らしくも長き滞在を続けた。寺に職を務めること前後を合せれば六ケ年、別に九州を巡錫すること三ケ年。天明八年より寛政九年に至るのであるから、あしかけ十年の歳月になる。齢にすれば七十歳から八十歳まで。

彼の遺業を見れば彼の努力が如何に大なるものであったかを偲ぶことが出来る。そこに於いてより巨大な仏像を刻んだことはなく、又はより高大な伽藍を建立したことはなく、又それがためにかくの如く長く一つの仏寺に留った場合もない。本尊に添えて堂内に勧請した彼自身の肖像を見れば、その折の彼が如何に強壮な活々した力の主であったかが分る。

その頃心境も亦、一階段を昇り得たにちがいない。彼が「三界無庵」の肩書を棄てて、「天一自在法門」と呼称したのもその頃である。「行者行道」の名を終えて、「五行菩薩」と署名し始めたのもその期間である。国分寺在住の時期は彼の生涯の巻に示される新しき一章である。私は読みし事実を玆に語らねばならぬ。

併し時は遷り歴史の巻は虫喰われ、塵に汚れて読み難い個所が多い。今日の国分寺は全く昔の面影なく、貧しき仮りの一堂が名のみ残るに過ぎぬ。礎や寺域を見れば、この勅願寺が嘗ては如何に宏大な結構を持っていたかが分る。山門金堂はもとより、幾多の棟が瓦を並べて林立していたであろう。今は村の寺であるが、昔は寺の村であったにちがいない。只風雨を忍ぶ石塔や石碑のみが昔を語っている。

上人が建立にかかる伽藍も毀たれ、僅かに大なる五智如来が仮りの堂に納めてある。住む僧もなく祠る仏具もなく、又扉の鍵とてもない。本尊の位置はくずれ、その名を知る者なく、塵の包むにまかせてある。上人が筆になる奉納の額も他の木片と共に積まれたままである。屢々史家がここを訪ねるがそれは国分寺のためであって上人のためではない。誰も中興の祖たる上人に就いては深き注意を払わぬ。私は三日に亙る調査と断片的な史実とに基いて彼の遺業を叙さねばならぬ。将に埋没の運命に逢おうとする彼の事蹟を、再び公衆の前に示そうとするのである。

伝え言う、寺前に在る立木の銀杏を彫って龕を設け、自らの一像を中に入れて、上人は人々にかく告げたと言われる。「この樹が生い育ち、樹皮が龕を包み去る時、吾れ再び世に現れん」と。今もこの銀杏は残る。昨冬の嵐に老木はその上半を失って、匿された自像も朽ち果てて中に見えない。だが樹皮は将に両側から被いかぶさり、上人が心をかけたこの大木は尚も厳冬に若芽を含む。不思議にも埋もれし上人の事蹟、今や各地に甦ろうとしている。この記述が上人の預言を満たすために、呼ばれつつあるのを想う時、私も上人と匿れた縁に結ばれているのであろう。甦る上人の姿を私は次のように画く。

（一月十二日記す）

二

天明八申歳弥生初九日、上人は四国八十八ケ所の順礼を終えて、伊予の国大洲町に達した。既に歩むこと幾千里、既に刻むこと幾百躰、だが上人の行願はまだ半にある。心は南国巡錫の希いに満たされている。上人は海を渡った。

舟を漕ぎしは藤八、上人は五百文の礼を与えて佐賀の関に上った。三月十二日である。馬場村を過ぎれば臼杵城下に出る。その国の国分寺を訪うために大分郡に入った。寺に一宿を乞うて後、道を大野川の流れに沿うて撰んだ。向野《むこうの》から川を越え、中津留《なかつる》、水ケ谷《すいがたに》等、淋しき村に夜を過ごせば早くも国境になる。白石、可愛《ええ》、加草《かくさ》等日向の国東臼杵郡の村々に足を進めた。今日岩脇村笹野に一像が残る。吉祥天女。裏に記して「天明八申四月十四日加持」と。その折途上に遺しおいた形見である。名貫《なぬき》を過ぎれば道は児湯郡府中国分村へと続く。(今の下穂北郡三宅である。妻町からは南に凡そ十町ばかり)。上人は国分寺に詣でた。

奉納大乘妙典　一部

五智如來

御寶前

藥師如來

天明申八年

日州　國分寺　印

四月廿日

行者丈

かく納経帳に記入を受けて、行者行道はいつもの如く、続く国々へ順礼の足を進めようと欲した。彼の言葉が又彼の風貌が、或は又彼の戒行が寺僧の心を惹いたのであろうか、上人は思いがけなくも住持として留まるようにと懇望を受けた。廻国の途上にあればその希いは彼の志とはちがったであろう。上人は辞した。併し切なる願いを退けがたく、遂に運命のままに彼を任せた。「無拠因縁によって止りて」と上人は記した。かくして破衣の一行者僧は、導きのままに勅願所の住職となった。

年の六月末には諸県郡法華嶽寺に、又七月に入っては宮崎郡に天磐戸を拝したことが「万人講」に記されてある。続く三ケ年、天明八申から寛政二戌までのことに就いては依るべき文献が残らぬ。併しその間に三歳の月日が流れるのであるから、必ずや幾躰かの彫像を試みたであろう。彼の法話は如何に人々の胸に伝えられたか、彼の行実は如何なる信心を覚ましたであろうか。凡ての記述は私達の想像にのみ残されている。だがその沈黙は俄然次の言葉によって破れてくる、「三年目ノ正月二十三日ニ出火ニアイ」、堂宇舎殿悉く炎上し、彼が住むその歴史的古刹は全く烏有に帰した。歳は寛政三亥である。

この災禍が彼の生涯に大きな打撃であったのは言うまでもない。だが彼はこの運命を新たな運命への鎖となした。焔は凡てを焼いても、国分寺は失われてはならぬ。仏も活き彼も亦活きる。彼はその灰がまだ温かい時、燻ぶる烟の中に新しく建立さるべき堂宇を見つめている。彼は運命の不幸を新たな幸福にと転じた。早くも彼の大願はこの出火の苦しみの中から鬱然として起った。彼は単身復興の決意に出でた。そうして望みないとまで思わるるこの大業に、躊躇する暇もなくとりかかった。今は勅旨によって寺が立つのでもな

不動尊（三五八頁）

い。藩主によってそれが建造されるのでもない。一物も持たざる上人から、一切が回復されようとするのである。彼は彼の信念に心願を発し、仏天の加護に成就を委ねようとするのである。

三

「七年が間難行苦行にて伽藍建立し」と上人は当時を想い廻らした。その事業の跡を見れば、如何に彼の為さんとする企てが大なるものであったか、又成し得た結果が異常なものであったかを想像することが出来る。

彼は行願を語り広く施主を募った。同年九月宮崎郡那珂郡を訪うたのもこの準備のためであったであろう。彼の希願に心を惹かるる多くの施主は漸次彼の囲りに集うた。早くも約一ケ年の後、寛政四子歳始めの頃から、彼は礎を配置し、木材を集め、自身で愈々本尊の彫刻にと取り掛った。

上人を篤く迎えたのは三右衛門、今の吉野林平氏の幾代かの祖にあたる。その屋敷は国分寺より東南僅かの所、今も子孫はそこに住む。その折は上人のために特に庵を設け、器具を別にし、日々の糧を送った。木食のことなれば、いつもの如く蕎麦粉や麦粉を僅かばかりとるに過ぎない。庭に立つ二本の楠の大木は、用材として上人へ献ぐる寄進である。

上人は志を篤く受けて、そこから大なる本尊五智如来を刻もうとするのである。上人はこの庵に於いて行を修し祈願をこめ、柱の配置を計り、仏像の種類を定め、器具の様式を案じ、又幾多の施主と相談の議に及んだであろう。

寺より以北約数丁ばかり、水を漂《たた》えるところを稚子ケ池と云う。一人の稚児の犠《いけにえ》によってその堤が守られていると今も伝える。上人は筏を組んでそれに乗り、用材を引いて水に浮べた。水中に於いて大木の廻転を自由にさせ、仏像に刀をあてようとするのである。撰ばれたものは本尊五智如来、即ち丈余の大像五軀である。

各々の高さ多少の差異はあるが、蓮台から頭部まで凡そ一丈。その内頭部の丈二尺五寸余り、蓮台の高さ一尺三寸。別に添えられた台座の高さ四尺五寸ばかり。光背の直径六尺。それ故凡ての高さ凡そ一丈八尺である。中央は言うまでもなく大日如来、究竟の相、丈最も高く作られ、表現も亦強い。右に座するは南方の宝生如来、修行を現わし、左に在るは東方の阿閦如来、発心を現す。右端に置かるるものは弥陀如来、西方に位して菩提を示し、左端に休むものは釈迦如来、北方に在って涅槃の境を語る。即ち五智を示す巨大な影像である。頭部と胸部とは一個の用材、左右の手、膝、蓮台、台座、光背等合せ、一個の像或は七片又は八片より組立ててある。凡てに色を施し、或は白、或は紫、或は朱或は緑。紋様美しかりしと言い伝える。今は落箔し僅かにその色彩が残る。顔料は胡粉である。光背の残欠を見れば、中央に朱線を以て円を画き、墨で仏の種子《しゆじ》が入れてある。周囲には花形の模様が大きく画かれその色も美しい。台座は全く失われ原形を詳にする由がない。凡ては座像。

重量を減ずるため、頭部及び胴体の裏面は空洞にしてある。蓋を以ってそれを被い、その上に一面に仏名やその種子や、他の多くの梵字や、作年月自署等記入してある。だが多くは失われて、今は文字を断片的に拾い得るに過ぎぬ。幸い宝生如来の一躰には文字が太く陰刻してあるため、その作年月を知ることが出来る。

「クハンセイ四子ノ八月十五日　作　木喰」

即ち寛政四年夏の半、南国の暑さと闘い乍ら、この一像を刻み上げたことが分る。又阿閦如来の頭部の裏板には、墨筆で次の文字が記してある。但し上人の自筆ではない。

施主　右松大口川　榮右衛門

寛政五寅彌生穀旦

子孫繁昌五穀成就

奉造建藥師如來一尊

家内安全祈所

細工人當邑八木傳六信○

清水　猪俣清右衞門

細江　猪兵衞　○○

この文には多くの誤がある。「五寅」は五丑である。「薬師如来」は阿閦如来の意である。「細江」は畑江の誤りである。「毅旦」は朔旦の意であろう。右松、大口川、八木、清水、畑江は国分寺に近き村々の名。之によって見れば、近村の多くの者が上人の仕事を助けたことが分る。不幸にして他の三躰の作年月は不明である。併し寛政四年の始頃から翌五年の半頃までに、成就されたと考えるのが妥当であろう。何故ならいつもの如く最後に奉納する円額には次の日附が認めてあるからである。

直径二尺四寸三分。厚さ七分。表には中央に大日如来の種子を太く画き、周囲には一面に細かく梵字が記してある。裏に自ら記して云う、

南無大師遍照金剛
寛政五ミスノト丑六月六日コレヲカク
日本廻國　三界無庵　木喰行道（花押）
永々國分寺本尊ナリ
住持　行道事
五行大菩薩

彼が行道の名を「五行」に改めしこと、自ら「大菩薩」と称えしこと、特筆すべきである。恐らくこの大行願を果すために、五行戒に身を守り精進努力したが故であろう。又勅願所再興の大業を成就し、仏果を普く衆生に結ばしめる菩薩たることを自任したが故であ

ろう。

彫刻としての五智如来、私達はそこに繊細な美を求めることは出来ぬ。又恐らく上人の作として最も優れているとは言い難い。併し凡そ一丈八尺大のこの巨大な影像が、五躰一列に並びし原形を想像する時、それが如何に威厳に満ち、感激の念を人々に誘いしかを解することが出来る。手法はいつもの如く単純である。末期の錯雑な風に犯されず、凡ては僅かに法衣を纏い、線は少なく表現は至純である。そのうち最も強きは大日如来。冠を頂き、大日の印を結ぶ。宝生、阿閦の二躰は互に似て、その相貌、堅実である。中で美しく温雅なるは釈迦如来の一軀、色彩も亦最もよく残る。之は彼の大作中の優品としていつも数えられるであろう。併しそれ等のものは個々の美にあるのではなく、五躰の綜合的な美にあるであろう。是等の大作が一個人の製作たるを想う時、如何に上人の努力が絶倫であったかを知ることが出来る。

この五智如来のほかに、私達は今四個の遺作を国分寺に見ることが出来る。一つは上人自身の像、一つは大師の像、残る二つは華台である。もとは之以外になお幾つかの作があったにちがいない。

上人の自像、丈六尺二寸、恐らく彼の残した肖像のうち最も大なるものであろう。用材は萩と伝うれど信じ難い。毀損甚しく顔面は只口と頤髯とを残すのみである。右の肩肌に僅かに法衣を纏い手を曲げて何ものかを支えている。左の手に束ねて肩より下に斜めに垂るるものは大なる袋、大黒天像に見らるるものと同じである。円き頭、豊かなる耳。素足のまま私達に向って直立する。村にも言い伝わる如く、丈低く躰は肥える。惜い哉風雨と害虫との難を受けて、もとの美を定かに叙すことが出来ぬ。併し残る僅かな影像よりしても、一大雄作たるを失わない。殆ど完全に残る右肩の部分より推せば、彫刻としても卓越した作であったと言い得よう。示された表現は、極めて強く又大きい。大業を果し得た不撓な意志の権化である。今は摩滅して彼の慈眼を見得ないのを、かえすがえすも惜しむ。

別に弘法大師像一個残る。丈二尺一寸。光背を負わず、又蓮台を持たない。鼻頭を欠き又一方の杵端を欠き、下部はやや虫に痛む。併し上人が作りし多くの大師像のうち、彫刻として最も優れたるものと言い得よう。円かにして、ふくらやかな相、智慧徳行並びなき大師の深さを語る。

このほか堂内には二つの華台が残る。共に円筒形であって、丈一尺八寸四分、直径八寸余り。一つには牡丹、一つには唐獅子の模様。共に深く陽刻してある。着色。まごうことなき上人の作。之を見れば本尊のほか、幾多の仏具が彼によって装飾されたにちがいない。堂宇から仏躰から仏具まで、同一人によって、作られた例は、蓋し多くはないであろう。是等の華台は上人の遺作の僅か一部を占めるに過ぎぬであろうが、如何に彼の手腕が是等装飾的作品に於いても卓越しているかを示している。浮彫せられた模様は、凡ての偉大な模様と共通に、至純であり簡潔である。刀は深く線は美しく、又自由である。中でも唐獅子はよき部分を占める。見よ、眼の光り、口の力、逆巻く頭髪。鮮かな刀に於いて是等の形が前にと浮び出て来る。

四

是等の仏を勧請するために、上人が建立した伽藍は如何なるものであったであろう。今は一つの柱もなく、只礎のみが昔を語っている、凡ては明治初年の頃、廃仏毀釈の際、無智な者の犠牲になった。(上人の作でこの厄に逢ったものは之ばかりではない)。目撃者は今もその建物が宏壮な堅牢なものであったことを語る。幾個の建物が彼によって建立されたかは知る由がない。だが本堂の大きさは残る台石によってほぼ察することが出来る。間口は六間、奥行は五間。堂は東面して建てられてあった。台座から光背まで二丈近くの仏像を安置するのであるから、棟高きは言うまでもない。屋根は瓦葺き。内部の柱や横木には幾多の浮彫があったであろう。幾枚かの扁額や施主の名札も、堂内に並べられてあったにちがいない。彼が建立した最大な建物であったであろうし、又この建立に於いて程難儀を嘗めた場合はなかったであろう。併し愚な皮浅な思想のために、凡ては無益なる破壊を受けた。「難行苦行」のうちに生れし堂も、僅か九十年の歳月を出ないのに地上から奪われて了った。今も林平氏はその折のことを記憶する。一日寺の方に恐ろしき音響くため、父の袂にすがって見に行ったという。嘗ては祖先が祈願をこめて上人を助け、建立の喜びを見た村の古刹は、今無智な者のために毀されているのである。村の者共は黙してこの所置を受けねばならぬ。或者は鎗を以て仏の眼をついたという。或者は嘲り乍ら仏の体を打った。篤信な者達の眼には血の涙があったであろう。併し仏天の所罰逃れ難く、毀ちし者、或は眼を失い、或者は遂に狂い、その子孫に栄ゆる者は一人もなかったと言われる。それ以来村の者は上人の怒りを怖れている。寺前に立つ銀杏の老木が、その枝を風に手折られても、誰も手を触れる者がない。霊木は不浄な者の手を許さないからである。

併し幸いにも仏のみは僅かな傷を受けたのみで終った。雨に晒さるる五躰は、一時村内の仙光寺に遷された。国分寺跡に新たに小堂を設け、再び旧の位置に戻したのは、今から三十余年前であったと言われる。その後嵐のために再度その堂は倒れて了った。已むなく庵寺であった照明寺の建物を運んで、又同じ位置に建てた。現存するものはその建物である。仮りのことであるから、五躰を入れるのに余りに小さく、光背も掲げることは出来ず、台座も用い得ず、又それ等のものを一列に並べることも出来ぬ。仏恩を想う時代は去ったが故に、国分寺の運命も今は傾くに任せてある。上人の名は伝わるが、彼を祠ろうとする者は断えて居る。国分寺代々の霊札版木も今は傍らの農家で預るに過ぎなく、詣でてお札を乞う者もない。扉は開け放つままであって、上人が筆になる奉納の額面も棄てられたままである。仏は年に痛み、破れ目を生じ、光背の残欠は片隅に積まれたままである。

今守らずば悔ゆる時は近く来るであろう。上人の名に於いて村が不滅にされるのを自覚しないであろうか。

三宅には現に多少の遺墨が残る。梵字入角板二枚、之は内仏に添えたものであろう。上人を迎えた吉野氏の家には内仏三個、即ち金毗羅権現、不動明王及行者像があったが、寺前の小祠内に納めた後、紛失されて了った。ほかに掛軸四、五幅残る。或ものは俳句を、或ものは神号を、或ものは和歌を記してある。その内の幾つかの作をここに引用しよう。

皆人の　すがたかたちは　みゆれども
　心のすがた　みる人もなし

あさましや　たからとおもふ　金銭を
　すつる命は　寶ならずや

皆人は　神と佛の　すがたなり
　なぜに　その身を　信ぜざりけり

申づくし　見さるきかさる　かのへ申
　いわさる人は　かのへかうしん

佛法は　ろせんもいらぬ　のりの道
　ぶつも　しやくしも　たつた一と船

かたみとも　おもふ心の　ふでのあと

のちの世までの　しるしなりけり

（因に云う。寺前の小祠内に、塵に被われた小像がある。丈一尺二寸ばかり、頭巾を被い法衣を纏い、右手には杖、左手には念珠、足には下駄をはき、遍路する者の姿である。丈が低く而も頤鬚を持つことを想えば、恐らく上人の影像であろう。何人の作であるかは分らぬ。もと国分寺に属する一乗院に在ったのである。

堂内に今、石彫の大なる二王尊が納めてある。もと国分寺の山門に在ったものを玆に移したのである。その様式異例であって、刀は荒く表現は強い。文献なきため、明かに之を上人の作と即断することは出来ぬ）。（別に堂内には木仏二個。内一つは地蔵像、他の一つは僧像。後者は素足にて立ち法衣を纏い合掌する姿、共に上人の作ではなく、又上人の像でもない）。

五

本尊成り堂宇成り、開眼の大法会を営みしは寛政六寅歳新春のことででもあろう。遠近の村々から、この新しき国分寺を、又その大なる本尊を、又活ける行者を見んとて、集りし者数限りなかったであろう。三年が間願主を中心に、如何に多くの施主が力を協せて、この成就に忙しき日を送ったであろう。幾多の蹉跌や難儀を越えて、信じ得べからざる大なることが目前に示現せられた。詣でる者は如来を仰ぎ、その巨大な影像に崇敬の念を集めたであろう。滅び行く国分寺は再興せられ、薄れゆく信心は甦るのである。上人も亦不可思議な宿縁と仏天の加護とに、あふるる感激を抑え得なかったであろう。

伝え言う、成りし後一日、本尊の一躰を取り出し、車を調えて安置し、人をして引かしめ、佐土原城下に至ったという。沿道、詣でる者堵の如く、集りし寄進限りなかりしと言われる。仏寺に浄財を集め、後の憂いを断とうとしたのであろう。彼は彼の大願を成就し終ったが故に、ここに住職の位を棄て、一行者の身として、再び果しない遍歴に出立しようとするのである。

寺に別れを告げる前、凡そ三年の間、九州の西半に巡錫を試みている。廻国の行を果すためでもあろうが、一つには去って後の国分寺を想い、施主を募ろうとしたのであろう。「七年カ間難行苦行ニテ」と書いたのはこの期間をも含むのである。寛政七年四月中旬上人は行者として国分村を発し、霧島山大権現に詣で、又隅州の国分寺を訪うた。薩州鹿児島に入りしはその月末。その辺りに三ケ月間滞留の後、八月中旬肥後の八代に着いた。九月に入っては熊本や又その国の国分寺を訪い、海を越えて肥前島原に入り、温泉山に詣でた。長崎に達したのは十月七日。逗留はこの町で続く。上人の青表紙歌集は長崎に於いて編纂せられた。寛政八辰年正月六日と日附がしてある。「万人講」の最後の頁は「二月長崎」としてあるが、その後いつまで其処に留まったかは明かでない。その年末再び上人の姿が日州佐土原に現れてくる。長崎に凡そ一ケ年近く滞留しての後、筑前筑後の両州をも廻って、ひたすら南下し、国分寺へと指したのである。

佐土原に在ること凡そ三ケ月余り、この間に丈余の釈迦牟尼仏一躰を刻み上げた。（次稿参照）。そこを立って国分寺に再び帰ったのは寛政九年三月中旬である。休む暇も持たず、愈々寺に別れを告げようとするのである。上人は縁多き人々に、形見の筆跡を残し、「國分寺住、中興開山、木喰、五行菩薩、八十歳」と署名した。復興の行願は成就し、九州遍歴の心願も終りを告げた。併し為すべき仕事は目前に横たわる。留まるならば偉大な僧正として村民の敬愛を一身に集め、その名誉を全土に放ち得たであろう。併し上人は躇いもなく住職を辞し寺を去った。金襴の衣は脱がれ、もとの如く貧しき一枚の鼠衣に返った。去るに臨み上人は国分寺を祝福して歌う、

朝日さす　その日に向ふ　國分寺

國安のんを　守れ五智山

愈々立てるは寛政九巳年四月八日。村の人は別れを惜しみ、祇園川の辺まで上人を見送る。十年の多忙な歳月は流れた。仏天は常に匿れたる上人を守る。八十歳の老翁は杖をつきつつ、茶臼原を東北へと指して歩む。

高城、美々津を過ぎれば、上人とは縁ある笹野、留まること十日間。延岡に宿り、五ケ瀬川に沿うて深く左にと折れた。降り込まれるままに一小村蔵田に留まること二日、新町、一ノ水、十社庄屋、河内など訪う人も稀な西臼杵郡の村々を過ぎて、五月六日豊後国

竹田町へと着いた。上人が宿りしは通称「銭畑」といわるる所、迎えしは新八郎。留まること十二日間。再び豊後の国分寺を訪い、別府に一週日、鉄輪に三日、共に入湯。上河内を過ぎれば立石城下。豊前の国敷田村に四日間、土田や築城を経れば彦山町。かくして行事町に四日を宿り遂に小倉城下へと達した。門司より目前に見ゆるは赤馬関。時は寛政九巳六月廿四日、上人は九州の土を離れた。（二月七日）

附記　佐土原に於ける釈迦像

寛政八辰歳も終りに近き頃、長崎より日州の国分寺に帰る折、上人の足は佐土原を過ぎた。国分寺中興の大行者であることを人々は知りぬいている。嘗てはこの城下に於いて、上人の刻まれし大なる如来像をも仰いだのである。人々は上人を留め、この地にもかかる作を遺されるよう懇望したのである。その志辞し難く上人は再び巨大なる仏像に鑿をあてた。

上人が宿りし家は佐土原新町の斎藤氏。その折の篤信な戸主の名は、今の宗十氏の曾祖父休右衛門であったであろう。上人はこの仕事を果すためにここで越年し八十歳の齢を迎えた。

町の古刹真言宗金栢寺の境内に釈迦堂があった。(ありし個所は今の宮崎県宮崎郡佐土原町五日市町である)。上人はそこに納置すべき世尊の像を刻もうとするのである。嘗て国分寺に於いてなしたと同じように、愛宕神社の池に材を浮ばせて、大なる仏像を刻んだ。用材を寄進せしは油屋斎藤某（今の喜兵衛氏の祖)、油道具に用ゆる楠の大材である。

仏躰裏には「歸命頂禮」以下上人がよく用ゆる言葉が記してあるが、今日殆ど消え失せて、作年月を読むことが出来ぬ、併し斎藤氏に内仏として遺した準胝観世音の小像には「寛政九巳三月十二日」と記してあるから、この大仏を成就したのは、二月の頃であろう。

明治十年西南の役、この町も兵火に包まれ、堂宇は炎上した。人々は大仏を救おうとして漸くその上半を取り出した。堂は小さき形に於いて近き場所に再建せられ、右端の一隅にその上半の釈迦像が安置してある。今は殆ど顧る人なく、上人に関する伝説も僅か古老の淡き記憶に止るに過ぎぬ。

今は座脚と台座と蓮台と光背とを欠く。首の丈二尺、胸部三尺五寸、それ故国分寺の本尊とほぼ同一大、原形の丈凡てを算えれば一丈七八尺はあったであろう。今は朽ちたる個所多く痛みに悩む。併し作は甚だ佳く、単純なる手法、誰も古作品と見誤るであろう。手を衣の中に束ね、冥想三昧に入る世尊の相貌、彼の大作中の優品であると云わねばならぬ。

四月八日、今も祭りは賑わい、遠近の村々から信徒が集る。併しその日を除いて供養する者は稀であり詣でる者も少ない。釈迦堂にある中央の本尊は仏師の近作。上人の古作は貧しき一隅を与えられているに過ぎぬ。

上人が宿りし家に形見とて遺せしもの四個伝わる。一つは前に云いし内仏小像丈六寸五分。ほかに年徳軸二幅、その内の一つには「七十九歳」の記入がある。別に掛板額一個残

る。上に和歌一首自筆自刻である、丈八寸四分、幅一尺一寸。歌に云う、

堪忍の　二字は則　父と母
　心の内に　常かけにせよ

年徳軸に記さるるは上人が屢々記せる俳句、

東西や　南に北る　福集草
南無阿彌陀　ひもじくもなし　年の暮
福は内　まめて納むる　年の暮

是等四個の遺作は今斎藤氏血縁の一族和田氏の家の保存せらる。

開眼の式も終って三月の半、上人は遠からぬ国分寺へと帰っていった。そこに住職するがためではなく、別れを告げるために帰っていった。

（二・八）

長州に於ける上人の遺作

九州に於いて早くも十年の歳月は流れた。日州国分寺再興の大願も成就せられた。伽藍の甍は高く聳え、五躰の本尊は国土を守る。与えられた使命は完《まっと》うせられ、九ケ国の巡錫も終りを告げた。職を辞して、残る大願に心を尽すべき時機は来たのである。上人は再び素衣を纏い、貧しき一遍路に身を更えた。新たに数葉の紙を綴じ、上に「御宿帳」と記し「寛政九巳四月八日立」と書いた。新しい一時期が八十歳の上人に開始される。

海峡を渡りしは六月廿四日。赤馬関に土を踏んだ。上人は笑いを浮べ乍ら即興に歌う、

木食も　よみへのぼるに　しものせき
　とほりて行も　ぶてふほうかな
長たびや　ながとの國で　たづぬれば
　まだ行さきも　なかとなりけり

ここを一端に再び長い足跡の線が引かれる。千躰仏彫像の心願もこの時期に入って愈々熟する。新しき旅路に於いて上人を篤く迎えたのはこの長門の国。満九ケ月の間、此処《ここ》に

又彼処《かしこ》に錫を留めた。かくしてこの国は多くの遺作を持つと予想し得る所。私の念願は達し去る四月凡そ旬日の間、その足跡を追うて遺業を調べた。この調査に対し私が拠れる文献の凡ては左の通りである。

御宿帳に日々を記して云う。（〔 〕内は私の補遺である）。

〔寛政九巳歳六月〕
二十四日二十五〔日〕長州アカマセキ〔赤馬関〕フジヤ〔藤屋〕満右衛門
廿六日　才川村　慈照庵
廿七日　上大野村　コモリ〔籠リ〕春日之宮
廿八日　やな川村　久右衛門
廿九日ゟ七日　かわら町〔河原〕〇〇右衛門
〔七　月〕
七日　ひろたに〔広谷〕長州施主左兵衛　毘沙門堂
寛九巳七七〔寛政九巳歳七月及閏七月〕
八月十五日立　ヒロタニムラ〔広谷村〕施主　佐兵衛
十五日　ヒトツハシ北小川村〔一ッ橋北河内村〕彌兵衛
十六日ゟ　同村　巳ノ九月七日立　藥師堂
〔九月〕七日ヨリ十六日立　クマ〔木間《コマ》〕若宮八まん〔幡〕奉納

九月十六日　廿五日立　のとろむら〔野戸呂村〕大師堂
廿五日　ハギノシヤウカ〔萩の城下〕十一月八日迄　千躰佛
十一月九日　同　廿四日立　長州ミスミムラ〔三隅村〕
薬師
湯權現　九日入湯所　ホツカウシ〔発光寺〕
大師
廿五日　カラキマチ〔唐樋町〕久右衛門
廿六日　同十二月十一日立　ナゴノハマ〔奈古の浜〕　法積寺
十二月十一日　年宿　フクイムラ〔福井村〕　願行寺
寛政十午年二月十五日立
十五日〔ヨリ〕廿八日迄　シブキムラ〔紫福村〕眞誓寺〔信盛寺〕
廿八日ヨリ　フク田ムラ〔福田村〕　三月五日立　太用寺
三月五日　宿見村〔弥富村〕清助
六七八立〔六日七日、八日立〕上小川　觀音ドウ〔堂〕
八日　十四日タチ〔立〕トモノブムラ〔友信村〕　地藏寺
十五〔ヨリ〕廿四日マテ　エサシハマ〔江崎浜〕　クハンヲンドウ〔観音堂〕

以上寛政九年六月二十四日から翌十年三月廿四日まで、満九ケ月。その足跡豊浦郡に発し美禰郡大津郡阿武郡に及ぶ。即ち長州の西南端から東北端にかけて、凡ては上人の法足に踏まれた。その間、最も長き滞留は、広谷と萩と福井。上人の日誌のうち、最も明確な記述の残るのはこの長州の部であると云わねばならぬ。遺作に就いて殆ど言及した個所はないが、留った寺名が明記してある。調査する者にとってこのことは常に好都合である。私は多くの希望を以て、小郡から長州の山間に入った。

広谷

美禰郡秋吉村に属する。秋吉へは西に僅か半道、大田へは東に一里。滝穴の名所に人々はこの村を過ぎるが、併し上人の名に於いてここを訪う者は絶えた。だが凡そ百三十年の昔、この小さな村は上人を中心に甦っていたのである。長州に於いて最初のそうして最も長き滞留はこの村で過ぎた。日誌が示す通り伊佐村河原を経て、ここに入ったのは寛政九巳歳七月七日であった。次の月は閏七月、かくして立ったのは八月十五日であるから、逗留は二ケ月九日間に及ぶ。

随徳や曾和など小さき隣村を過ぎればこの村に入る。まもなく道の右手の丘の上に小さな堂が見える。之は毘沙門堂と云ってその歴史は古い。上人はここに宿った。見知らぬ僧ではあるが、有徳の人であることは人々にすぐ感じられた。国分寺中興の開山であることも口から口に伝えられた。ここに上人を願主として、一人の施主が現れた。名を佐兵衛と云った。恐らく上人の心願は、朽ちかかった堂の再建と、その本尊の彫像とであった。上人はその成就に二ケ月余りを献げた。

今日もその形見は残るが、哀れにも昔の面影はない。大正十二年六月二十五日、堂は火を失した。人々は焔と煙との中から三躰の仏をかろうじて担い出した。併し火は既にうつり、その表は凡て痛みを受けた。不思議にも原形は保たれ、何の像であるかは今も明かに分る。村の者は堂を新たに造り、全く黒きこの三躰をその内に祠った。上人に就いてはおぼろげに記憶が残る。そうして三躰のうち一つは上人の影像であると今も云い伝える。

中央に安置せらるものは毘沙門天。右なるは上人自身の像、左なるは大黒天。毘沙門天は本尊なれば丈高く三尺五寸、兜を頂き甲冑を纏う。岩上に立って右足に悪鬼を踏んまえ、両手を構えあらゆる魔を睥睨する相である。若しこの一躰が火に犯されていなかったら、上人の技を語る卓越した作であったにちがいない。今とてもその威風の相を強く感ずることが出来る。

自刻像は立像、丈二尺七寸。頭巾を纏い、両手を衣の内に束ね、素足にて佇む。台座には蓮瓣。いつもの如く頤髯長く、眼は限りなく微笑む。首をやや右に傾け上を仰ぐ。八十歳の肖像である。

別に大黒天像、丈二尺六寸。上には頭巾、右手には小槌、左手に束ねるものは大なる袋。台座は俵。顔は作者の如く長き頤髯と微笑む眼。

作年月や自署は焦げているため読むことは出来ぬ。大方閏七月下旬の作と推定し得よう。八月に入るや入仏供養の式。終れば旅立つ日が来るのである。

私が見出したものは是等の三躰に過ぎぬが、必ずや村には内仏も残り、書軸も今後見出されるであろう。毎年旧十月三日はこの堂の祭りであった。(今は十一月十四、五の両日である)。上人はこの「広谷」と云う地名を愛した。上人の住む世界であるとも云い得よう。

なつたひや　あつさをしのぐ　ひろたにの
　人の心は　いつもひろたに

木食の　かたみの姿　ながむれば
　人の心も　ひろたにの里

年も経て上人への記憶は漸次薄らぎ、口碑も消え去り、誰もその作者に就いて知る者はない。「御宿帳」に若し「ひろたに」の四字が記入してなかったら、史実は永《とこし》えに葬り去られたであろう。

北河内

上人は北小川と記したが、明かに北河内の誤りである。広谷から大田に出で、北に曲り絵堂を過ぎて行くこと一里ばかり、小川に掛けられた小さき橋を渡る。「一ツ橋」と今も云われ、上人の歌にも現れて来る。

木食に　皆だまされて　北かわち
　行も　もとるも　一トつはし〱

（「北」は「来た」に掛けてある。ここにも平易な言葉に宗教の真意が説かれてある）。流れに沿う小径を右折して僅か進めば北河内の部落である。小高い丘に上人が書き記せし薬師堂は残る。堂は荒れはてて住む僧もなく、時折村の集りに用いらるるに過ぎぬ。苔にむす石段や古りた椎の大木や、又は並ぶ石塔は昔を偲ぶ形見である。庭に立てば丘を望み前には広き田畑が開ける。小高いその位置は上人の好みし環境である。滞留は三週日。廃れ果てたその堂の中に私は僅かに二軀を見出すことが出来た。それは日光月光の二脇士、丈共に一尺七寸八分。上人は必ずや本尊の薬師像をも刻んだであろうが、今は行衛を知る由がない。不幸にも二脇士とも新しく俗悪な彩りに染められて、全く見るに堪えない。上人に就いて処々に尋ね古老に質したが、この記憶をも持たぬ。老いた木や石段のみが上人を知るばかりである。北河内は同じく美禰郡に属し赤郷村の字である。

木間

道を北に進み、雲雀峠を越さずして二反田から左に折れれば、道は自から東木間《こま》に入る。そこは阿武郡山田村であり新しくは萩町に属した。北河内からは一里半の山路である。その東木間に大きな一つの神社が残る。若宮八幡と呼ばれ、高い丘の上に古き樹立に囲まれ乍らよき位置を占める。建物は今尚健かであって、凡てはよく調う。間口三間奥行九間。

「クマ」と上人が記したため、その地名を見出すに迷うた私は、この山里に来て何を見出そうとするのであろうか。私は上人が珍らしくも「奉納」と記しおいた二字に力づけられてこの地に来たのである。萩の祭りに人々は家を明けて、村には尋ねる者さえもいない。私は飢える者の如く格子の間から神殿を深く熟視した。殆ど見えない暗いその中に、かすかな光を受けて佇む一個の神躰がある。疑い得ない上人の作風。漸く戸口を見出して急ぎ中へと入れば、まがうことなき微笑の相。而も尚之と一対をなす更に別の一躰が、神殿の片隅から取り出された。二躰共に忘れ難い佳作である。

各々の裏に記して云う、

國王國中　寛政九巳年九月十二日成就ス
隨神尊　正作　日本廻國八宗一見
萬民安樂　天一自在法門　八十歳
日本千躰ノ内　木食　五行菩薩（花押）

他の一躰も文字同じく、只「萬民」を「父母」に更《か》え、日附は同月十四日である。明かに一対の作であって、前者は忿怒相、丈三尺二寸五分。後者は微笑相、丈三尺三寸。神殿の左右に安置してある。下部やや虫に痛むが、原形に欠損はない。

上人この地にあること僅か九日間。その間に是等の二躰をこの神社に納めた。日附によって見れば、一躰を仕上げるに僅か二日間を要したに過ぎぬ。共に立像。頭は冠を頂き手は笏を支える姿勢。共に頤髯長く、衣紋ほぼ同じく刻まれ、丈はやや低く躰はよく肥える。一つは逆立つ眉毛に打ち開く眼、威風の気に満ちる。一つは之に対し眥《まなじり》を下げ笑いに解け、温和の相に溢れる。剛と柔との相、神意の二面を伝え得たと言い得よう。是等の二躰は上人の作風が今や新しい一時期に転じつつあることを語る。蓋《けだ》し長州時代の作として卓越したものの一つに数えねばならぬ。今の如く闇に封じ塵の積むに任せ虫の喰むに委ねるのは、知る者のなすべき所置ではない。私はこの記事が保存への注意を人々に呼び起すことを切に望む。埋もれた東木間の一寒村も、近く上人の名に於いて人々の訪れを受けるであろう。

野戸呂

東木間から萩へ出る道すがら、上人の足は偶々野戸呂に留まった。道は殿河内を横ぎり僅か十町ばかりである。もと東の丘に一堂が佇み、大師が安置してあった。上人ここに宿ること旬日。その間に二、三の作があったことは疑い得ない。併しこの村には上人に就いて一つの記憶も残っておらぬ。今西の丘に大師堂は移されてあるが、その内に上人の作は遺されておらぬ。もとの堂が毀れる折、何れかへ失せたであろう。又は百余年の間に風雨に犯され、虫に喰まれたかもしれぬ。金色に装う仏でないがため、等閑にせられたのであろう。又は排仏棄釈の難にも逢うたかもしれぬ。今は僅か一行の日誌のみが昔を語っている。

萩

「御宿帳」には「寛政九年九月廿五日より同十一月八日迄、萩の城下、千躰仏」と記してある。野戸呂を出て山道を進むこと二里ばかり、始めて賑わしき町に入る。ここに「千躰仏」とは彼が希願して刻みつつある千躰仏を指すのではない。之は固有名詞であって、当時俗称「千躰仏」と云われた西法寺を指すのである。

寺は萩の南にあたる青海にあった。浄土宗龍昌院の末寺であって、光明山と号した。縁起によれば元禄年間、一人の雲水僧が来って千躰仏彫像を希願し、十三星霜を経て全く成就したと云われる。上人はこの寺に凡そ四十五日間を送った。彼も亦ここに彼自らの「千躰仏」を刻んで、幾つかは残したであろう。之だけの滞留であるから或は一小堂を建立したかもしれぬ。併し不幸にしてこの西法寺は時の勢いに抗し得ず、排仏の折湮滅の悲運を嘗めた。今も「千躰仏」の通称は人々の記憶に残るが、併し上人に就いて知る者は一人もない。本尊は光福寺に運ばれたと云われるが、上人の遺作が何処に移されたか、又は全く失われているか、是等のことに就いては詳しく知ることが出来ぬ。幸い見出せたら長州に於ける彼の遺作は、価値多き追加を受けるであろう。望みをおいた私の調査もここに来て無益に終った。

萩の字を入れた歌一首残る。

きてみれば　むかしもいまも　はぎのはな
ふだんにさかば　極らくのてひ

三隅

萩を去って上人の足は西に向いた。峠を越えれば大津郡である。三隅村は上中下の三つに分たれ、上人が留ったのはその内の三隅中である。今もその街道は松の並木に被われ、その齢を見れば上人の眼に触れた同じ木である。三隅中の中村と云われる村の端に一つの寺があった。発光寺と呼ばれ真言宗である。上人が宿ったのはこの寺であった。滞留は半月である。「御宿帳」に記してある「入湯」の所は、今「湯面」と呼ばれる礦泉湯を指すのである。中村には権現が残り、その境内には大師堂も薬師堂も残る。併しここの調査も遂に益なくして終った。発光寺の建物は既に廃れ、寺域には民家が之に代った。滞留も僅かであったからして、上人の記憶も残らぬ。一二の遺作はあったと予想し得るが、伝えらるるものは一つもない。上人はここを立って再び萩に戻り唐樋町に一夜を宿った。更に海辺に沿うて歩むこと三里ばかり奈古の漁村を指した。そこは阿武郡である。

奈古

ここも上人が留錫の地である。滞留半月。宿りし寺「法積寺」と「御宿帳」には明記してある。寺は浄土宗であって、今日も残る。火災に逢いし跡もなく昔のままであるが、不思議に一仏をも伝えておらぬ。住職とても上人に就いて何等知る所がない。時と共に二三の遺作は消失の悲みを受けたであろう。結果なきこの調査に就いては筆を終り、次の遺跡へと叙述を進めねばならぬ。

福井村

恐らくは招きを受けたのであろう。同じ浄土宗の寺願行寺に入るために、上人は阿武郡の山間に入った。寺は福川村福井下の榎屋にある。「年宿」と上人も記したが、この寺で年を送り八十一歳の新春を迎えた。長州での長き滞留の一つはここで過ぎる。十二月十一日に着き、翌寛政十年二月十五日までであるから、二ケ月余りである。

高き階段の上に土塀に囲まれて、寺は昔乍らの面影を止める。地域よく、広き展望が眼下に開ける。詣でるものは誰でも気附くであろうが、門内の右に当って塀を越え高く聳える榧《かや》の木がある。村の者は誰もこの木を訪うために一年の幾度かは寺の石段を上る。それは老木であるが故ではない。不思議な仏がその木に彫りつけてあるからである。霊験があらたかであると云われ、毎月八日、詣でる者は少くない。不思議にも誰が刻みしかを知る者はないが、之こそは上人の作、立木薬師である。丈四尺七寸の立像である。長い年月の風雨のため、下部は既に朽ちて蓮台は見えぬ。上部はやや原形を保ち、光背に悉曇《しったん》で記してある光明真言が、今尚墨の跡を止めている。かかる大きな像が彫りつけられている程であるから、それが大木であるのは云うまでもない。鑿を受けつつも仏に守られて、樹は高い齢を重ねた。上人の作になる立木の像は決して少くはない。併しその木が今日も尚健かであるのは稀有だと云わねばならぬ。仏は静かに眼を閉じ、両手に薬壺を保ち乍ら普く衆生を恵む風情である。前に置かるる石燈や花筒又は手洗石は今も信仰を集めつつあることを語る。像は善男善女の手向ける香と花とを受けつつ、かくして百三十余年の歳月を送った。

併しこの像は敬われても、その作者について誰も知る者はない。且つは如何なる作が他にあるかをも、注意せずして終った。この寺の僧とても上人に就いて何の知識もなく又追憶をも持たぬ。長き逗留故この他にも作が残らねばならぬ。私は実に本堂の廊下の天井の一隅に、幾多の不用物と共に放置してあった一躰にすぐ気附くことが出来た。梯子をかけてその塵の中を捜せば、更に別の一躰が棄ててあるに気附いた。一つは如意輪観世音と一つは阿弥陀如来である。

観音像はもと厨子にでも封じられていたのであろう。殆ど原状のままであって、完全である。用材は銀杏、丈三尺三分。岩上に蓮台を刻み、その上に仏は休む。右手に頬をあて、左手を衣の内に包む、衣は右に垂れて岩にかかる。後年の作とは異り光背は別の板をとりつけてある。その直径一尺四寸五分。中央の円輪にはいつもの如く悉曇で諸仏光明真言を記してある。外輪には細かく一面に青海波が画かれ、波の中に同じく真言が記してある。裏面には次の文字を読むことが出来る。
佛法は　よきもあしきも　一ト船に
　のりおくれても　たのむみなれば
木食の　かたみのふでも　なむあみだ
　かへす〳〵も　なむあみだ佛
　心願　日本千躰ノ內
　國王國中　寛政九巳ノ年極月
奉作師如意輪観世音大士
　父母安樂　十八日ニコレヲ成就ス
　勅願所　日州兒湯郡府中
　五智山國分寺インキヨ事
　天一自在法門
出生甲斐　木食　五行菩薩

國分寺中興開山ナリ

仏躰は重量を減ずるため、裏は洞にしてある。その中に一枚の札が釘附けられ、表には同じく仏名や自署、裏には歌一首と作年月が記してある。札の長さ一尺四寸、幅は三寸。この一躰は願行寺に於ける最初の作と考えることが出来る。

見出された他の一躰は「南無阿彌陀佛」、丈一尺四寸六分。立像である。色既に燻ぶり、台座虫に痛む。裏には「寛政十午二月八日成就　八十一歳」とあるから、別れが近づきし頃の作である。是等二躰の間に相当の時が過ぎる。必ずや尚五六の遺作はあったにちがいない。併し私は遂にそれ等を見出すことが出来ずに終った。上人への記憶が再び新たにせらるる時、埋もれた幾躰かが世に出ずるであろう。

寺に残る「法性山願行寺歴代上人霊名簿」によって察すれば、五行上人を迎えたのは九世単学和尚である。示寂の年は文化四年五月卅日であって、「廿二ケ年ノ住職ニテ、隠居スル事十年、世壽六十三歳ニテ化ス」と記されている。

紫福村

願行寺を去るや行くこと二里弱、紫福《しぶき》村に入った。宿ったのは同じ浄土宗、実相山信盛寺であった。(上人の「御宿帳」には真誓寺と記されている)。寺は同村字土井ノ内に今も残る。建物は元禄時代の様式を止め当時のままである。萩町松高院の末寺であって鎮西派である。

本堂横手の丘を石段に踏めば、やがて小さな堂に達する。観音堂と呼ばれ、南面して立ち間口は一間半、奥行は二間。本尊は大悲である。この堂の中に上人作二躰の仏像が蔵置してある。寛政十年二月十五日から二十七日まで、十二日間の滞在のしるしである。一躰の裏には「南無大師遍照金剛」と記され、「心願、寛政十午年二月十八日成就ス、八十一歳」の文字が読まれる。立像であって丈高く四尺三寸である。額と鼻と杵と靴先と台とに痛みがある。太き眉毛、上れる眼、肥えたる頰、直立する姿勢、風貌真に威厳に満ちる。その至純な手法と表現、全く弘仁仏を見るが如き感がある。斜線を交えた台座は後年好んで用いたものであって、この一躰に端を発する。衣紋の線単純であって美しい。浄土宗の寺に弘法像を刻みしこと類例が稀であろう。上人の心境も自由であるが、自由な上人を迎えた当時の住持の寛容をも想起せねばならぬ。古老の談によれば用材は寺内にあった柿であると言われる。

更に別の一躰には「南無釋迦如來」と記され、寛政十午年二月廿一日の作である。丈二尺九寸二分。蓮台の上に立ち、衣を僅か左肩に掛け、両手を以て腰に束ねる。頭髪はいつもの如く渦巻き、胸には肋骨露れ、脛を出し素足である。之は云うまでもなく出山の釈迦を現わすのである。一佳作であると云わねばならぬ。今信盛寺が有つものは以上の二躰であるが、上人は別に立木に向って生眼《なまめ》八幡を刻んだ。本堂の横にあるたぶの木であったが、今は朽ち去って僅かに形骸が残る。目撃者の談によれば、三寸ばかりの小像であって、冠をかぶり手には笏を支えていたと云われる。明治十九年之は切り離され、傍に小祠を設けて安置せられた。恐らくは別れに臨み、求めらるるままに刻み遺したものであろう。

福田

信盛寺を去るや、更に阿武郡の谿谷に入り、福田上の太用寺に宿った。村は福賀村であり、小字は柏木である。寺は曹洞宗。上人はここに六日間を送った。作を残したにはちがいない。併し今から二十年前、寺は烏有に帰して一物をも残さぬ。今あるものは新しき建物であって、仏壇に祭られる仏も新しい仏師の作に過ぎぬ。

続く道を進めば弥富村に入る。(上人は誤って宿見と記した)。かくして更に小川村に入り上小川の観音堂に留まること二日、かくして小村友信に入った。

友信

友信、詳しくは阿武郡小川村字中小川小字友信である。近くまで友信寺と云われた寺があったが、今は廃れ寺僧のみがその境内に家を建て、僅かに仏壇を祭る。併しこの家の縁先に漸く庇に雨を凌ぎ乍ら放置してある一仏がある。まごうことなき上人の作であって、立木の釈迦如来である。丈四尺四寸、その内光背の直径一尺九寸五分、台座の幅二尺七寸。如何に大木であったかが分る。材は松であるため脂が多い。座像である。

村に寮の馬場と云われる個所がある。ここにもと庵があった。上人が地蔵寺と記したのはこの庵である。今も残る幾つかの墓碑はそこが寺域であったことを語る。ここの境内に松の大木があって、之に上人は鑿を当てた。排仏の思想が漲った折、この寺も犠牲となり、像のある部分が立木から切離され、後友信寺に移管せられた。今この村でこの一像の縁起に就いて知る者は一人もない。僅か一週日の滞在であったから、上人への記憶は全く絶えた。併し脂のために用材は朽ちず、邪魔にせられつつも今日まで残った。見慣れぬ一旅僧に向って、すぐこの大木を寄進したことを想えば、如何に異常な魅力が上人にあったであろう。いつもの如く、柵を木の周囲に設け人を避けて刀を執ったにちがいない。

江崎

「エサシハマ」とは江崎浜の意であろう。友信を去りて田万川に沿うて二里ほど下れば自ら江崎に出る。時に寛政十年三月十五日。上人はこの地に旬日の錫を留めた。「クハンヲンドウ」と記したのは、あの浜辺に突き出ている有名な御堂ではない。山寄りにあった小さな庵である。併し不幸にも年と共に庵は廃れ、上人を語る遺作は残らぬ。この江崎での滞留で、上人が長州に於ける足跡は終る。上人は足を石州にと転じた。

かくして見出された仏軀総じて十四躰。若し一切が残存するとしたら、長州仏の数は四五十躰に近かったであろう。特に萩の西法寺に於ける遺作が失われたのは遺憾である。私が調査し残したのは美禰郡伊佐村の河原である。一週日の滞在であるから、必ずや一二の作は残るであろう。先に記した広谷も再度調査されねばならぬ個所である。

留った寺を見れば多くは浄土宗である。その頃の歌にも弥陀への帰依が深かったことが分る。先に「福井」の条に引いた「佛法は」の一首には、他力宗の真諦が歌われていると云い得よう。

次の句もその頃の作であったと思える、

法身の道をとふりて　ながむれは
　なみだの中に　なむあみだ佛
をもしろや　おもかげみれば　なむあみだ
　おく百萬べん　なむあみだ佛
よの中はどこも　かしこも　なむあみだ
　よく〳〵みれば　みだの本願

長州に於ける仏像は、上人の作風に一転期が来たことを示している。微笑の相も、あの好んだ交斜線の台座も、この時期に最初の形を発した。まだ光背や蓮瓣の線に後期の如く鮮かな強い手法は示されておらぬ。併しこの時機に於いて全く形式を脱し、上人彼自身の作風が、その端を発した。明確に前後両期の中間を示す作であることを語る。

是等の記述を終れば、如何に上人が千躰仏の本願に向って努力したかが分る。それは絶えざる遍歴であると共に、絶えざる製作の期間であった。心願に活くる者は常に多忙であり健全である。(完)

(因に云う。長州に隣する二つの国、石見と周防とは同じく上人の遺作が伝えらるる所、この調査の発表は後日に譲らねばならぬ)。　（一四、七、二九）

追伸

長州調査の折、行を共にせられし野々垣邦富君に深く感謝する。その旅に於いて同氏の好誼に浴したことは些少でない。

四国中之庄木喰仏

一

日本順国の途上に於いて、四国八十八ケ所三百里の里程は、二回上人の法足に踏まれた。最初は天明七年五月十六日から翌八年三月十日まで、凡そ十ケ月の月日がその巡錫に暮れた。讃州に上り、予州、土州、阿州と札を逆に打ち、淡路島にも立寄り再び予州に戻り、海を越えて九州に渡った。次回はその十年の後、即ち寛政十一年に山陰山陽の遍路を終えて再び四国に入った。四月廿九日伊予国三津ケ浜に上り九月十七日再び同じ港から舟を出すまで五ケ月弱。その間に前とは異り順次に札を納めた。前後合せて四国の巡錫一ケ年二ケ月となる。その間に縁《ゆかり》ある個所にはいつもの如く堂を建て仏を刻んだ。故郷丸畑に於ける四国堂の建立は八十八ケ所供養のためであり又この遍路のよき思い出であった。

上人が杖を留めたのは、主として北海岸、即ち讃州と予州とである。私は去る二月中旬、上人の遺跡を慕い、この二ケ国に一週日の調査を企てた。或は鬼無《きなし》、或は鴨村、又は琴平、観音寺など讃岐の各所。伊予に入っては、中之庄、前神寺、道後等、順を追ってその遺跡を求めた。併し多かるべき筈の上人の遺作は、不幸にも失われたものが甚だ多い。上人に就いて各地の人々は何事も知る所がない。乏しい結果に終ったこの調査のうちで、漸く見出された二躰の仏について、私は茲に読者のために短き報告を寄せねばならぬ。終りに私は四国に於ける上人留錫の地に就いて一覧表を添える故、切に志ある人々の調査を望む。

二

去る二月十九日、観音寺町の調査を終えて、私達は三島町に指した。波にけぶる内海の島々を右手に見て、鳥越を越えれば讃岐を過ぎて伊予の国に入る。拡げられた地図に私の眼が注がれているのは「中之庄」と呼ばれる村。「御宿帳」によれば寛政十一年六月上人がこの村に留まったことが記されてある。

「廿三日ゟ未七月二日マテ　よ（予州の意）中ノ庄村　クハンヲンドウ」

中之庄は三島町から僅か西へ十町余り。この地方は愛媛県宇摩郡である。私達は駅を出て一途《いちず》に村へと急いだ。尋ねれば此処には真言宗持福寺がある。高き松や苔に古りた大きな屋根は、街道を越えてそのありかを示している。山門をくぐれば本堂を中央に、左右にも形整う堂が並ぶ。私達は心を躍らせていた。

併し住職と私との間に幾度かの応答があったのち、上人の名とこの寺とを結ぶ悦びは許されなかった。只山に沿うて一庵が今尚残り、「観音堂」と呼ばれていることを知った。住持の志により案内せられて、その堂の持主である坂上氏を訪うた。堂の縁起を尋ねれば、それは既に二百年を経た建物である。正しくは「福生庵」と呼ばれる。百余年の昔或高僧がこの地の風光を好んで庵に留まったと云う伝えさえ残る。それにこの村で観音堂と呼ばれるものは之以外にはない。「二百余年火災なき建物、高僧の滞留、唯一の観音堂」、もはや疑う余地がない。幾分かの後、悦びは私に迫りつつある。共につれ立って細い小路を丘にと登った。

路は石に敷かれ古い面影を止め、上人の歩みし時とさしたる変りはない。谿の小川に掛けられた貧しい橋を過ぎれば、苔に古りた美しい石の階段が見える。そこは樹立に深く被われて、世からは離れた静寂である。昇りつめれば堂は私達の前に佇む。左手には五輪形の古い墓石が石仏と交って数多く並ぶ。右手を見れば、丘はなだらかに下《さが》り、それを越えて内海が夕ぐれの空に休む。上人が好みし環境である。

併し上人が旬日を宿ったこの庵は、その滞在を記念する一つの遺作をも残しておらぬ。堂に入って飢える想いに捜せど与えられる糧はなかった。私の心は沈みがちに庵の段を下りた。併し坂上氏に残ると云う古文書の調査がまだ残されている。私は再び中之庄へと戻った。もはや望みは薄い。併し高僧が残したと云う文書を見たく、秘められた文箱を開いた。福生庵の由緒を記したものは二三に止らなかった。併し何れもが寛政以前の奥書であって上人の名は現れてこない。而も求める文献は失れて遂に見えない。最後に眼に止ったのは中之庄地誌の下書である。私は寺院の部を捜した。挙げられているのは五つの寺、真言宗持福寺、福生庵、光明庵、地蔵庵、阿弥陀庵。その内第四の地蔵庵は今日残らない。私は若しやと思い未調査である「光明」「阿弥陀」の二庵を訪ねることに決した。

もはや夕ぐれに近づいている。私達は又もとの山路を奥へと辿った。暗き松の樹立を過ぎれば、ネーブルの林である。暖国のことなれば丘の斜面を利して日光に浴させてある。その辺は光明と呼ばれる部落。まもなく緑の葉を越えて苔に青い瓦が見えた。形からして明かに目指す庵である。破れはてた壁に沿うて入口に到ろうとした時、庭の奥に祠が見えた。そうしてその中に立木の像がかすかに見える。「木喰さんだ!」、私は思わず叫んだ。私の友は門から入る暇もなく花壇を飛び越えて駆け出した。「そうだ!」、友は躍り上って私の手を握った。その祠に並んで更に一つやや大きな祠がある。扉を開けば更に一躯。「如意輪だ!」私達は互に握りし手を離さない。

三

凡てのことは上人が奉納した円額の裏に記してあった。表は中央に梵字を以て大日の種字を画きその周囲には廿三字の真言、更にその周りに青海波の円輪があって、その一波《ひとなみ》毎に梵字が入れてある。額の直径一尺二寸。今は之を光背と誤って如意輪像の背に附けてある。上人はその額の裏に記して云う。

心願

一　日本順國八宗一見之行想
六大願之内本願として佛を佛師
國々因縁ある所にこれをほどこす　皆
日本千躰之内なり
聖朝安穏増寶壽　　其節子安觀音ヲ薬師ドウニ
ヲサム立木ナリ
奉納觀世音菩薩
天下安樂興正法　　兩躰トモニ日カズ二日ツヽニ成就ス
寛政十一未年六月廿八日ニ皆成就ナリ
日州兒湯郡府中

勅願所　五智山國分寺インキヨ事

天一自在法門　　八十二歳

木食　五行菩薩（花押）

木食も　そばのこどもに　だまされて

まだも　うきよに

うろたへておる

心願として記せし句は常に用いしもの、ここには「六大願」とあるが、後には「十大願」と書き、越後留鍚の頃は「十八願」と記した。「薬師ドウ」とあるは、この光明庵の通称である。堂は持福寺の末庵、今も老僧が一人ここに住む。文面によって、中之庄で刻んだものは二躰であることが分る。即ち一つは（如意輪）観世音、他の一つは子安観世音、之は立木である。四日にして二躰を刻み終った。歌にある「そばのこどもに」は「蕎麦の粉ども」と「そばの子供」とをかけたのであろう。上人は蕎麦粉を好んだ。

如意輪像は丈二尺八寸九分、後期の作と異り光背を持たぬ。下には荷葉、次には蓮瓣、菩薩はその上に安座する。長き尖れる頭巾を冠り、右手の掌に頬を休ませ、左手は衣に匿れて膝に置かれる。胸は広く開かれ、法衣は左の肩より流れて右の膝下に垂れる。眉毛太

き木喰仏である。

重い。刀の跡いつもの如く荒く、襞《ひだ》は幾条かの僅かな強い線からなる。一見まごうことな

く引かれ眼をその下につぶり、口引きしまる。躰よく肥え風貌豊かであり、表現は強く又

子安観世音。嘗て庵の前にあった大きな槙の立木に彫りつけたのである。光背から足許まで二尺一寸五分。衣に右手を被い、左手に赤子を抱く。静かに眼をつぶり、詣でる者を迎えて福祉を念ずる心である。長く外に立ちしためか風雨に晒されやや痛む。温雅の風があり慈母の情をよく示す。光背の刻み方後期のとは異り、まだ放射線を持たぬ。今は立木の上下を切り小さき屋根で被うてある。一躰共に貧しい祠に宿るが、霊験ありと伝えられ、詣でる者は少くない。願《がん》が満され御礼の志が供えてある。だが村を離れては知る者はなく、仏は黙しつつ百余年の歳月を山里に暮した。村の者とてもこの仏を刻みしは誰なるかを覚えてはおらぬ。庵に住む老僧とても上人に就いては無知である。

観音堂とこの薬師堂とは僅か三四町の隔りである。「御宿帳」に「クハンヲンドウ」と記してあることを想えば恐らく観音堂に宿り、仏をこの光明庵に納めたのであろう。先に記した阿弥陀堂には今日一仏も残らぬ。今は荒れはてて只機織の器具が入れてある。上人とは縁がないであろう。

私達はその夜勧められるままに、持福寺の庫裏に中之庄の夜を過ごした。翌日は撮影に忙しく朝の時は早く暮れた。街道から離れたこの寂しき里の、貧しき祠に、誰か上人の作

が遺ることを知り得ようや。併し匿れたるに力強き運命は忍ぶ。今後この庵も再び上人を慕う人々から温かき訪れを受けるであろう。私はいつ又ここを訪ね得るかを知らない。祠の扉を閉じ乍ら「仏よ安らかなれ」と私の心は念じる。振りかえりつつ私は丘を降りた。

附録　木喰上人四国留錫地

第一期、天明年間。この時代の仏像には裏に「行者行道」「三界無庵」の文字が記してある。今日までの調査では僅か三日留まった所でも遺作が残されている。それ故私は三日間を最小限度として上人が留錫した地名を列挙せねばならぬ。以下録するところ、上段は地名、下段は宿りし家又は寺の名である。「御宿帳」に上人は主として仮名を用いた故、四国を熟知しない私には、地名のうち五六不明な個所が残る。かかるものはもとの仮名のみを載せておいた。（　）内の字は私の添書である。

（予州）

ドウゴ（道後）八ヒヤウへ　（自天明七、六月　六日／至　同　十七日）

ヒロセムラ（四国第四十番附近）アサノシヤウ　（自　同　七月　二日／至　同　四日）

（土州）

イリノムラ（入野村）テウザブロ　（自同　七月十七日　至同　廿一日）

タカヲカマチ（高岡町）シンヒヤウヘ　（自同　八月二日　至同　九日）

（阿州）

ヒロシゲムラ（四国第廿二番附近）トモハチ　（自同　九月六日　至同　八日）

クハンヲンジムラ（観音寺村）サダヘモン　（自同　九月十九日　至同　廿一日）

正山寺　ヤナキ三スアンコモリ　（自同　九月廿三日　至同　廿五日）

（讃州）

キタダニムラ（白鳥中村附近）ゲンキチ　（自同　十月十五日　至同　十七日）

コンヒロムラ（牟礼村附近）キウヒヤウヘ　（自同　十月廿日　至同　廿三日）

○キナシムラ（鬼無村）タハラヤモヒヤウヘ　（自同　十月廿八日　至同　十一月十二日）

○金毗羅山　吉満やサダヘモン　（自同　十一月十九日　至同　廿五日）

○キナシムラモドリ（鬼無村戻り）タハラヤ　（自同　十一月廿六日／至天明八申二月　一日）
○カモムラ（鴨村）テラ　（自同　二月　一日／至同　十　日）
○コンヒラサン（金毗羅山）ヨシマヤ　（自同　二月十一日／至同　十三日）
（予州）
○マイカミジスノウチ（前神寺洲ノ内）マゴヘモン　（自同　二月十九日／至同　廿一日）
○ドウゴ（道後）ジンヘモン　（自同　二月廿五日／至　三月　四日）
以上足跡順

第二期、寛政年間。この時期の仏像の裏には次の文字がある。「日本千タイの内、天一自在法門、五行菩薩」。前期のとは作風異る。

（予州）
○ドウゴ（道後）ハヤタ金次　（自寛政十一年四月廿九日／至同　五月十四日）
コミツハマ（古三津浜）六ウエモン　（自同　五月十五日／至　十九日）
大戸町（大頭町）　（自同　五月廿六日／至　六月十七日）

○中ノ庄村　クハンヲンドウ　（自 同 六月廿三日 至 七月二日）

（讃州）

○クハンヲジマチ（観音寺町）普門山淨（乗）蓮寺　（自 同 七月三日 至 十日）

カイヤキ原（四国第五番附近）クハンヲンドウ　（自 同 七月廿四日 至 廿七日）

（予州）

○松山ドウゴ（道後）ハタヤきんぢ　（自 同 九月九日 至 十五日）

以上足跡順

右の内○印のものは私がこの二月に調査した個所であるが、中之庄を除いては、遺作を見出すことが出来なかった。観音寺町乗蓮寺の如きは今日も残るが、往年火災があったため、遺作は現存しない。鬼無と道後とは再調査を要する。私の行き得なかった個所で最も望みの多いのは土州高岡町、予州大頭村、讃州カイヤキ原の観音堂である。

私は読者からの懇切な報告を心待ちする。

（三月二十三日記）

聖徳太子（三五九頁）

故郷丸畑に於ける上人の彫刻

一　永寿庵と五智如来

一小村丸畑は今半円の丘に休む。訪う人も稀な一僻村ではあるが、今後上人の名に於いて幾多の人々を集めるであろう。その村落は今古関富里の二村にまたがる。上人の故郷は古関の分である。古くは甲斐国八代郡《やつしろぐん》古関《ふるせき》村と呼ばれたが、郡は今東西の二つに分れ、古関村はその西に属する。昔の東河内《ひがしかわち》領《りょう》である。

この村に達する古い道は甲府から南へと下り、富士川の東岸、鴨狩津向《かもがりつむぎ》から左折し、久《く》那土《など》村の三沢《みさわ》や切房木《きりふさぎ》を経て入ったようである。津向《つむぎ》からは一里半、今もこの道は最も近い。併し東海道を選ぶ旅客は鉄路身延の終点から川を溯り波高島から入ることが出来る。そこより行程二里半。道はいつも常葉《ときわ》川に沿うて進む。右に常葉橋《ときわばし》を渡る一すじは下部《しもべ》温泉に、前に続くのは竹ノ嶋へと向う。竹ノ嶋、常葉《ときわ》、市ノ瀬、北川、長塩の村々を過ぎて、急坂を左に登りつめる所、富里分《とみさとぶん》の丸畑である。ここは南沢《なみさわ》と呼ばれていて、上人とは深い関係がある。

そこを過ぎて丘を登れば突如古関分の丸畑が半円の形をなして展望に入る。川へと降る広い渓間を囲んで、村が周円の状をなしているから、丸畑《まるばたけ》とは云われたのであろう。上人はこの丸畑の名称を愛した。幾十年の修行は彼にとって「円」の教えに尽きている。人生は教えの種を蒔く畑である。彼は好んで丸畑を譬えに彼の教えを卑近な歌に托した。

皆人の　心ごゝろを　まるばたけ
かど〳〵あれば　ころげざりけり

そこの景色は美しい。広く渓を隔てて南面する所に栃代《とじろ》山が聳えている。その下には常《とき》葉川《わがわ》の渓流が白い条《すじ》を見せる。丘に高く登れば、凡てを越えて富嶽の頂きが見える。本栖《もとす》湖《こ》には二里ばかりである。村は全く山間の一部落である。山の多い甲州の中でも西八代郡《やつしろぐん》は山を以て知られている。古関村はその懐《ふところ》の中に横わる。連山四囲を包んで、東は上九一《かみくい》色《しき》村及駿州の富士郡上井出村に接し、西は山保《やまほ》、久那土《くなど》の二村に隣し、南は富里村、北は下九一色村《しもくいしきむら》に境する。上人の名が今日まで全く埋もれたのはこの村を過ぎる者が絶えてないからであろう。まま本栖湖《もとすこ》からそこを横ぎる人があっても、帰途を急ぐ旅には、この寒村が心に止る筈がない。甲府からは南七里ばかり、身延からは川を越えて東北に凡そ四里。

その半円を形造る丸畑の中央に、小仏寺永寿庵が南面して建てられてある。山号は万松山。そこは屋敷平《やしきだいら》と呼ばれ、丸畑の中でも最も優れた位置を占める。この庵は今は道《どう》村の古刹慈観寺の末寺であって曹洞宗である。併し古くは真言宗に籍があったであろう。今庵の庭に一基の塔がある。元禄十二年建立のもので刻まれた種子からして、それが明かに真言の寺に属していたことが分る。庵は別にとりわけて飾りもなく、人は民家とも見誤るであろう。室は三つに分たれ、左には土間があり炉が切ってある。中央は仏間、右は客の室でもあろう。今は荒されて、住む僧もなく、一つの仏具もなく、時折村の集りに用いらるるに過ぎぬ。だが中の間《ま》に奥深く、高い壇が設けられ、五つの龕《がん》が並び、その中に五智如来が安置してある。百余年香に煙り既に色黒く、今は塵の被うままにまかせてある。

五躰の仏はこの運命を今耐え忍ぶかの如く見える。それ等は位置をくずさず、沈黙のうちに私達に向って座を占める。五智如来とは一つに中央の大日、二つに東方の阿閦、三つに南方の宝生、四つに西方の弥陀、五つに北方の釈迦。大日は究竟の相を、阿閦は発心を、宝生は修行を、弥陀は菩薩を、釈迦は涅槃を示している。(私が見出した時、是等の五智如来は右より阿閦、弥陀、釈迦、大日、宝生の順に置かれているが、恐らく之は上人が排置した原位ではないであろう。五躰のうち只宝生の鼻に欠損があるのみで、あとは完全に残されて居る。只蓮台の下が既に朽ちかかって居る故、修理を怠るなら、とり返し得ぬ損失が近く来るであろう)。

龕及び五智如来は実に上人の刀になったのであって、次第は自伝に記されてある。（龕及び五躰の写真は雑誌「女性」大正十三年十月号に載せてある）。寛政十二年十月の末、川を隔てて身延と相対する帯金《おびがね》村に、四十有五日を送ったあとで、上人の心は故郷に向いた。営まねばならぬ仕事が彼を待っているのである。着くやすぐに永寿庵の修理とその本尊の彫像とにとりかかった。彼の故郷に崇むべき仏を刻み、沈む信仰を覚ますのは、彼の長い希いであった。木材を得て刀を下したのは霜月からのことであろう。五躰の仏軀を勧請し開眼の式を挙げたのはその年の暮だったと思える。

仏の丈凡そ二尺五寸、四国堂の作とは異り蓮台下の荷葉が二層である。凡ては座像。表現極めて強く、刀は深く陰影の美が鮮かである。相貌凡て威厳に満ちる。而も奇しきは含まるる微笑。上人はこの秘義をどこから捕えたのであるか。龕も亦至純、錯雑の嫌いなく仏軀との調和、改める余地を持たぬ。単純であり元素的である凡ての手法、疑念や躊躇がかかるものを産み得ないことは明晰である。

村の人達よ、美への憬仰に於いて積る塵を仏から払えよ、更に仏への敬念に於いてそれ等の五躰を篤く祀れよ、更に上人に対する記憶に於いて庵を温く保護せよ。丸畑の名誉が是等の仏によって守護されていることを早く悟れよ。「本尊堂迄も成就の後も掃除等も構わず」と上人は今も嘆じるであろう。私にさえも、その荒れはてた光景が寂しく見える。燈明を点じ香を手向けることを、悦ばしい義務だとは思ってくれないだろうか。

越えて寛政十三年の正月のこと彼は招きを受けて、隣村釜額《かまびたい》を訪うた。今日小高き丘の上に一庵が残る。寺名長沢《ちょうたく》寺、曹洞宗。古関広泉院の末寺である。そこに長らくの間一像が埋もれてあった。雨乞《あまごい》の仏として霊験があらたかであると云われる。疑いもなく上人の遺作である。惜しい哉今は台座を欠き、又鼻頭と印手とに傷を受ける。裏には「西方阿彌陀如來、寛政十三酉歳正月廿八日成就」と記してある。蓮台から光背まで丈二尺六寸四分。表現甚だ堅固である。刻み終るや、故郷に別れを告げようとて再び丸畑に戻った。

彼は村の本尊堂を成就し終ったが故に、再び順礼の旅路につこうとするのである。然るに丸畑を始め、近くの村々までが申合せて、尚も上人に滞留を乞うた。このことに就いては前掲の「四国堂心願鏡」に明かである。運命は遂に彼を導き、続く一ケ年に於いて彼に重大な仕事を与えた。それは四国堂の建立と八十八躰仏の彫刻である。併し彼はこの永寿庵の修理と四国堂の建立との間に、二つの優秀な彫刻を残した。八十八躰の供養仏を語る前に、私も亦このことを中に挿んで言い添えねばならぬ。二つの紀念すべき遺作とは、一つは村の氏神「山神」の像である。他の一つは「五行菩薩」、彼自身の肖像である。

永寿庵の背後、小高い所に西面して立つ神社がある。もとは丸畑の小高い嶺の上にあった。山神社と呼ばれている。その神殿に二つの小祠が安置してあって、その右方に一つの像が匿されている。丈二尺二寸ばかり、巌上に座を占め、前方を睥睨する。頭髪逆立って後に垂れ、眼光輝き、口引きしまり、威風の相貌迫る想いがある。裏には中央に「山神三

神」と大書され、左側には寛政十三酉二月二十一日、下にはいつもの如く木喰五行の自署

花押がある。（三神とは三柱の神との意であろうか）。一大雄作たるを失わない。力の美が

漲る。山神の想を誰が斯くの如く鮮かに刻み得たであろう。祠内に封じられていたため、

保存完全に近く、素地の色もそのままである。だがここも亦鼬鼠の安全な巣に過ぎない。

私がその一軀を外に取り出した時、祠は屑に埋められてあった。（像はもと手に剣を立てていたようである。今は失われて見えない。神足に踏まれる岩には、所々に墨で笹が画い

てある）。

　今彼は村の本尊を刻み、村の氏神を刻んだ。かくして次に彼が選んだものは、彼自身の肖像であった。裏には筆太く「五行菩薩自身之藏（像の意）、日本順國八宗一見の節、寛政十三酉二月二十四日に成就す」と記してある。後之は四国堂内に安置せられた。丈二尺四寸五分。上人は高い岩の上に法衣を纏って端座する。右の肩肌をぬぎ、合掌する手は衣の中に包まれ、垂れかかる念珠はその半を現わしている。そうして岩の間には大きな瓢箪が刻んである。円頂有髯、眉太く引かれ、眼微笑み、頰微笑み又口微笑む。鼻は太く短く、耳朶は大きく豊かである。顔丸く、彼の愛した円相そのものである。之に対し岩の形角度《かくど》鋭く、方円の対比鮮かである。（岩はあのジオットの画いたものを思い出させるではないか。又はキュビストの目指す境地とも云えるであろう)。

一面接すれば、達し得た彼の悟得、踏み来った彼の修行、育て得た彼の性格、是等のもの

が迫り来る想いがする。蓋し上人の作中、最も傑出したものの一つであろう。まして自刻自像であることに於いてその価値は倍加する。示された上人の年齢、時に八十有四歳である。

若しこの像が上人の真を写しているとするなら、続いて作られた八十八躰の仏が、如何に上人彼自身であるかが分る。（中でもこの自像に最も近いものは同年三月に刻まれた地蔵菩薩である）。

二　四国堂と八十八躰仏

見ればまだ叢の中には礎だけは残る。散らされた白壁も昔の名残りである。最早とり返しはつかない。私の心は只昔の影を追っては彷徨うている。被いかぶさる藤葛の下に一つの棄てられた石が目に入る。私は草を分けてそれを抱き起した。文字が次のように彫ってある。上人の手である。

　天下和順　　　當村願主
奉納大乗妙典日本廻國供養等
　日月清明　　　木喰五行（花押）

横には「寛政十三酉十月十五日」としてある。

自刻像（三五九頁）

四国堂のあわれな跡なのである。堂とそれに勧請した供養仏とは上人一期の大業である。建てられてからまだ百余年後の堂が、尚健全であったのは云うまでもない。これを建てた後、書き記して、「至心信心の志を起せよ」と言い遺したに拘らず、この堂が血縁の一属によって毀されようとは、上人もゆめ思わなかったであろう。併しもう時は過ぎた。まだ堂への記憶が村の人々に新たなうちに、その委細をここに記さねばならぬ。

寛政十三年酉の歳、春の頃から秋にかけて、この小さな村は大きな仕事を果すために、願主を始め多くの講中までが忙しい朝夕を送った。上人が愈々心願を発して施主を募ったのは二月の頃からである。同十二日、彼は紙を綴じ寄進する者の名簿を作った。表題には「心願、四國八十八所日本廻國共（供の誤）養佛、願主木喰五行菩薩（花押）、八十四歳」と記してある。開けば世話人の名が見える。「願主世話人、わらびだいら（蕨平）伊六、三澤金右衛門、勝右衛門、儀右衛門」。次には寄進について次の通り書いてある、「三澤村、貳拾四た（駄の意か）伊六より。拾貳た、同人母。六文、彌平次」云々。この寄進帳は三沢村だけの分であるが、もとより丸畑を始めま近くの南沢《なみさわ》、横手、蕨平《わらびだいら》、道《どう》の村々にも多くの講中があった。「道村、麥《むぎ》から三は、久太より。なは三本、半七」等「蕺《フキクサ》帳」（同年九月三日の日附あり）に見える。多くの者が分に応じてこの大業に力を合せた。

丸畑向《むかわ》にある本家の裏手に、彼のために草庵を建てたのは第一の寄進であった。このために「松山一山伐り荒し」と自伝には記してある。村の者どもはこの草庵の中で何が造られるかをよく知らない。だが九ケ月の間昼となく夜となくそこから鑿の音が洩れるのを聞いている。「愈々取りか、れるは三月六日より」と上人は記していた。

彼が先ず刀を下したのは弘法大師の坐像であった。四国八十八ケ所は大師の霊跡である。今供養のためにそれぞれの仏を刻むに当って、大師の遺徳を紀念することは彼の願わしき望みである。三日めに彼は之を成就した。裏には「南無大師遍照金剛」と記し、日附は三月八日である。尺八寸の小像に過ぎぬが蓋し彼の傑作の一つに数えられねばならぬ。私は他に弘法之像を幾度か見た。併し之に比し得べきものをまだ知らない。この一軀を成就して後、彼は八十八番の仏へと手を下した。刻まれた仏は四国の霊場八十八ケ所の本尊である。

その本尊の仏名併びに数は次の通りである。仏名の下に記した数字は四国札所の番号である。

釈迦如来（一、三、九、四九、七三）……………五躰
阿弥陀如来（二、七、三〇、三七、四七、五三、五七、六四、六八、七八）……………十躰
大日如来（四、二八、四二、六〇、六一、七二）……………六躰
地蔵菩薩（五、一九、二〇、二五、四一、五六）……………六躰
薬師如来（六、一一、一五、一七、一八、二二、二三、二六、三三、三

四、三五、三九、四〇、四六、五〇、五一、五九、六七、七四、七五、七六、七七、八八)……二十三躰

千手観世音(八、一〇、一六、二九、三八、四三、五八、六六、七一、八〇、八一、八二、八四)……十三躰

十一面観世音(一三、二七、三二、四四、四八、五二、六二、六五、七九、八六)……十躰

正観世音(六九、八三、八五、八七)……四躰

馬頭観世音(七〇)……一躰

虚空蔵菩薩(一二、二一、二四)……三躰

不動明王(三六、四五、五四)……三躰

文珠菩薩(三一)……一躰

弥勒如来(一四)……一躰

毘沙門天(六三)……一躰

本地大通知勝仏(五五)……一躰

以上　八十八躰　仏軀十五種

即ち之だけの異った仏を之だけの数刻んだわけである。例えば表の示す通り、大日如来は六躰だけ刻んだのである。それは札所第四番大日寺、第二十八番大日寺、第四十二番仏

木寺、第六十番横峯寺、第六十一番香苑寺、第七十二番曼荼羅寺、是等六寺の本尊大日如来である。又は刻まれた毘沙門天は一軀である、一軀よりない。それは第六十三番吉祥寺の本尊である。従って上人が四国堂に勧請したものは右十五種の仏である。(今日「如意輪観世音」と題したものがあるが、それは如意輪千手であるから、千手観世音の中に入る。又「子安観音」もあるが、之は恐らく聖観音の一つに代るべきものであろう)。

誰も彼が是等の仏を刻んだ速度に就いて、云い忘れることは出来ぬ。刻み終ったのがその年の十一月晦日であるから、費された期間九ケ月、平均すれば三日弱に一軀、早いものは一日で仕上げた。如何なる精力がこのことを可能ならしめたのであるか、驚くべき出来事である。而もかかる努力が間断なく二百六十日の間続くのである。彼は既に若者ではない。八十四歳の老翁であった。

裏に書かれた日附及時折光背の側面に記した札所番号によれば、彼は八十八個の本尊を、二、三の例外を除いては、正しく札所の順番に刻み上げた。正しき遍路が行うのと同じである。即ち第一番阿州霊山寺の釈迦如来に刀を起して、第八十八番讃州大窪寺の本尊薬師如来に刀を終えたのである。

仏像の高さほぼ一定し、二尺三寸乃至同四寸である。下には荷葉、次には蓮台があり、その上に凡ての仏は光背を戴いて端座する。この様式に属しないものは只毘沙門天と不動明王と恐らく大通知勝仏との三つである。用いられた材料は多くは厚朴《ほおのき》である。栃代山《とじろ》から伐り出したと云われる。併し厚朴のみならず種々の木材が用いられた。従って重量にも差があり、木目も異り膚も様々である。ひいては刀の跡も或ものは鮮かに、或ものは渋る。木は生木《なまき》を用いたのであろう。多くは後に条が入り、時としてその亀裂は甚だしい。彫像も材料の原形によって屢々支配せられた。或時は幅せまく、或折は厚味なく、又或ものは円味に欠ける。

頭髪、眉、又は薬壺には墨を加え、唇には朱が添えてある。毘沙門天及不動明王にある焔も又朱色である。光背の周円に沿うて表にも裏にも梵字が書かれた。光背裏にある中央の大梵字はその仏の持つ種字である。そうして仏躰の背面には悉く左の字が書いてある。只仏名と日附とが各々異るだけである。一例を選べば、

日本千タイノ内（なり）
聖明安穩增寶壽
千手觀世音大士　正作 天一自在法門
天下安樂興正法　木喰 五行菩薩 八十四歳（花押）
寛政十三酉（歳）六月廿七日（ニ成就ス）

時折り光背の側面に番号の記入がある。例えば「四十三番」とあれば、札所第四十三番予州明石寺の本尊千手観世音を指すのである。彼は恐らく「四国遍路道中記」の如きものを座右に置いていたであろう。今日彼自らが筆写した「四國八十八所詠歌」と題したもの

がある。寛政十三酉歳七月十四日の日附であって、第十番切幡寺の詠歌で終っているが、是等の之も等しく、かかる道中記から写しとったものであろう。(目撃者の談によれば、是等の仏に添えて大黒天像が一躰あった。併し今は失われて行衛を辿ることが出来ぬ)。

扨是等の仏軀を納置するために彼は一つの堂宇を建立し、名づけて「四国堂」と呼んだ。(村の人々からは「木喰堂」とのみ呼ばれている)。堂は彼の血縁の一属、伊藤氏の家から東方僅か半町ばかりの所にある。そのあたりは通称「ぬたのほう」と呼ばれている。北は小丘を負い、南は渓を見下ろして遠く常葉川《ときわ》を眺める。松の老樹に厚く囲まれた静かな個所である。堂は僅か二間半四方の小さな建物に過ぎぬが、構造極めて堅牢に組み建てられた。屋根は茅葺である。西面して立ち、前にのみ扉があり、三方は壁である。その三方の壁面に沿うて堂内には三段の棚を設け、そこに仏軀を並置した。天井は格天井《ごう》であって、一つ一つに梵字を書き入れてある。又堂内に高く札を連ねて施主の名を記し、そうして奉納の額面を掲げた。五輪形に刻んだ供養の柱塔もその中に在ったと云われる。堂内の横木には唐草の彫があった。この堂に勧請したもの、「弘法之像」、「彼自身之像」及び「大黒天像」をほかにして、凡てで八十躰、残りの八軀は特に彼を助けた南沢村《なみさわ》の施主へ内仏として送った。(今日もこの内の五躰は残存する)。この次第は今日残っている円形の板に記された上人自筆の文字で分る。(直径八寸、この板の半面には、彼を終りまで助けた十三人講中の名が記してある)。(本書「木喰上人略伝」五八頁に転載してある)。

奉　納

四國八十八所講中蓮（連の誤）名〆十三人、　一、丸畑ノ村ニ八十躰、ナミサ（ハ）ムラニ〆テ三（八の誤）躰、〆テ八十八ケ所ナリ、日本廻國為供養ナリ、日本廻國八宗一見之行拾大願之内本願トして佛を佛師國々因縁有所ニコレヲホドコス。皆日本千躰之内なり、

寛政十三酉歳三月六日ヨリ同十一月晦日メ、九月メニ皆成就ス

享和二戌歳二月八日開現（眼の誤）供養納敬白、

開山　天一自在法門

木喰　　八十五歳

五行菩薩　（花押）

之によってこの堂が享和二年正月の末頃までには出来たことが分る。つづいて二月八日開眼の法会をつとめた。越えてその月の二十一日、彼は二つの稿本を草した。一つは「四《し》国堂心願鏡《こくどうしんがんのかがみ》」と題し（本書に既載）他の一つは「懺悔経諸鏡《さんげきょうもろもろのかがみ》」と題した。前者に於いて四国堂の縁起併びに自伝を語り、後者に於いて真言の宗旨を短く述べた。村の者への遺《かた》みとも考えたのである。再び順礼のはてしない旅に出るべき日が、彼に迫っているからである。いつこの村を去ったかは詳かではない。併し恐らくその年が暮れた後、再び帰ることのない旅に出たようである。

この仕事が半の頃にあった時、幾多の蹉跌が講中の中にあったことは自伝に明かである。「成就する事も覚束なく存じ」と彼は幾度か繰り返して言った。併し終りまで踏み止った十三人の講中は上人を篤く信じた。「千躰の内」、最も重要な部分を占める是等の仏は遂に成就せられた。かくしてこの驚くべき堂宇と供養仏とは、訪う人もないこの村で、宛ら閉じられた真言秘密の如く、百余年の歳月を沈黙に過ごした。村の人々は幼い頃から「木喰さん」の名を聞かされている。彼に就いての驚くべき幾つかのことが口から口に伝えられた。今から十年の前までは毎年続いて上人の法会が催された。旧二月十五日、村の人々は若い者も年老いたものも、木喰堂に詣でては、香をたいた。

併し時は遷った。とり返し得ぬ運命が突如この堂に迫った。それは大正八年である。上人を我が家から産んだ伊藤家の本家たる伊藤藤作氏は、その堂が私有のものであることを主張した。村の人々と争った後、遂に僅かばかりの金のために、凡ての仏躰を商人の手に移した。村の者が悲しむ間に、それは苞《こも》に包まれ遠く市川大門町まで運び去られた。つづいて横浜や甲府の町に現われ、遂に離散する運命を受けた。やがて残る堂も毀され、それが只の用材として切房木に持ち去られたのは、その一二年の後であろう。せめて格天井の一枚をもと思って尋ねたが、今はその行衛も知る由がない。大方薪として役立たせたのであろう。堂を囲んでいたという松の大木も悉く切り去られて了った。四国堂の跡「ぬたのほう」には、今は只一基の供養塔だけが叢の中に棄ててある。石であるため、幸い風雨にも朽ちず、運び去られもしないのである。それを見出した時、私は上人のために淋しく思い乍ら、もとの位置と思われる個所に安置しておいた。だが三週の後私が二度そこを訪ねた時、石は再び叢の中に棄てられてあった。

併し運命の戯れは不可思議である。行われたこの罪業によって、上人の作は始めて街頭へと出た。世人が奇異な想いを以てそれに眺め入る場合は遂にきたのである。偶々今年の正月、私の眼がそれ等の仏に迎えられ、遂にこの研究に入るに至った縁起については、以前に述べた通りである。

上人が丸畑在住二ケ年余りの間に彫造した仏軀、総じて九十八躰である。五智如来、山神、自身之像、大師之像、長沢寺阿弥陀像、四国堂へ勧請した八十躰、南沢《なみさわ》へ贈った内仏八躰、ほかに大黒天一像、〆て九十八個になる。その内今も尚丸畑に残るもの十六躰、内別すれば五智如来、山神、内仏五躰その他丸畑田上《タノウエ》にある小祠に供養仏中の五個だけが分納してある。風雨に朽ちて哀れである。内一個は火災に逢ったため、原形は判じ難い。古く丸畑で失われたと思われるもの四躰、内三躰は内仏の分である。丸畑から街頭へと出たもの自像及大師像を合せて総数七十六躰、そのうち今日までの調査で現存の判明したもの凡そ五十躰、震災その他で消失の厄に逢ったもの十躰余り。それ故八十八躰仏のうち、将来見出さるべきもの尚十四、五躰はあろう。

その他四国堂に奉納せられた額面二枚幸い今日残存する。それぞれに和歌一首が陰刻しである。上人の自筆自刻である。

四國どふ　二世あんらくは　なにやらむ
　天下泰平　國土あんおん
　　寛政十三酉極月十八日

四國どふ　ぼだいのみちは　とふくとも
　ちか道みれば　なむあみだ佛
　　享和二酉（戌の誤）十一月晦日

何れにも自署花押がある。「どふ」は「堂」と「道」とをかけたのである。右の内第二の一首、信仰の披瀝として上人の作歌中、特に卓越したものと云わねばならぬ。二枚ともその筆蹟極めて優秀である。

丸畑に於ける上人の彫刻に就いて、私は語るべき事実を語り終った。併しその芸術的価値に就いて論ずべきことが残されている。私はその代表的な作として、対象を八十八躰仏にとらねばならぬ。

三　八十八躰仏の美

彼の作を前に置いて眺める。類例の稀なその仏軀、単純に深く刀を入れた蓮台、元素的な角度からなる光背の後光、法衣に流れる太き豊かな線、総じて示さるる無心な大胆な表現、包まれる深く強い宗教的魅力、彼に歴史の前がなく又後を許さぬ。

見る者は誰もその作が独創的だと言い切るのに躊躇を感じないであろう。伝統的様式から離れ得ない者には、顧る価値がないとさえ思われるかもしれぬ。又は僧侶の余戯に過ぎぬとも評するであろう。それ程彼の作は固定した形式からは自由である。私達は創造が何を意味するかをその中に見ることが出来る。併し独創ということを単に伝統に終らぬ意にとってはならぬ。まして伝統に反する謂に解してはならぬ。自由であった上人にとって、伝統への執着がなく、又伝統への反抗がない。反抗に活きねばならぬ程、彼の心境は不自由ではない。独創は彼の工風になったのではない。彼から無心に生れたのである。上人にとって独創への執着がどこにあろう。この心境が彼の作を比類なきものにしたのだと私は考えている。

彼の作には摸倣の跡がない、従って何等のマンナリズムを持たぬ。ある作風への固守もなく、又慣例的な様式もない。何々の主義が彼の作を創るのではない。彼には旧習への追従もなく、同時に新奇への作為もない。彼には因襲への愛がなく、又因襲への憎みがない。昔禅僧が「憎愛なければ、洞然として明白也」といったが、彼の達し得た境地も、又果し得た結果も、その自由を私達に示している。彼の遺作から感じ得るものは、凡てが彼のものだという事実である。私は彼を日本が産んだ最も独創的な仏師として紀念すること

地蔵菩薩（三六〇頁）

を躊躇しない。支那のどこに彼のに類した仏があろうか。

彫刻家としての彼の位置が、特に幕末に於いて、何を意味するかは自ら明晰である。宗教と宗教芸術とは運命を共にする。推古から天平、更に鎌倉から徳川にかけて、流れる歴史を見るならば、それは一途《いちず》に下降である。漸次信仰は薄らぎ、作為のみが跋扈《ばっこ》する。末期の作を見よ、技巧のみが錯雑になり、人為に傷ついて美は沈んでいる。彫刻が例外なのではない。一般芸術にもこの傾きが流れている。徳川時代の仏像でこの犠牲にならないものがどこにあろう。あの古代の単純な活々した作に比較し得るものを、そこに求めることは許されておらぬ。然もその末期である寛政の頃に再び信仰に深く萌して、自然に手法を任じた木喰上人を見出している。彼の異例な位置に就いて疑わしき個所は残らぬ。

嘗ては仏僧と仏師とは一体であった。信念もなく仏に刀を下す非礼は近代での出来事である。信仰と技術とは分離せられた。僧侶たることと彫刻家たることとは区劃せられた。信仰は美なくして語られ、美は信仰なくして表現せられた。分業に傷つくこの末世に於いて、私達は仏僧と仏師とを兼ね備えた上人を見出すのである。彼の作が如何なる位置を近代で占めるかは明確な事象ではないか。私達は何故推古の時代や、中世の時代に驚くべき宗教芸術があるかを知っている。それを偉大ならしめている同じ法則が、上人の遺作を保証していると私は考えるのである。私はそれ等のものを玄人の作とか素人の作とか分けることが出来ぬ。宗教芸術に「なくてはならぬ一つのもの」が、その美を守護しているのである。

信仰は私達の生活を簡潔にする。信心に錯雑する規定はない。信念は無心である。慠る知識は篤い安心を産まない。信心は単一である。煩雑な疑念は宗教を遠ざける。単純の深さが信徒の住む世界である。単純は粗雑ではなく無心は無知ではない。かくして信仰の芸術は常に単純な美を表示する。人為的考慮は芸術を産まない。推古の美は純一な美ではないか。末期の醜は錯雑が産む醜ではないか。この時代に在って、而も美を単純へと帰した上人の作が、如何なる意義を持つかを見忘れてはならぬ。どこにも無益な作為がない。単純であり自然である。この意味で彼の遺作は古作品に通じると云わねばならぬ。誰が之を徳川末期のものと思うことが出来よう。時代を知らせないなら、人はそれ等の作られた時期を遠い過去に数えるであろう。

単純への復帰、若しも之が現代芸術の目途であるなら、彼の彫刻が現代に寄与する処は多いであろう。若しも正当に理解せられたら、彼が近代の人であるということに、吾々は一層の名誉を感じることであろう。私は彫刻家としての彼の価値が、速かに吾々の間に認識されることを決して疑わない。彼の齎らす意味は重く、彼が及ぼす影響は深いであろう。彫刻の分野に於いて特に暗黒な現代の日本に、彼は松明《たいまつ》を掲げる人ともなるであろう。

彼の取り扱った手法を見よ、又その表現に心を注げよ、如何に凡てが単純であるか、法衣の線は僅かである。陰は濃く澄んでいる。刀は荒い。その跡には躊らいがない。蓮瓣は単純である。光背は簡潔である。そうして相貌は天真であり、律動する。凡ては元素的である。費された刀の速度は逡巡を許さぬ。手法には狐疑がなく、表現には遅滞がない。凡てが率直である。目なきものには児戯とも思えるであろう。技巧を弄ぶものは、それを作品だとも言わないであろう。併し或者の冷やかな笑いを越えて、驚嘆の叫びは声高く響くであろう。時は早く来るにちがいない。日本が上人を産んだことを誇る日は遠いことではないであろう。

彼は巧みに作ることにも無頓着である。同時に拙く作ることにも無関心である。よし彼が技巧を知らないのを意識した場合があっても、彼はそれを恥しいとは思わなかったであろう。彼は彼の刻むものが如何なる結果に終るかを気遣わない。彼の信仰に安心があるからである。巧みに作るがために作るのではない。醜さを恐れつつ作るのでもない。結果は弥陀にまかせてある。彼は使わされて刻むのである。至心の志であるから動かすことは出来ぬ。彼は刻むそのことに喜悦を感じたであろう。併し刻まれたものには無心だったであろう。その美しさに彼も打たれる時があったなら、彼は自らを誇りはせず、恵としてそれを讃えたであろう。若し醜さに気附く時があったら、彼は彼を憐む弥陀のいることを尚も信じ入ったであろう。

その折彼はもはや八十四歳の老翁であった。だが偉大な天才の一生に屢々見られるよう

十一面観世音（三六〇頁）

に、彼は老いて益々健やかであった。老に沈むのではなく若さに帰るのであった。九品堂《くほんどう》の作とこの四国堂の作とを比べるなら、如何に彼の心霊が鮮かさを増してきたかが分る。彼は降り坂にあるのではない、頂きに近づきつつあったのである。驚くべき生気が凡ての作に満ちている。そこには生命が躍る。強さは加わり、深さは増してくる。どこにも不鮮明な個所はない。私達は是等の仏が如何なる努力で出来上ったかを知っている。休みなき製作である。中止なき仕事である。木喰の戒行四十年が、彼にこの旺盛な身体と健全な精神とを与えたのであろうか。

そこに咏嘆はない。弱さはない。私達はそれ等仏軀に衰えた彫刻家を見る場合がない。活きるにしては、彼の悟得は既に静かだ。もはや夢みる世界に活きる齢を越えた。移る華かな美に心は動かない。常と無常とを悟り得た後である。美しさへの執着がどこに残ろう。或見方からすれば彼の作は醜《みにく》いとも評されるであろう。だが「自在の法門」に入った彼に、醜さへの躊らいがどうしてあり得よう。況んや美しさへの反抗がどこにあろう。彼は凡てに無心である。美に装わないのは美が欠けているからではない。醜く見えるのは醜さがあるからではない。近代の人は醜さから新たな美を捕えようと欲した。それなら上人の作を近代的であると呼ぶことさえ出来るであろう。只、今の時代が反抗の時代であるに反して、上人の心境は既に美醜不二にまで達している。美に対し醜を選ぶならそれはまだ煩悩である。併し上人にはもはや嫌択がない。

誰にも気附かれるものは、仏の顔に現わされた表現である。どの仏師が彼のように深く微笑を仏軀に取り入れたものがあろう。彫刻史上微笑仏は彼に始まり彼に完くせられたと言い得ないであろうか。彼はその口とその頰とに微笑を与えなかった場合はない。宛ら三界に迷う魂を、その微笑に摂取するかのように見える。苦しい時も悦ばしい時も、仏の前に佇んでみよ、凡ての謎が説くなき境に解かれる想いがする。而もその微笑が笑いに破れた場合はない。彼はこの秘義をどこから捕え得たのか。

微笑みに於いて仏は私達に親む。彼等は遠い彼岸にいるのではない。この世の岸辺を私達の間にまざって歩いてくれる。若し徳川時代が平民文学の期とするなら、彫刻の世界でそれを最も深く代表するのは彼の作だといわねばならぬ。民衆が上人の選んだ友達である。誰か秘仏として彼等を厨子の奥深くに封じるものがあろう。彼の作は路傍に立つ祠に置かれねばならぬ。それは私達に話しかける。私達を離れるにしては、余りに人間である、豊かに垂れかかる耳朶、太く短き鼻、濃く長き眉、円かにふくるる頰、親しげな眥《まなじり》、微笑《えみ》を漂《たた》える口もと、それ等は皆この世の福祉ある所有である。一般民衆の親しい所有である。善男善女の典型がそこに写されている。仏は誰をも彼の親しい相手とする。仏は寺を出て町に歩み村に来る。彼は教理を説きはしない。彼は知識を待ちはしない。彼の交わりはもっとじかである。彼は私達を待ちわびている。而も尚犯し難いその微笑、心を厳そかにする彼の姿、是等の密意を作者はどこで体得し来ったのであろう。世間を越え得たもののみが、よく世間に交わることが出来る。三界無庵の彼でなくば、どうして何処をも彼の住家となし得よう。私はあの有名な「十牛之図」にある「入鄽垂手《にってんすいじゅ》」の相をその仏に見、又上人に見ることが出来る。仏は上人自らである。如何にそれが彼自らの姿であるかは、彼「自身之像」が保証しているではないか。凡ての仏はそれぞれに上人の化身である。

（一九二四、八、二五）

越後に於ける晩年の遺業

一　序

信念に活きる一人の願主、彼に信じ入る十三人の講中、力は協《あわ》さり八十八躰仏彫像の大願は成就せられた。併し「日本千躰仏」の心願はまだ終りを告げぬ。上人は故郷を離れ帰らぬ最後の旅へと発足した。時は恐らく享和二戌歳の臘月又は翌三亥正月のことであろう。

運命が何れの方向へ彼を導いたか、又何処に彼の錫《つえ》を留めさせたか。是等のことに就いては今まで一つの文献も見当らず、最後の生涯は秘められた巻に封じられてあった。南国や西国を経て故郷に帰ったばかりであるから、必ずやその余生は北方に於いて過ごされたであろう。だが依るべき文字も事実もなく、私はその予想を充たすために空しく探査の日を重ねた。

然るに大正十三年九月のこと、小宮山清三氏が越州に旅した折、遂にそれを知るべき縁《ゆかり》が結ばれたのである。同伴者に刈羽郡小国《おぐに》郷の人があった。談偶々《たまたま》上人のことに及んだ時、彼の作がその村の太郎丸真福寺に在ると云うことを聞いた。九月九日、小宮山氏はまげて旅程を変え遂にその地に入って、親しく上人の真作四躰を目撃することが出来た。裏には実に享和四子の文字、即ち故郷丸畑を去った以後の日附である。実にこの調査によって匿れた謎を解くべき糸口《いとぐち》は発見せられた。

太郎丸から一つの丘を越えれば、次の谷鯖石川《さばいしがわ》に出る。そこの西野入村に安住寺と云う古刹がある。噂によればそこにも上人作三十三躰仏が現存すると云う。私は報を得て急ぎその地には近い柏崎に住む友人、吉田正太郎氏にその下調査を依頼した。同氏併びにその友人がこの仕事に向って払われた熱心な努力は、遂に一個所から他の個所にと移り、越後に於ける上人の活動が、驚くべき場面を私達の前に展開し出した。意を決して自ら調査の途に上ろうとした時、偶々未知の友広井吉之助氏から懇切な手紙を受けて、同氏の故郷、古志郡東山村小栗山《こぐりやま》にも三十五躰の上人作が現存することを報告せられた。

私は日程を計り旅装を整《ととの》え、遂に十月十一日の夜東都を出発し、広井氏と共に越後へと指した。翌十二日から十九日までの八日間、古志《こし》、刈羽《かりわ》、東頸城《くびき》、中頸城《くびき》の四郡に亙って、間断なく企てた私の旅は、遂に壱百七躰と云う驚くべき多数の仏像を発見せしめた。又この旅に於いて広井氏始め、特に吉田氏等が私に送られた厚誼は忘れ難い記憶である。又

「越後タイムス」が上人研究に払われた援助に対しても深い感謝を捧げねばならぬ。十月に入れば越後の空は日を蔽い、雨が降り続く故、その用意するようにと注意せられたが、この旅が続きし間、空全く晴れ渡り、秋の山々美しく彩り、日光暖く照り幸な旬日を送ることが出来た。この研究に上人の見えない加護があると思うのは不自然であろうか。

この調査を終えて以来、今日まで更に発見せられたもの十躰に及ぶ。今後更に幾躰かは、埋もれた忘却の土から発《あば》かれるであろう。上人最終の活動に就いては、まだ詳くは知られておらぬ。併し丸畑以後凡そ二ケ年余りのことに就いては、ほぼ凡てが分明にせられた。私はその驚くべき内容に就いて筆を執らねばならぬ。

晩年に於ける上人の活動を記すことは、人間に潜在する限りなき精力を語るに等しい。又は信念が何を成就し得るかの事実を記すに等しい。之から私が書き下そうとするのは、上人の齢八十六歳から八十八歳の間の約二ケ年のことに就いてである。既に彼の廻国の行願は終りを告げ、「八宗一見の行想」は成就せられた。併し千躰仏彫像の心願はまだ満されておらぬ。老齢の上人は暖国に於いてその余生を楽もうとするのではない。北国の空に彼の長い努力の一生を完うしようとするのである。彼は専念製作に余す年月を送った。仏躰に記された日附を見れば、如何に間断なく彼がこの仕事に精進したかが分る。古くから信仰に篤い越後の国が、上人を迎えたことは極めて自然である。恐らく一国に於いて、この国ほど上人の作を多く持つ所は他にないであろう。越後は近き将来に上人の名に於いて、その名誉ある宗教的歴史をいや高めるであろう。

越州に達するまでに、甲州と信州とを横切ったであろうが、どの村々を過ぎ、どの寺々に仏を刻み残したかに就いては、まだ何事も知られておらぬ。凡そ半年の月日がその途上に於いて過ごされているから、今後信濃路《しなのじ》に於いて幾個かの作は発見せられるであろう。私がここに述べ得る上人の活動は越後の中央、古志郡《こしぐん》から始まる。

二　小栗山観音堂

時は享和三亥晩春の頃、法衣を纏う上人の姿が信濃川の辺《ほとり》に現れてくる。個所は古志郡であるから中越である。あの妙見《みょうけん》の絶景も必ずや上人の目に触れたであろう。そこから南へ僅か十町ばかり、朝日川の小流が注ぐ所を浦柄と云う。そこから東に分れる一条の路は、上人の足を東山村へと誘った。左手に急坂を攀じた所に小栗山《こぐりやま》と呼ばれる寒村がある。訪う人も稀な山間の一部落であるが、「八犬伝」を読む人には「牛の角突」の地として記憶に止るであろう。だが今日以後はそうではない。木喰上人の小栗山として、山古志《やまこし》の歴史に消えない筆の跡を止めるであろう。

村の家々は高き丘の側面に掛《かか》る。西南へと展望は開かれ、見下す渓間《たにま》を越えて幅広き信濃川が遠く銀色に光る。又しても上人はこの優れたる位置を選んで信仰の礎を置いた。下に万有を照らさんがために法光は高き位に輝くのである。小栗山の凡ての家は今その堂の下に眠る。

上人を迎えた篤信な者は弥五左衛門と云った。(今の広井勝之丞氏の祖である)。その家に今も残る一個の内仏は上人がこの家に宿っていた形見《かたみ》である。(阿弥陀如来の座像であって丈一尺五寸ばかり。心なくも何人かが粗悪な金箔を塗ったため、私はもとの美しさを述べることが出来ぬ)。村には古刹福生寺があるが、上人との関係は今日伝っておらぬ。彼に関する凡ての物語は小栗山の頂に建つ観音堂に集っている。

堂は今も尚健全に残る。建物もその境内ももとはその村の庄屋広井十郎左衛門氏の私有に属していたと云われる。嘗て通称「京畑《きょうばたけ》」と呼ばれる家で、その堂を借り受けたことがあった。然るに誤って失火し、もとの堂は烏有に帰した。「京畑」は村でも指折らるる名家であったが、傾く不運の家は、再建の企図も半にして終った。見知らぬ旅僧がこの地に来たのは、丁度その頃であったと云われる。今日残る堂が上人の意匠になったと云い切ることは出来ぬ。併し彼の力によって成就せられたと云うことは出来よう。間口三間半、奥行三間、前面に添えられてあるのは階段と廻廊。柱強く、棟《むね》高く、飾りの彫刻又豊かである。その奥深き所に上人は三個の室を設け、総じて参拾五個の仏軀を勧請し終った。

内三十三躰は大悲の像、西国三十三番の供養仏である。本尊は如意輪観世音、尨大なる一軀、丈七尺九寸五分。残る三十二躰の内、千手観世音大士十二軀、十一面観世音五躰、聖（正）観世音合せて六個、如意輪の像四躰、準胝は二軀、子安観音は一像、ほかに馬頭観世音二軀、その内の一躰は三面である。凡ては座像。丈各々二尺四寸内外。是等を成就し終った後、更に二個の像を刻み添えた。一つは行基大菩薩像、丈四尺。他の一つは大黒天神、丈四尺〇五分。二躰共に八月二十四日の日附である。是等合せて三十五躰、悉くが一本の銀杏から作られたと云い伝わる。樹はもと岩間木にあったのである。

施主を募ったのは六月の頃からであろう。本尊を外にして、残る三十二躰の悲母の像には悉く八月朔日作の記入がある。之はその日に最後の一躰を刻み終えて、凡てに同一の日附を入れたのである。恐らくは是等の彫刻に一ケ月余りを要したであろう。本尊の日附は八月十八日であるから、之は十八日目に成就したわけである。残る「行基」と「大黒」とは各々三日間ずつ。彼はいつもの精力と速度とを以て一気に刻み上げた。

八月二十四日、凡てを成就した時、彼は五輪形に杉板を切って施主の名を記した。丈凡そ三尺、幅三寸ばかり。彼は天井裡《うら》にそれ等を並べて施主の功徳を紀念した。今日残るものの僅か一枚。表と裏とに記された文字は次の如くである。

先祖代々過去帳一切有縁無縁等

奉納西國三拾三所観世音大士一躰ノ施主　浦柄村 清左エ門

南無大師遍照金剛

享和三亥歳八月廿四日

同じ月の末、恐らくは開眼の法会が営まれたであろう。善男善女は村々から集り、上人を囲んでくゆる香と読経《どきょう》とのうちに、敬虔な一日は過ぎたであろう。仏を仰げば、誰もが笑顔《えがお》に迎えられる。不思議や見る者にも仏と同じ笑顔が泛ぶ。見つむれば並ぶ仏の中に、彼等の姿が交る。見よ、それ等の仏には素朴な、善良な、不器量な、愛嬌に満ちた、頬のふくらやかな、鼻の大きな、耳の垂れる彼等の姿が宿る。それは菩薩にして又衆生、衆生にして又菩薩。見る者はくつろぎ乍らこの説くなき説法を聞くのである。

作を手にして気附かれるのは、その極めて荒い刀跡である。如何に迅速に休む暇もなく刻んだことであろう。手法は丸畑時代に比して一層荒く単純である。一気に出来上ったものであろう。表面を滑かにし美しくする如きは彼の知らない所であった。或ものは余りに粗であると云う誹りを受けるであろう。或ものは余りに醜いと評せられるであろう。併しそれ等の非難を受け容れても、尚仏は不可思議な魅力を顔に漂《たた》える。様式は八十八躰仏とほぼ同一であるが、纏う衣や千手の位置には著しい変化が見られる。一層単純化せられ模様化せられた。作として良きも拙きも交《まざ》るが、二躰の馬頭観世音の如き、その忿怒の相に於いて、法衣の線に於いて卓越した作品と云わねばならぬ。本尊は巨大であるが美には乏しい。併し並ぶ幾多の悲母の顔には忘れ難いものが数多く残る。行基の像は立像である。頭巾を被い、衣の中に合掌し、微笑みつつ私達の前に佇む。上人は幾多の大黒天神を作ったが、ここに残るものは、その内の最も大きく又優れたものであると云うことが出来る。

凡ては虫の害をも受けず痛みは少ないが、悪戯《いたずら》な子供の仕業によって鼻を欠くものが多い。子供にとっては笑う仏が如何によい相手であったであろう。堂もよき遊び場であったため、天井に掲げてあった施主の名札も、玩具として持ち去られて了った。今日残る只一枚のものは、暗い片隅の塵の中に漸く匿れ場を得たのである。

この小栗山《こぐりやま》では上人に就いて僅かに口碑が残る。仏を刻んだのはいつも夜であったと云われる。誰もそれを見ることが許されておらぬ。開眼の日までは不浄の眼に触れるべきものではないからである。昼間は上人にとってはことのほか多忙であった。何故なら十大願の一つとして、彼は病める者に治療を行ったからである。霊験が口から口へと伝るや、彼を慕うて集る者は夥しくあった。彼は彼の信仰に於いて、病魔を弱き者の身から放してやった。彼の加持祈禱に於いて奇蹟は目前に示現せられた。賽銭がこの堂に集って、馬に幾駄か積まねばならぬ程だったと云い伝わる。上人は子供達に好かれた。多くの者が彼のまわりで遊んだ。夜になれば村は始めて静けさに帰る。上人は堂に籠《こも》る。間断なく響く鑿《のみ》の音が夜の空に冴え始める。下削《したけず》りは川上と云う大工（今の忠次郎氏の祖）が手伝ったと云われる。仕上げる時には人を近づけない。八十六歳の老人はかくして休むことなく三十余体の仏を刻み上げた。人はいつ上人が眠るのかを知らない。夜が明ければ又病める者の友であった。

村には今稿本「木喰うきよ風りふわさん」が残る。半紙三枚よりなる。載せられた歌十四首、別に木喰十八大願の項目が添えてある。「享和三亥歳三月十日ニ書」と記してあるから、恐らくこの小栗山に達する前に記したものであろう。このほか村には三四の軸物が残る。日附を見れば何れも後より幸便に托して村の者へ届けたものであることが分る。隣村岩間木にも遺作があると云われる。上人に用材を寄進した者に酬いた贈物であろう。作はその年の秋に刻まれたものと云い得よう。

上人は小栗山で越年した。北国の吹雪が村を閉ざし又上人の足を閉ざしたであろう。はや一年近くの時は流れ、この村での心願も成就せられた。彼は来る春を心待ちする。去るに臨み彼を助けし者に形見を残し、享和四年三月廿日と日附けを書いた。丈一尺五寸の内仏である。十一面観世音の像。今「五郎兵衛」の家に残る。(現戸主、鈴木佐吉氏)。之は別れのしるしである。

三　太郎丸真福寺

漸く自然も冬の眠りから目覚める頃である。上人は山を降りた。あの雪に埋もれていた小千谷《おぢや》の町は、今は日光を浴《あ》びて甦ってきた。信濃川を渡ってこの町を過ぎれば、上人の足は小国《おぐに》峠へとさしかかる。旧三月の頃であれば、木の芽も萌え出で、寂しき山も若葉に色づき、雲は切れて青空は光に満ちたであろう。八十七歳の上人は杖をつきつつ、渓間《たにま》を縫《ぬ》う坂路を昇りては又降る。峠を越えれば次の谷が展望に入る。彼はその夜をどこに宿るか、彼も知らないのである。併し彼を守る仏のみはそれを知っている。「任運無碍」の上人である。丘を降れば歩みは檜沢の辺りで左へと折れた。

そこは刈羽郡小国郷《かりわぐんおぐにごう》である。川に沿うて横わる小さな村々のうちに名ある一つの古刹がある。それは誰も知る太郎丸の新浮海禅林《しぶみぜんりん》真福寺である。村を下に横えて小高き丘の上に寺はその位置を占める。眺むれば暗き杉並樹を通して、白壁に輝く本堂が見える。それは元禄時代のよき様式を今も留める。上人はこの寺の賓客《まろうど》となった。彼を厚く迎えたのは真福寺十五代円成《えんじょう》和尚である。

多くの寺々は上人の名を忘れたが、この寺ばかりは篤く上人を覚える。盆の月九日の晩と十日の朝は、常には淋しいこの寺も詣でる人々で賑かである。本堂の裏手に小さな堂があって、大悲閣と名づけられる。その中には有難き一つの御像《みすがた》が勧請してある。村の信仰はここに集る。詣でる者は一枚のお札を受けるが、中央に蓮花に座《すわ》る観音が画かれ、「天一自在法門、木食五行菩薩作、北越　刈羽郡　太郎丸　眞福寺」と記され、上に一首の歌が添えてある。

立　木　観　世　音

生木にも　こゝろをかけて　ねがひなは
二世安樂の　たそくなるらん

立木観音（三六一頁）

像は上人の自刻にかかり、歌も上人の自作にかかる。「立木観世音」、又は「梨木観音」と呼ばれるのは、立木の梨に彫刻せられた観世音の像だからである。この像に関し村に伝る思出多き由来を、私もここに語らねばならぬ。

或る日上人は村の人保坂庄助氏を訪われた。（今の上坂正男氏の祖である）。庭にある梨の大木が上人の目にうつった。霊木であると感じられたのであろうか。見えない一つの仏躰がその中に宿るのを見られた。五月十八日朝まだき、普門品《ふもんぽん》を誦《とな》え乍ら、上人はその樹の周囲に垣を作られ、一人中へと入られた。やがて聞こえたのは鑿の響きである。上人は立木に向って刀を執った。潜む仏を顕わそうとするのである。越えて二十日被いをとれば、合掌する悲母の像が、微笑み乍ら現われている。

樹はそのままに生い育ったが終に朽ちたため、樹の上下を切って像は村の大日堂へと勧請せられた。続いて天保五年今の真福寺へと移され、当代に及んで別に一堂が建立せられた。篤信なものが手向ける香の薫りは、百余年の間像をくゆらし、今は既に色黒く、木は年を経て虫に痛む。併しその姿は今も昔と変りなく、いつもの微笑《ほほえみ》を泛べている。浮彫、丈二尺三寸、頭には光背を、下には蓮台を、そうして仏は正面し、眼をつぶり掌を胸に合せ、有縁の者をも無縁の者をも、普ねく救わんとする心を示す。纏う衣、その線は単純であり又鮮かである。両側から被いかぶさる樹皮は、自《おのず》からな額縁である。（因に云う、保坂庄助氏はその法名「一品善英居士」、文化十三年七月廿二日歿。彼の一孫女不具なりしもその容姿この観音に酷似せりと云われる)。

今も尚この立木観音への帰依は深い。五行菩薩の御作として人々には霊験があらたかである。併しこの真福寺は尚も偉大な上人の遺作を蔵する。質に於いても量に於いても卓越した作品を有する。

寺に達するや私達はなだらかな、正しく石に敷かれた長い階段を上る。上りつめる時、健かな美しき建物が私達の前に佇む。それは凡ての者が過ぎねばならぬ寺の山門である。この山門に納置せられる大なる仏軀二躰、まごうことなき上人の真作である。

そは二王尊、阿吽の二像。向って右、口を開く者は相向。向って左、口を閉ずる者は不可越。相向は理徳を示す女性。不可越は智徳を語る男性。大日経に云う、「門々に二の守護あり、不可越と相向なり。手を擬て而て指を上げ、朱目にして忿怒形なり」。将に山門に在って内に法光を護持し、外に不浄なる魔を征御しようとする。誰もこの門を過ぎずして内に入ることは許されておらぬ。

二躰共に丈八尺、用材は欅、台座の上に直立する。僅かに腰に軽衣を纏い、四肢及胸部は裸像、一つは杵《しょ》を執り一つは拳を握る。頭髪は頭上に束ね眉毛太くして逆立ち、眼光内に輝き、一つは歯を露わし、一つは口を引き締め、動かんとする両手と共に、将に迫ろうとする風情である。衣の襞《ひだ》、筋肉の条《すじ》、何等複雑な跟跡がなく、至純にして簡素。之程単純な手法があり得るであろうか。それは二王尊に通有な伝統的誇張を持たぬ。その表現、全く一切が独創にかかる。相貎から姿勢から四肢の位置まで悉くが彼の想意から生れる。この偉大な創意の前に、誰が解剖的知識の不足を中立て得ようや、誰が小なる手頭を咎《とが》め得ようや。誰が規則への無視を難じ得ようや。誰が阿吽の位置が左右顚倒すると詰り得ようや。凡ての是等の誤謬を越えて、尚その美は輝き真は迫り、力は漲る。唐宋以来上人に於いて始めて二王像の一様式が新しく創造せられたと言い切ることが出来る。

この二王尊は寺に於いても篤く尊重せられた。真福寺で用ゆる祠堂諷経の回向文に云う、「上來大乘妙典如來壽量品偈を諷誦する功徳は二王尊施作木喰五行上人當山亡僧伽等各々品位本朝人皇歴代皇帝各々神祇當寺開基諸精靈等當寺結縁祠堂の檀那合山清衆の六親眷屬七世の父母法界の含識等に回向す」云々。

何人にも認められ得る特色はそれが健全な民衆芸術であると云うことに集まる。版画を知る者は、それが如何に力士の図に似るかを想うであろう。(明治初年、小国村の出身であった両国梶之助が、この二王像を特に信仰し、蘭人を倒し得たという話が村に残る。加賀侯からの拝領と云う古渡白羅紗の前掛けが、両国という二字を止めて門内の壁に奉納額となっていたのも、古い昔のことではない)。示される力とても、あり得ざる想像のものではあらぬ。それはこの世に潜む力である。人々はどれだけ分り易くかかる表現によって護法の意味を感じ得たであろう。「力はお前達の中にもある」。そう是等の仏像は吾々を励ますように見える。それは民衆の中に活きる力である。上人は彼の彫刻に於いて宗教を民

二王尊（三六一頁）

衆の所有にさせた。

仏躰の裏面に記入された文字によれば、「相向」を作りしは享和四子四月二十一日、「不可越」を成就せしは同五月二日。いつものように次の字を台座に記した。「日本廻國八宗一見之行想、十八大願之内、本願として佛を佛師國々因縁有所にこれをほどこす、皆日本千タイノ内なり」。八尺大の一躰を作るに要した日数僅か十日間。八十七歳の老翁から如何なる精力が溢れ得たのであるか。この二王尊は内陣に隣する室中《しっちゅう》に於いて刻まれたと云われる。刀をとったのは夜間のみである。上人は線香の光りで鑿をあてた。下削りは一人の大工が手伝ったと云われる。名は長谷川松太郎。(今もその子孫は残る。現戸主長谷川彦作氏)。仕上げは誰にも手を触れさせない。又何人にも見させない。併しどうしてあの小さな老僧が百貫目もあろうと云う木材を自由に廻すか、大工にはそれが不思議でならなかった。禁制を犯し或夜ひそかに上人を偸《ぬす》み見ようと欲した。その刹那突如一喝、大なる声が響き渡った、「大工、見ているな」。彼はふるえ上った。どうして彼が見ようとするのを感じているか。彼はそれ以来二度と上人を覗《のぞ》き見る勇気はなかった。

村に伝わる話は数々である。二王尊の用材欅は、もと諏訪井村の白山社に在ったと云われる。一本の木からあの巨大な二躰を得たのであるから、如何にそれが大木であったかが分る。それを太郎丸に運んだのは四月の初めであろう。山門の坂に於いて遂に動かなくなった。だが上人が出て一度音頭《おんど》をとりそれを指し招くや、車は易々として坂を上り切った。太郎丸には嘗て大火があった。だが火は山門の下に来て急に方向を転じた。「二王様が大きな扇で火を消されたのだ」と誰もが云う。是等の話は既に伝説に属する。私達はそれ等のことを信じ得ずとも差支ない。伝説を産む程の上人に信じ入ればそれでいい。上人への記憶が殆ど何処でも絶えた今日、この村ばかりでは「お上人様、お上人様」という篤信な声を聞くことが出来る。（敢て云う、越後の国に於いて上人を偲ばんと思う者に向って、私はこの地を訪うことを勧める。堂宇もよく、寺域もよく、彫刻もよく、又信仰もよい）。

いつ上人がこの寺を去ったかに就いては、明かな記録が残らぬ。寺には更に一個の彫刻が残る。金毗羅大権現、丈一尺六寸八分、厨子に封じられていたため保存完全である。その表現の法、類例極めて稀である。巌上に半跏し、布を頭より纏い、手に念珠を支え、眼球打ち開き、人の魂を見入る風情である。裏に記された日附は、享和四子八月十三日。之によって見れば、上人は八月中旬までは尚真福寺に在ったと思える。併し六月以降二ケ月間の作は一つも残らぬ。

最近、三島郡西越村大釜谷《おおがまや》に於いて同じ年の八月十七日作「薬師如来」一躰が発見せられた。日附を見れば、「金毗羅大権現」を作るや否やその村に入ったと思える。その折の滞在は僅か旬日。像は丈一尺六寸五分の内仏であるが、蓋し上人作薬師像として最も優秀なものの一つと言い得よう。顔は微笑みにこぼれるばかりである。薬壺を載せる手巾、又は法衣の襞、甚だ美しい。

太郎丸には多くの筆跡が残る。(記されたその日附に六月以降のものはない)。或は九字、或は六波羅蜜、或は仏名、或は聖徳太子画賛、或は南無阿弥陀仏の六字六歌。就中優れているのは保坂氏の子孫に今尚伝えられる「龍水」の二字、墨痕鮮かであって、明かに宗教幻像の作である。

四　西野入安住寺

渋海川《しぶみがわ》に並んで刈羽郡を南北に貫く流を鯖石川《さばいしがわ》という。享和四子歳夏八月の下旬、私達は上人の姿をこの川の辺に見出している。彼は縁《ゆかり》あって南鯖石村西野入安住寺に入った。太郎丸からは丘を越えて僅か二里。寺は曹洞宗である。

境内の小高い丘に西面して立つ一つの堂があった。屋根は深く杉の陰に被われ、静かな位置を占める。明治初年の頃までは残り、村の人々からは観音堂と呼ばれている。その中に幾段かの棚《たな》を設け、仏躰が安置してあった。総数三十三躰。用材は一本の銀杏から得たのであって、樹はもと村の薬師堂の境内にあった。云うまでもなく仏は三十三ケ所の本尊に因《ちな》んで刻まれたのである。故に凡ては悲母観世音の像。丈各々二尺四寸ばかり、いつもの如く蓮台の上に座し皆光背を戴く。

記された悲母の名は数多く、或は如意輪、或は十一面、又は千手、準胝、聖、晶中宮中、白衣、吉祥、天笠蔵王、馬頭、子安等。日附の最も早きは九月八日、最も晩《おそ》きは十月九日。それ故平均一日に一躰強。記入せられた日附が正しいならば、時として三躰を一日に刻み上げた。何人かが彼を助けて下削《したけずり》をしたとしても、殆ど信じ得ぬばかりの速度である。時は残暑の頃である。恐らく人を避け昼となく夜となく汗に滴りつつ休みなく刀を執ったのであろう。

だが彼の努力は、愚な者の行為のために遂に空しくせられた。今も三十三躰は現存し、保存甚だよく、墨の跡も亦鮮かであるが、誰もそこに上人の刀跡を見ることが出来ぬ。

仏師「方丈様、こんな見苦しい仏様は私も見たことがありませぬ」
和尚「ほんに、素人の作では致し方がない」
仏師「一つ私が手をかけて立派なものに致しましょう」
和尚「それではお頼みするとしようか」

………………………………

仏師「何しろ三十三もあっては、削り直すにも並大抵では御座いませんでした。それにもとがあの拙い作り方ですから。蓮台からお袈裟、御面相から円光まですっかり仕上げました。それに今度は眼や眉毛に丁寧に墨を入れましたから、全く見違えるほど美しくなりました」

和尚「真に之は立派になった。やっと仏様らしくなったわい。之なら本堂に納めてもよい」

こんな会話が浮ぶ。無智から来る取り返し得ない結果が来た。今日も安住寺の本堂には「美しくせられた」その三十三躰が並んでいる。越後はいつか上人の地として人々の足を招くであろうが、安住寺ばかりは上人を慕う人々を迎えることは出来ないであろう。之も埋もれた上人の上にふりかかった命数の一つであろうか。併し上人は凡てを許し凡てを耐え忍ぶ。

五　鳥越大日堂

一ケ月の多忙な努力が終り十月中旬開眼の法会を営むや、上人は直ちに安住寺を去った。川に沿うて北へと登り、まもなく田尻村に入った。同村安田小字鳥越に一小堂宇がある。大日堂と呼ばれ又行屋《ぎょうや》とも呼ばれる。上人がここに凡そ旬日の間留まったしるしとして私達は今二個の彫刻に接しる。

一つは「大吉祥天女」、文化元子十月十六日作、丈二尺三寸。他の一つは本尊大日如来、同年同月十八日作、丈三尺三寸。近年に及んでまたこの「拙い作」を化粧し厚く五彩を施したため、今は見るに堪えぬ。この地に於ける滞在は僅か半月であるから、恐らく是等の他には多くの作を遺さなかったであろう。上人はその折施主を紀念するために、仏躰の裏に人々の名を記した。私が読み得たものは次の如くである。「當村中施主、與兵エ、惣九郎、佐エ門、吉右エ門、助右エ門」、以上は吉祥天女像。「表エ門、源七、與兵エ、喜エ門」等、以上は大日如来一躰の施主。村には多少上人に関する伝説が残る。併しそれが果して五行上人に結ばれるものであるかどうか、尚疑いが残る。

六　枇杷島十王堂

文化元年十月下旬、上人の足は柏崎へと指した。二十有四年の昔、汀に立って佐渡島を見たのもこの辺《ほとり》である。嘗ては「行者行道」として、今は「五行菩薩」として再びこの地に入った。その砂浜に注ぐ水は鵜川と呼ばれる。音もなく幾度か迂折するその流れを上へと辿れば、やがて枇杷島村に入る。嘗てはその辺りに流れを利して掛けられた一つの水車があった。伝えによればその小屋から三月《みつき》の間、屢々鑿《のみ》の音が洩れた。誰もそこを覗くことは許されてはおらぬ。だがそこに居《い》るのは上人である。そうして刻まれているのは幾個かの仏軀である。

今日その村を貫く街道に沿うて、「十王堂」と呼ばれる新しい建物が見られる。そこは枇杷島の小字沢田である。刈羽郡高田村字黒瀧にある曹洞宗龍雲寺の末寺であって、今一人の尼僧がその堂を守る。昔あった建物はもはやその面影を止めてはおらぬ。だが幸いにも上人が勧請した仏軀総じて十二躰が、殆ど何等の毀損も見ず、香の煙りに染められて、今も尚堂内に現存する。

　十王堂に安置する像であるから、冥土の十王が本尊である。一に秦広王、二に初江王、三に宋帝王、四に伍官王、五に閻魔王、六に変成王、七に太山王、八に平等王、九に都市王、十に転輪王。この内第五は即ち閻魔王である。上人はこの十王尊に添えて老婆の像を刻んだ。「葬頭河婆《そうずかばば》」と題され三途の河にいる女鬼である。

　冥府に在って、犯せし罪業の軽重を審議する判官であるから、その相貌は威厳に満ちる。瞼《にぎ》打ち開き、眼光輝き眉毛太くして上り、或者は口を開き、或者はくいしばる。又は手を拳り又は笏を保ち、又は鏡を支える、凡ては力の表現に溢れる。中でも傑出するのは琰魔大王の一躰であろう。丈三尺一寸、十一月十三日の作。冠には「王」と強く陽刻せられ、口開き歯露われ、鬚《ひげ》は長く胸に垂れる。眉間には三本の条太く集り、つり上る眉毛の許に残りなく開く。王は台上に正座して、来る者を目前に引見する。上人の歌に云う、

　　みな人の　ゆかねばならぬ　闕もりに
　　　ぬけみちもなき　ゑんま大王

残る九躰の王、威風の表現互に類似するが、或は冠に或は口に、或は手に或は持物に異

った相が見られる。丈は大王より低く作られ皆二尺四寸ばかり。早きは十一月九日、晩きは翌年正月廿二日の作。是等の十王尊よりも、作として一層驚くべきは「葬頭河婆《そうずかば》」の一軀であろう。

丈は二尺三寸、十一月十五日作。所謂「奪衣婆《だつえば》」の像。「十王経」に云う「葬頭河《そうずがわ》の曲《ほとり》、奪衣婆《だつえば》あり、亡人の衣を剝ぐ」。見るからに一人の老媼、三途川の巌《いわ》に座し、罪ある者の衣を奪って衣《え》領樹《りょうじゅ》に掛けようとする。怖ろしき眼、嘲る口、垂れかかる乳房《ちぶさ》、露わるる肋骨、肌《はだ》ぬげるその姿、凄愴の気に充ちる。蓋し宗教芸術に現われた奇醜《グロテスク》の作品として最も優れたものの一つであろう。残る上人の歌に、

しでの山　つるぎの山は　こへもせよ
　　三途の川は　こすもこされじ

是等十一軀の冥土の判官を物凄く刻んだあとで、上人は之とは変る愛憐に充ちた一像を尚も刻み添えた。文化二丑二月十一日の作、裏には「賓頭盧尊者《びんずるそんじゃ》」と記してある。同じ台座に座《すわ》り、手を合せ微笑《ほほえみ》を顔中《かおじゅう》に漂《ただ》え、凡ての者に悦びを贈るかのように見える。丈一尺八寸二分。十王尊との対比鮮かであって、一層各々の意味を助け活かしている。

是等の仏像の作年月によって、上人が枇杷島村に滞留した期間を定めることが出来る。それは文化初年十月下旬から、文化二年二月中旬まで、凡そ百二十日間。之だけ長い期間のことであるから、恐らくは一堂宇も彼によって建立《こんりゅう》されたであろう。村には今二三の

遺墨が見出されてあるが、恐らくはこの種のものも更に多かったにちがいない。

滞留の時期が示す通り、上人はこの村で米寿を迎えた。彼は之を紀念するために、正月元日、自像を版木に刻ってその上に一首を添えた。縦一尺一寸、幅五寸、上半は歌を陰刻し、下半は自像を陽刻した。そうして彼の心願を助けた幾人かの施主に贈り届けた。木版画として上々の作である。

見れば年老いた上人は既に禿頭である。だがその鬚《ひげ》はいつものように豊かに垂れる。右の肩肌を脱ぎ手を法衣の中に拱《つか》ねている。幸《さち》あるいつもの微笑が眼と口元に漂う。添えられた一首にこの折の心境を見ることが出来る。

木喰の　身ははちぼくや　あけのはる
　おもしろそふな　ぎよけいなりけり

「はちぼく」は云うまでもなく「八木」であって「八十八」の意である。上人は肖像の側らに「八十八」の朱印をおした。この木版画は幸い今小栗山に一枚、太郎丸に二枚残存するが、上人を殆ど忘れ去った枇杷島村には、まだ一枚も見出されておらぬ。

是等の遺作が彼の滞留の思い出として今日に伝えられる。だが八十八歳の上人の尚も多くの思い出が、続く幾つかの土地にも残されてある。

(因に云う。今年（大正十三年）の九月末日、遠州の一寒村狩宿《かりしゅく》に於いて、同じ十王尊と奪衣婆と合せて十一軀の仏躰を発見することが出来た。冥府の気相貌に深く現われ、作としては一層優れていると言い得よう。惜しい哉、その保存甚だ悪く、台座は凡て朽ちかかっている)。

最近、刈羽郡高田村上方《かみがた》に於いて一像が発見せられた。作は文化二丑歳正月廿二日であるから、彼が枇杷島村に滞留せし間に作られたことが分る。もと隣村大洲村曹洞宗洞雲寺にあったものであって、「永平開山道元大和尚」の像である。丈二尺二寸三分。上人が真言の開祖のみならず、禅僧をも彫刻したことが之によって分る。作は甚だ稀有であり且つ優品である。

七　大清水大泉寺

米山の薬師を知る者は、又大清水の観音を知るであろう。鉢崎《はっさき》から南に二十町余り、海辺に向って走る小高い丘である。登れば幾里かの海岸が眼下に見える。右手には聖ケ《しょうが》鼻《はな》、前には波にけぶる佐渡が島、長く引く汀の線が左につきる所は鳥ケ首岬、その上には遥かに火打山が聳えて見える。自然を御する位置は、又霊をも御する。ここが霊場として選ばれたのは無理もあらぬ。今も山門、観音堂本堂の建物は揃《そろ》う。詣でる善男善女も今に絶えない。まして昔はどんなに賑わしく順礼者の足を集めたであろう。寺名大泉寺、新義真言宗である。

文化二丑年二月末、雪を踏んでこの山に登るや、上人は再び仕事にと急いだ。真言宗開祖の二像が選ばれた題材である。一つは弘法大師の座像、丈三尺〇五分。右手には金剛杵《しょ》を、左手には念珠を。大師は冥目しつつ私達に向って座る。三月二日作（上人は誤って三月を二月と記した。因に云う、上人は弘法大師像を屢々刻んだ。今まで知られているもの五躰）。他の一つは興教大師、新義真言宗開祖の像。三月七日作。眉毛太く眼打ち開き、口を引きしめ、顎に縦四つの条《すじ》強く入り、手を衣の中に固くつかね、吾々に対して正座する。金剛の理智一切を通すが如く、不撓の意志万有を貫くが如く、鮮明なる性格真に迫る。

是等を刻み終って尚幾個かの仏像へ刀を下した。今まで見出されしもの二体、一つは大日如来、三月十四日作、丈高く三尺九寸五分。他の一つは頻頭盧尊者《びんずるそんじゃ》同月十六日作。このほか大泉寺は尚多くの作を蔵したであろうが、上人への記憶は薄《うす》く、残る是等の四個も既に早く門外に出で、今日では個人の所有に帰した。

併し寺は今日彼の滞留を紀念する二個の作品を尚保存する。ここを訪う者は誰も知るであろうが、本堂の前に大なる一本の銀杏がある。三月の半《なかば》の頃、上人はこの立木に向って刀を執った。刻まれたのは子安地蔵である。いつものように顔には微笑みを泛べ、赤子を胸に抱き上げて、それを祝福するかの如く見える。丈三尺二寸。木は仏を抱いたまま尚も育っていった。併し七八十年も過ぎた時、刻まれた個所が朽ちて落ちるばかりになった。

道元禅師（三六一頁）

人々は木の前に小祠を設け、像のみを離して之に安置した。この仏に詣でる者は日に多く、篤く人々から帰依せられた。老木は内にうつろを生じたが、尚も枯れずに生い立っている。今も人々は夏の暑さをその木陰に忘れることが出来る。だが仏躰を祠《ほこら》の中に勧請してから、ある日見知らぬ仏師がこの「拙き作」を美しくしようとて、顔の凡てに手を入れて了った。微笑は消え、頰のふくらみは去り、耳朶は瘠せ、眼には墨が入り、もはや誰もそこに上人の作を見ることが出来ぬ。無知から来る悪業である。併し仏は朽ちたまま今も祠《まつ》られ、人々の礼拝を受ける。寺には上人への記憶は殆ど残らぬ。図絵にも縁起にも上人については全く無言である。

だがこの祠《ほこら》に一枚の掛額が残る。その上に上人の歌一首、まごうことなく自筆自刻である。

奉　妙　典

いきゝにも　心をかけて　願《たの》みくる
　たのむ人こそ　むなしかるまし

目撃者の談によれば、額の形も後人に改作せられた。額の裏面には字がある。記入せられた日附は文化二丑歳三月十二日。彼のいつもの心願を記し、自署し花押し、之に左の歌二首を添えた。

木喰の衆生さいどは　なにやらむ

木喰もいづくのはての行だおれ　たゞかんにんが　修行なりけり
いぬかからすの　ゑじきなりけり

滞留は約一ヶ月、恐らく三月下旬、上人は大泉寺を辞した。

八　大平《おおだいら》大安寺

丘を降《くだ》れば道は浜辺である。歩むこと半道ばかり、柿崎の村に達する。ここから恐らくは左折し中頸城《なかくびき》郡《ぐん》の村々を過ぎて下保倉《しもほくら》村へと入ったのであろう。東へと指す一すじの道は常に保倉川に沿うて進む。時は陽春の頃であるから、雪は既に流れに解けて、若葉がやさしく谿間を被うていたであろう。上人の足は浦川原、猪ノ子田、小谷島と深く誘われ、遂に大平《おおだいら》へと達した。そこは東頸城郡保倉村である。この道はあの有名な温泉松の山に続くのである。併しそこに達する間もなく、機縁は満され大平山大安寺に杖を留めた。曹洞宗の古刹である。文化二丑歳三月末のことであろう。

上人は即座に仕事にかかった。いつものように一本の大木から、彼は幾多の仏軀を産もうとする。選んだのは十六羅漢の半跏像である。不幸にも今日残存するもの僅かその内の三躰に過ぎない。併しそれによって私達は如何に十六個の原像が、その表現に於いて豊富な変化を示していたかを想像することが出来る。羅漢第七、加哩尊者、丈二尺二寸、四月廿二日作。第四蘇頻陀尊者、丈二尺二寸八分、四月廿四日作。第十二、那迦犀那尊者、丈二尺二寸二分、五月五日作。加哩は頭巾《こうむ》を被り、肌を脱ぎ、胸に手を合せ、眼を開いて前方に注ぐ。蘇頻陀は顔円く、耳を豊かに垂れ、眼をつぶり、静かな微笑みを頰に含む。衣はふくらやかに体《からだ》を被《おお》い、手はその中に静かに包まれる。那迦犀那はその姿勢異例であって側面を私達に見せる。合掌する手を衣につつみ、高く空を仰ぐかの如き風情である。顔の何処にも又微笑の相が溢れる。光背を背後にではなく、その側面に附したところ、驚くべき自由さである。一般に羅漢像として知られているものは、いつも奇怪に流れて不自然さが見える。併し上人の作は強て奇を衒った跡を持たぬ。長く在世して護法の任に当らんとする仏弟子の姿を、上人は驚くべき変化を以て浮び出させた。若し残る十三躰が見出されたなら、それは上人の彫刻にいや高き名誉を添えたであろう。上人は是等の作に於いて全く伝統を越えた手法と表現とを自由に示し得たからである。

本堂の前の小さな祠《ほこら》の中に、永く匿された小像がある。厨子の裡に封じられていたため、保存殆ど完全であって、墨色ももとのままである。「金毗羅大権現」と書かれ、「五月十二日」の日附である。丈一尺三寸三分。太郎丸の一躰よりやや小さく、様式は同じである。一小像に過ぎぬが、宗教的想像に豊かな者でなくば作り得ない作である。特にその眼は活きて何事か魂の世界を語る。併し今日大安寺が有するもので最も貴重な作は、上人自

那迦犀那尊者（三六二頁）

身の座像である。

文化二丑歳五月十二日作。丈二尺二寸四分。八十八歳の肖像。上人はいつもの彼が好む台座の上に安座し、右の肩肌を脱ぎ、念珠を手にして吾々に向う。円《まど》かなる頭、広き額《ひたい》、豊かに曲る太き眉《まゆ》、つぶれる柔き眼《まなこ》、福々しき鼻、愛に充ちたる口許、ふくらやかな耳朶、そうしていつもの房々《ふさふさ》とした頤髯《あごひげ》。静謐にして温雅の風、見る者の心をも和順の境に誘う。凡てを入るる広さ、凡てを温むる光、彼が身より輝き溢れる。見よ、上人は彼の頭上に光背を添えた。真に今菩薩の位に彼がいることを語る。「衆生よ、吾れに来り休めよ」と声なき声を聞く想いがする。あの八十四歳の折の自像と如何によい対比であろう。一つは動き一つは休む。

今日この山間の一寺院に残るものは以上の五躰である。今から六十年程前、この寺は一度烏有に帰したと云われているから、その折幾つかの仏躰はこの世を去ったであろう。是等の仏像と上人との関係も凡て忘却の幕に被われて了った。伝えによれば、火災の折、残れる木材から土地の大工が戯れに作ったのだと信じられていた。仏躰の裏に上人の名が明記してあるに拘わらず、それを顧る者すら絶えた。大工の一戯作、それ程上人の作は、つまらなき粗悪なものと考えられた。現に仏像は屢々子供の玩具となったようである。あの柔和な自像にも釘のあとが沢山残る。併し凡ての運命は微笑みの裡に忍ばれてきた。世からは匿れていたこの大安寺が、上人の名に於いて人々の記憶に登る日は遂に来たのである。

九　野田村熊谷《くまだに》

大安寺に於ける心願は成就せられた。併し凡ての心願はまだ終りを告げない。上人は運命の導きに又身を托した。道は再び北へと帰って、欅《ぶな》の木峠や中山峠を過ぎれば刈羽郡野田村熊谷《くまだに》に出る。上人は篤信な今井一家に迎えられた。五月中旬である。この家に於ける上人の滞留を紀念するものは、残る三個の彫刻である。

一つは「秋葉三社大權現」と裏書せられ、作は五月十九日、丈一尺七寸八分。半人半獣の像であって、下には大なる岩、上には焰が巻き上っている。示そうとするのは山神の精霊である。他の一つは「天満宮」、同月同日の作、丈僅か一尺二寸ばかり。冠をかぶり、手を膝の上に組み、笑いつつ正面して台座の上に躰を休める。共に刀跡は荒く、香に燻《くすぶ》り色は黒い。小像であるから内仏としての贈物である。是等の二像に対し、今上人自筆自刻の掛札二枚残る。「天満宮」と題する一つには左の歌が記してある。

かくふりすれば　はじの（か）きやく
ものか、は　か、ぬふりこそ　ものかきよ

残る一つは立木に彫りつけた立像である。梅の木であるため、之も菅公像として祭られ、毎年二月二十五日祭礼が行われたと云われる。最近見出されし掛札の一つにも「天満宮」「渡唐天神」と題されている。併しこの札のみは刻まれた文面よりしても字体よりしても、上人の自筆ではない。刻まれた像の様式や示される表現からすれば寧ろ観世音の姿に近い。越後に於いて生木に彫った三つのものの一つである。丈一尺五寸。梅はそのまま像を抱いて生長した。長い年月の間に皮は両側から被いかぶさり、像は今三寸程も奥深く沈んでいる。もはやこの老木も枯れ去って、像はあやうくも朽ちかかっている。作者は珍らしくも立つ姿を側面に刻んだ。一肖像に過ぎぬが、宛ら深い月明の夜に逍遥するかの如き風情である。手を衣の中に合せ、微笑みつつ静かに歩む。

滞在は旬日に満たず、上人は早くもこの村を去った。柏崎にと導く道が上人の足を誘った。(因に云う、以上の三躰は今悉く刈羽郡北条《きたじょう》村字北条《きたじょう》の木村重義氏の邸内に移されてある)。

一〇　椎谷坂ノ下

旧暦五月の末、頃は夏にも近づいている。北国の空は漸く晴れて、道の左手には青海原が見える。上人は今汀に沿う北陸道を北へと進んでいる。荒浜、宮川、椎谷《しいや》は続くこの辺《ほとり》の賑わしき漁村、かくして上人は観音岬へとさしかかった。この高い一角から望めば、碧水の下に岩床が冴えてみえる。眼を遠く放てばあの思い出の多い佐渡の島がほのかに見える。「法の燈火」はまだあの梅津の御堂に輝いているであろうか。上人も必ずや想いがちに岬を過ぎて坂をと降ったであろう。坂がつきるところ街道の右手に一つの小さな庵がある。上人の足は自《おのず》からここに留《とま》った。

今も尚この坂ノ下に堂は人知れず残る。上人の滞留を物語るのは、そこに納置される十三個の仏である。上人が記した「十三仏」の名は次の通りである。

如来蔵普賢菩薩　六月三日作
釈迦如来　六月五日作
地蔵菩薩　六月七日作
文珠大聖三世母仏　六月八日作
弥勒如来　六月十日作
薬師如来　六月十日作
観世音　六月十一日作
廿三夜勢至　六月十二日作
大日如来　六月十五日作
薬師如来（阿閦《あしゅく》如来）　六月十六日作
弥陀如来　六月十七日作
福一満虚空蔵菩薩　六月十八日作

風土尊（不動尊）　六月廿九日作

之は追善廻向の忌日に供養する十三の仏菩薩である。日附を読めば如何に上人が休みなく是等の仏を刻んだかが分る。各々の丈やや異るが二尺三寸前後、大日如来は中央に位する故丈高く二尺六寸。凡そ上人が刻んだ代表的な仏像の種類はこの一堂に集る。従ってその相貌、姿勢、表情等甚だ変化に富む。

併し私は何人にもこの堂を訪ねよと勧める勇気を持たない。何故なら上人が残した凡ての美は、心なき塗師《ぬりし》のために抹殺されているからである。今十三の仏は悉く見るに堪えない色彩に染まっている。私はあれ以上俗悪な顔料を想像するのに苦む。（私は切に庵主に望む。躇うことなくその色を洗いおとせよ、その化粧を棄て去った時、仏は色なくして自らを化粧するであろう。その時この世から埋もれたその堂は、それ等の仏の光に甦って来るであろう）。

百余年の月日は流れた。誰もこの村で上人に就いて語るものは無い。前を横ぎる街道はこの国に通じる要路とて、昔は人の往き来も繁かったのである。併し時は移り凡てはさびれた。堂もその位置も又その街道も海辺も昔と何の変りはない。だが信仰は変り記憶は変った。庵の前に「おこし」を鬻《ひさ》ぐ有名な老舗《しにせ》があるが上人に就いて又上人の作に就いて一つの知識をも持たぬ。

日附が示す通り「虚空菩薩」を刻み終ってから「不動尊」に刀を降すまで旬日の間があ

る。上人はこの間に一度椎谷を去って高田村新道を訪うた。恐らく招きを受けたのであろう。その村の龍松庵（通称観音堂）に今日二つの彫刻が残る。共に一尺三寸八分の小像。興教大師と弘法大師、前者は六月十九日作、後者は同月廿一日作。作り終って又坂ノ下の堂へと戻った。残る一躰を刻めばこの地に於ける心願は成就する。

願を果すや、上人は又戻らぬ旅へと足を進めた。七月の初旬である。刈羽郡を過ぎて三《さん》島《とう》郡に入ったと思える。（萱沼正俊氏の調査によれば西《にし》越《こし》村大《おお》釜《かま》谷《や》高橋伝吉氏邸内銀杏樹の許に小庵があった。もとそこに一軀が納置せられ、日附は文化二丑歳七月八日作であると云われる。若し之が真実なら、上人は道を椎《しい》谷《や》より石《いし》地《じ》、かくして出雲崎から折れてこの村に再び入ったのであろう。享和四子八月中旬上人が嘗てこの村に在ったことは前に記した）。

享和三亥歳夏の頃から文化二丑歳夏の頃まで、丸二ケ年、その間に成就せし仏軀、今日まで知られているものだけで凡そ百三十体。未発見のもの幾個あるかは興味ある未知数である。上人の精力が高齢であるに拘らず、如何に非凡な絶大なものであるかが分る。信念が益々心を活かし、戒行が更にその身を守ったであろう。かつは仏天の加護がその大望を成就せしめた。

示寂の年を九十三歳とすれば残るところ五ケ年。右の率を以て計上すれば、五ケ年間の遺作少くとも三百余躰が尚もこの世に埋もれているわけである。今までに刻み終りしものを加算するなら驚くべき量であると言わねばならぬ。而も質に於いてもその変化と独創とによって、独自の世界を示している。彼が示し得たその美と深さと至純とを誰が否み得ようや。その様式と表現、印度になく支那になく朝鮮になく、又日本に於いてすらないであろう。彼の不動な位置が東洋美術史上に認められる日は遠いことではないであろう。

（一九二四、一二、二四）

（因に記す。文化二年七月中旬以降の作で、今日知られているものは、八十九歳筆、大幅の薬師如来画像一幅と九十一歳作七観音のみである。後者に就いては研究雑誌第二号に記してある。他の作も夥しき数量に於いて埋没から露れるであろう）。

丹波に於ける木喰仏

序

研究は色々不思議な因縁で導かれていった。導かれたという方が至当である。上人晩年の事蹟に就いては、拠るべき一字の文献もなく、封じられた伝記として手を拱くより致し方がなかった。併し不思議な緒《いとぐち》から、それが漸次明るみに出されて今では寧ろ書き記すべきことで多忙である。幾多の彫像は発見せられ、貴重な古記録も五、六を数えるに至った。ここに記すのは文化三年半から同四年半頃までの一ケ年のことに就いてである。研究の扉は次の事情のもとに開かれていった。

大正十四年六月末から七月初にかけ京都で上人作木彫仏の展覧会があった。それが終った時私は未知の方から一通の便りを受けた。それには丹波の国船井郡の龍泉寺という寺に上人九十歳の遺作がある旨が記してあった。この報を送られたのは同郡須知町福満寺住幅沢万休師であった。最初私はその報せが殆ど不可能であるとさえ思った。何故なら丹波の僧で高齢まで働いた木食正弾の事蹟と混同されてはいないかという疑いがすぐ起った。且つ八十九歳の折木喰五行上人は信州に留錫しているので、幾許もなくその足跡が百五十里程も隔たっている丹波に転じていようとは信じ難いからである。併し兎も角その疑いを質すために時をうつさず七月十二日調査の途に上った。同行者河井寛次郎、浅川巧、岡本恒一、柳兼子及び余。汽車を胡摩で棄てた。幸いにもこの行によって凡ての疑いは一掃された。まがうことのない上人の作を船井郡高原村富田龍泉寺内に見出すに至った。之によって上人晩年の足跡に一大追加を生じた。ここで私は安全に次のことを予想することが出来た。上人の丹波に於ける遺跡は只この一寺に止るものでは決してないと。併し龍泉寺は手がかりになる一つの記録をも残しておらぬ。摸索は空しく終った。そうしてそれは一つの謎が解けたことによって、更に大きな謎を加えたに過ぎない。

併し再び導かれる日が音なく近づきつつあった。甲州の人上人は故郷に入る折又出ずる折屢々信州下諏訪の湯田坂を過ぎた。その近くに上人が宿ったと云う行屋の跡が残る。その附近から上人の筆になる一軸が発見せられた。それは同地長地村の今井弘樹氏の労によった。その一軸を納めた箱の蓋に思いがけない文字が発見された。それには上人が丹波国畑中村清源寺にいたということが記入してある。私はすぐ地図を按じた。併し畑中という地名は存在しない。私は寺名台帳によって之を調べるよりほか道はなかった。併しそれが何宗に属する寺であるか、もとより知る由がない。私は偶々大森禅戒師から借用した『曹洞宗寺名鑑』が手許にあったので最初それから調べることにした。然るに何の幸か、偶然にも最初開いたその寺名鑑で、船井郡に二個所清源寺なる寺を見出したのである。一つは摩気村に、一つは新庄村に。何れも畑中村ではない。私は二つの村役場に照会を発し、上人の遺作がもしや無いかを尋ねた。間もなく知らせは新庄村諸畑にある清源寺から届いた。そうして遂に上人の遺作が今も現存することを確めることが出来たのである。

大正十五年二月十一日、私は京都を立って八木で汽車を降りた。その折同行者は河井寛次郎、濱田庄司及写真師として桑名節。歩くこと一里ばかり、私達はその村に達し寺に達した。そうして驚くべき秘密が私達の目前に開けた。その羅漢堂の十六羅漢を始め、近くの蔭涼庵にも数体、〆廿八個の作を見出したのである。上人八十九歳から九十歳にかけての作物である。私はそれ等の遺作に就いてここに記録をとどめたく思う。

一

享和二年春のこと、八十五歳の木喰五行上人は故郷の甲州を旅立って、信州諏訪へと足を進めた。再び果しない旅への門出である。続く享和三年から文化二年に至る満三ケ年は越後での留錫である。念願を果すための多忙な上人をそこに見かける。越後の各地に点々として見出された仏像は今日実に二百余体、仕事を終え道を三国峠にとり再び信州に入ったのは文化三寅の春である。ここにも今幾個かの作が残る。それより故郷を過ぎ富士川を下り、道を東海道にとったと思える。何処が上人と縁《ゆかり》の出来た村々であるか、辿るべき記録はない。

京に入ったのは秋の頃である。まもなく上人は丹波の国へと指した。保津川の左にあるのは亀岡城下、そこを過ぎれば早くも八木の宿。上人はそこより東に当って山の麓に眠る一部落に足を留めた。昔は船井郡畑中《はたけなか》村である。今は新庄村と云い、畑中《はたけなか》と諸木《もろき》との地名を合せ、明治初年諸畑と云う字名を受けた。山寄りにあるそこの清源寺が上人の留った寺であった。時に文化三寅年秋十月である。上人八十九歳。寺は曹洞宗、寺号金龍山、向日町の永正寺の末寺である。その折の寺は今も茅葺屋根のまま残る。別に瓦葺の堂宇があって羅漢堂と呼ばれ、後に記す通り、そこに上人の滞留を記念する遺作が安置してあった。時の寺僧は清源寺十二世当観和尚であった。私は上人の入来に就いてその仕事に就いて書き記された古記録をここに挙げよう。中興の祖と云われた当山十三世仏海禅師の筆であって、当時の記憶が未だ新たな時に書かれたのであるから、多少の誤謬はあるにしても、上人に関する最も貴重な記録と言わねばならぬ。幸にも清源寺に原稿のまま保存せられた。(もとは漢文であるが読者のために和文にして掲げる)。

二

十六羅漢由來記

當時前住十二世先師當觀和尚は生れながらにして聰明朴質なり、好んで佛經祖錄を讀誦し書寫す、況んや眞像御影等を需《もと》むるに於てをや。往年文化三年丙寅の冬十月、圖らずも木食行者上人來入せり。嘗て行者の德名を聽く、則ち東海道甲國の產にて日向州國分寺の前住大上人なり。容貌を視るに顏色憔悴して鬚髮雪の如く皤《しろ》し、亂毛螺の如く垂る、躬《み》の長《たけ》六尺なり、壞色《えしき》の衣を著、錫を持つて來り立つ、異形の物色謂ひつ可からず、實に僧に似て僧に非ず、俗に似て俗に非ず、變化の人かと思ひ狂者の惑ふかと疑ふ。先師見て問ふて曰く子は何人ぞや。行者曰く、諾、某は木食五行菩薩なり、近頃志願に因て上洛す、遙に師の道風を聽くこと久し、故に來討す云々。先師禮を董めて相見し、則ち將に嚮應せんとす。曰く我れ誓願して五穀と鹽味とを食せざること茲に五十年なり且つ臥具を用ゐず、寒暑一に單衣、時變れども衣を重ぬること無し、請ふ高懷を煩はすこと勿れ、齢ひ粤《ここ》に九十有一歲なり（八十九歲の誤）、惟我れ廻邦して望むものは他無し、神佛に一千像を彫刻し及び加持を修して以て衆生の病苦を救はんと欲する已《のみ》なり。茲に於て先師飢人の美膳を護るがごとく歡喜讚嘆して曰く、我れ久しく、十六羅漢を拜請せんと欲して未だ果さず、望むらくは請ふ此《これ》を彫刻せんことを。行者の曰く唯是れ我が志願なりと雖も、加持を修する時は則ち人其の集り來ること雲のごとく屯し星のごとく到る、其數又謂ひつ可からず、斯の時に當つて之を如何ともする事無けむ、夫れ國君の政事、村中の役所、諸檀外護の間に障《ささは》り無きや否や。先師の曰く唯是最大事なり、檀那外ならず國政最も重し。急に諸檀を召して而して之を議す。皆曰く甚《なん》の妨《さまたげ》か是れあらんや、又曰く國政尤も嚴なり、官所に奏聞せば弘くして而して安穩なり。議終に決して則ち上書す、纔《わづか》に一日を歴て免許下る。孟冬十有八日（文化三寅十月）行者一室を閉ぢて則ち入る、人をして窺ひ視せしむる事を許さず、只晝夜斷えず刻工の響丁々たる耳。時に加持を望む者來る時は則ち干版を打ちて行者を呼ぶ、出で、加持或は十念を授く。初め來る者は五、七人なり、また三、二十人なり、恰も晨星の落々たるが如く、秋葉の飄々たるが如し、中ごろ遠くより風に趨る者或は三百或は五百、謂ゆる雲の聚り星の現はる、が如し、幾許若干の數、實に勝《あ》げて謂ふ可からず。玆に於て外護の諸君交々來つて客を接し事を辨じ用を達してこれを扶助す。曰く當村往古より以來《このかた》、是の如き盛事未だ曾て傳へ聞かず、眞に是れ希有なり、難有なり、不可思議なり。同年十二月八日本尊釋迦如來を彫刻し奉る。此夜上人御夢を蒙り上《たてまつ》り、歡喜の餘り、明日九日祝齋を設け披露して曰く、昨夜鷄鳴未だ曉に到らず、則ち東方焃灼然として紫雲簇《むらが》り降る、忽起して瞻仰《せんぎょう》すれば卽ち中央彌陀三尊來向せり、高聲に余に告げて言く汝が願望莫大なり、依て六百歳の延壽を與ふべし、其名を改めて神通光明明滿仙人と號せよ、余忍然覺寤す云々。此れより自ら五行菩薩を改めて明滿仙人と號す。來詣の者彌々繁し。

日盡き時窮つて玆に越歳す、丁卯（文化四年）二月念一日尊像都《すべ》て十有九體なり。圓成して而して開眼供養し了る。同月廿有五日、上人歸り出づ、本州（船井郡）高屋（原の誤）村龍泉禪寺迄送駕し了る。（弧内は私の添足である）。

三

私はこの記述を敷衍して丹波に残された上人の仕事に就いて語ろう。清源寺に入った時上人は八十九歳であった。筆者はその容貌を「顏色憔悴」と書いたが、之は老齢の上人への形容に過ぎないであろう。上人の健康は殆ど完全であり、精力は絶倫であったからである。「鬚髮雪の如く」とあるが、そうであったに違いない。自刻像を見れば彼の頤髯は豊かであった。「躬《み》の長《たけ》六尺」と記録してあるが、異数な彼の肉体的力を思えば、或は近い描写であるかもしれぬ。和歌にもよく記されているが、彼の纏うた法衣は常に鼠色であった。この灰色は僧俗一如の彼に応わしい色であったと云えよう。彼を目して「僧に似て僧に非ず、俗に似て俗に非ず」と呼んだのは、巧みな描出である。上人は俗を厭う幽棲の僧ではなかった。「こゝろ〴〵の中に住す」などよく書いたが「有縁無縁」の一切の衆生の中に活きるのが彼の心願であった。刻む仏像にもよくその心が現れているではないか。それは仏殿に高く位する金色の仏ではない。凡夫に交わる仏である。人々と共に涙をも笑いをも分とうとする仏である。

上人には幾多の大願があった。木喰戒はその一つである。四十五歳の時、常陸国木喰観海上人から戒を受け、それを厳守すること五十年に及んだ。上人の木喰戒は異常なものであった。肉食せず、火食せず、即ち火によって料理せるものを断ち、五穀を食さず、塩味を取らず只蕎麦粉に水を交えて常食となした。生活は極めて質素であった。最も異常なことは、この古記録も記すのを忘れなかった如く、終生臥具を用いず、寒い時も暑い時も法衣一枚で過ごした。蝦夷、奥羽、北越の寒さも彼の志をまげる力がなかった。

次の念題は「廻邦」であった。「日本廻國行者」とよく書いたが、北は松前庄から南は薩摩まで彼の足跡の至らない所はない。佐渡に四年、日向に国分寺の住職として十年、その他の殆ど凡ては遊行僧として暮れた。「三界無庵」とよく肩書したが、彼は家を棄て寺をも去った。願を発し安永二年日本廻国の途に旅立ってから、文化七年入寂するまで、時の過ぎること三十有八年。その足跡は日本上下壱千里を遥かに越えるであろう。

之に伴う彼の大願の一つは千体仏の彫像であって、廻国の途次有縁の各地にその作を遺し又堂宇を建てた。歳九十を越え遂に満願となり、更に二千体の念願へと進んだ。彼の故郷甲州はもとより、北海道、信越、東海、近畿、山陰、山陽、四国、九州、何処にも彼の刀跡が遺る。今丹波に見出される十六羅漢を始め、釈迦、阿難、迦葉の三聖等、皆千体仏中の一部である。彼の留錫した個所で彼の仏像を有たない所とてはない。彼の長生きと彼の精勤とは、真に夥しい数を産んだ。どんな彫刻家も彼程多作ではあり得ないであろう。

巡錫の途次彼は至る所で「加持を修し、衆生の病苦を救」うた。奇蹟の数々が行われたことは口碑や記録のあかしする所である。「遠くより風に趨る者或は三百或は五百……當村往古より以來《このかた》、是の如き盛事未だ曾て傳へ聞かず」と仏海は記している。上人を慕うて集る者は、時ならず一小寺を賑わせたと見える。

四

当観和尚は上人に十六羅漢の彫像を乞うた。施主はその村の明田氏、今もその一家には一つの内仏と二本の年徳軸とが遺る。寺伝によれば、苑内にあった欅の大木を以て、用材に献げた。この一本の木から二八の尊者を刻もうとするのである。仕事は文化三寅十月十八日より始められた。「行者一室を閉ぢて則ち入る、人をして窺ひ視せしむる事を許さず、只晝夜斷えず刻工の響丁々たる耳」と記されている。上人の仕事場は庫裡の裏手にあったと云うが、今はない。

仏体裏に記された日附を見ると、十六羅漢をほぼ順次に刻み、同月廿七日最初の二羅漢を刻んだ。いつもの如く仕事は早く進み、翌十二月廿日を以て十六体を刻み終り、更に釈迦、阿難、迦葉の三聖を続いてこの寺のために遺した。

だがその彫像の半に於いて、上人の一生には忘れ難い出来事が起った。記録は十二月八日、釈迦如来を刻み了った時と云っているが、之は同月十日伐那婆斯尊者を刻んだ折と訂正すべきが至当であろう。さもなくば仏体裏に記された上人自身の日附と合わない。だがこのことはさしたる問題ではない。その翌朝「鶏鳴未だ暁に到ら」ざる時、上人には瑞祥の聖夢があった。弥陀三尊が簇る紫雲に乗って来迎し、上人に高声に告げて、彼の尽きない大願を嘉し、六百歳の延寿を与え、名を改めて、その日以後神通光明明満仙人と号すべきことを語った。上人は歓喜して翌旦祝斎を設けた。かくして同月廿日に刻まれた阿氏多尊者の像から、五行菩薩の名は改められ、神通光明明満仙人と署名された。上人が八十九歳を終るその月である。

上人は清源寺に於いて年を越した。この寺に残したもの「無上三聖、二八尊者」〆拾九軀である。ほかに廿三夜勢至、聖観世音、住吉大明神の三小体が遺る。越えて二月念一日、上人は開眼の供養を終った。かくして更に近くの蔭涼庵のために、薬師如来、日光、月光の二菩薩、日出大黒天を刻み又九十歳の自刻像を遺した。蔭涼庵は同じく諸畑村字八木田にある曹洞宗の尼寺であって、法華寺末である。諸畑に遺る木喰仏総じて廿八軀。私は左に日附の順を追って目録を掲げる。

跋羅駄闍尊者	文化三寅十月廿七日作
迦諾迦伐蹉尊者	同　日
諾迦跋釐駄尊者	同廿八日
蘇頻駄尊者	同　日

諾迦跋釐駄尊者（三六二頁）

諾矩羅尊者　同十一月一日
跋駄羅尊者　同九日
迦哩尊者　同十一日
弗多羅尊者　同十七日
伐博迦尊者　同十九日
半諾迦尊者　同廿五日
羅怙羅尊者　同十二月二日
那迦犀那尊者　同五日
注荼半托迦尊者　同六日
因掲陀尊者　同九日
伐那婆斯尊者　同十日（この一体まで五行菩薩と署名）
阿氏多尊者　同廿日（この一体以後「明満仙人」と自署）
以上十六羅漢、清源寺

釈迦如来　同十二月（廿）四日（清源寺）
自刻像　文化四卯正月八日（蔭涼庵）
阿難尊者　同廿日（清源寺）
迦葉尊者　同廿六日（清源寺）

蘇頻駄尊者（三六三頁）

廿三夜勢至　同廿八日　(清源寺)
聖観世音　同二月四日　(清源寺)
聖観世音　同　日　(明田氏内仏)
薬師如来　同十二日　(蔭涼庵)
日光菩薩　同十六日　(蔭涼庵)
月光菩薩　同十七日　(蔭涼庵)
日出大黒天　同十八日　(蔭涼庵)
住吉大明神　同廿二日　(清源寺)

〆廿八体

上人作としての十六羅漢は、別に越後国東頸城郡保倉村大平大安寺にあって、文化二年春の作であるが、十六体のうち現存するもの僅か三体に過ぎない。然るにこの清源寺のものは凡て完全に保存されているのみならず、その中の或ものは上人晩年の作として最も卓越したものと言っていい。

五

それ等の凡ては今一堂宇に納めてある。呼んで羅漢堂と云う。この堂の由来に就いては、仏海和尚の筆になる「羅漢堂棟札銘並序」に明らかである。施主明田氏の寄進によって宝暦十二年大悲殿が建てられていたが、堂小さくして十九体の仏軀を納めることが出来ない。当観和尚は再営の志をたて良材を集め工を進めたが果さずして文化八年寂を示した。院務を受けたのは中興の祖と云われる仏海和尚である。文化九年再び工を起し翌仲春遂に上棟し、ここに凡てを納め名づけて羅漢堂と呼んだ。銘に云う、

「観音大士能化分身十六羅漢、擧掌屈申木喰行者明満願輪、興隆大義、信徳有隣」云々。

堂は二間半の方堂であって瓦葺、中に二段を設けて中央に釈迦如来、左右に阿難と迦葉、その前に十六羅漢が安置してある。釈尊の体裏に記された文字を見ると、上人は彼の亡き父母の菩提のために、それを刻んだことが分る。戒名を記して光室盛念上座、大蓮妙想大姉菩提としてある。丈四尺五寸一分、阿難迦葉は共にほぼ三尺、羅漢は凡て二尺三、四寸である。

清源寺に於ける上人の仕事は終ったのである。終ったことはそこを去るべき意味が含まれている。成し遂ぐべき大願は尚彼を待っている。文化四卯二月廿五日、多くの人々に見送られて上人は畑中の村を後にした。

六

道を園部にとり峠を越ゆれば須知の町、そこから遠からぬ地に龍泉寺と呼ばれる一寺がある。同じ丹波の国船井郡高原村富田小字岩内である。同じく曹洞宗、寺号雲居山、総持

寺派であって、今は檜山村和田龍福寺の末寺である。上人はその年の春三月をこの寺に過した。寺は不幸にして明治初年火災に罹り、只山門と庫裡の一部とのみが今残る。だが幸にも上人の留錫を紀念する作物が四体、難を免れて吾々に遺った。用材は銀杏である。

釈迦如来　文化四年三月三日作
阿難尊者　同　五日作
迦葉尊者　同　九日作
自刻像　同　十一日作

それ等の仏像は山間に安置されてあった。門は上人が去って後文化五辰四月廿三日に棟上された。右のうち自刻像は九十歳の像であって、今まで見出された自像のうち最も後のものである。龍泉寺には残る口碑もなく記録もない。恐らく之以外にも幾個かの仏像と、幾つかの軸物はあったであろう。併し寺の傾くと共に凡ての記憶は消え失せて了った。

いつ上人がこの寺を去ったか知る由がない。併し同じ年五月には京郊にあり、越えて八月には再び信州諏訪にその足跡が発見される。彼は休む折なく果しなき巡錫の旅にあった。下諏訪宮坂常次郎氏に今一軸が残る。上人筆「五点具足阿字」の梵字軸であるが、その箱に次の文字が記してある。この文字こそは私のこの研究に鍵を与えたものであるからここに転写しよう。

「此壹軸ハ三界ヲ表シテ書日本無流ナリ、京小室（御室）ノ宮様ヱ爲奉納謹書給ニ折節宮様入寂シ給故無因縁不能奉納此地迄持來給フ福舛屋發言シテ三度ヤ（屋）アツマヤ（東屋）右三人エ是ヲ貰フ後足袋（屋の字脱）ヲ加フ五行菩薩ノ產ハ甲斐國八代郡東川內領丸畑ノ住ナリ幼年ヨリ偏歴五十年來日本廻國ノ修行者ナリ日本二千體ノ佛ヲ調刻シ給フ岦文化三寅十二月丹波州船井郡畑中村清源寺ニヲイテ爲佛作逗留ス同十日ノ夜明方御夢想ニ汝諸願爲成就六百歲ノ壽名ヲ與卽神通光明明滿仙人ト號ストナリ」

記事は正確である。云う所の御室はもとより御門跡仁和寺である。宮様崩御のことが記してあるが、それは必ずや文化四年丁卯七月廿一日、四十九歳にして入寂せられた祢俊宮守典、御法名深仁の御事であろう。そうすればその頃入洛したことが分る。恐らく道を再び東海道にとり、駿州から甲州、甲州から信州へと入ったであろう。諏訪長地村中屋矢崎竹吉氏の家に伝わる「御廻国御宿控帳」に次の記入がある。

一　文化四卯八月吉日

　甲州河内郡丸畑村　木食明満仙人

之こそは上人の足跡を語る明確な記録である。

（大正十五年記、昭和七年訂）

不動尊（三六三頁）

甲府教安寺の七観音

一

教安寺に於ける七観音の発見は、上人の史実に又一歩を進めた。閉じられた最後の秘幕は之によって開き初めた。示された場面はまだ僅かであるが、それでも既に異数である。上人の年はもはや終りにと近づいている。而も心境は深さを加え刀跡の美は若さに帰る。記された文字も全く一変する。止ることなき一人格の発展が、鮮かに浮んでくる。彼は絶え間なく動き又進む。死が近づくのではなく、生が満ちてくる。

甲府は上人が故郷の都。幾度かここを過ぎ、遍歴に出でては又帰った。五十日の参籠を果し、行を修したのも此処の寺々。彼に信じ入る幾多の施主もこの都から出ている。彼には忘れ得ぬ数々の思い出があったであろう。今や廻国の心願も果し、北国に於いての休みなき歳月が、「千躰仏」の大願をも成就せしめた。彼は再び故郷の都にと足を向けた。

まだそう古いことではない。金手《かねのて》町の通りを歩めば、道に沿うて長く引く寺の土塀がある。その塀を越えて小さな建物の瓦が見えた。それは観音堂と呼ばれ、間口は二間半、奥行は三間半。その中に燻ぶる七躰の仏が安置してあった。誰が作りしか、何時刻まれしか、知る者はない。寺にも町にもその記憶は去り、凡ては等閑《ないがしろ》にせられた。遂に傾く堂は毀たれ、木材は他に流用せられた。仏は本堂の高き一隅に放置せられ、長い間暗さと虫との痛みを受けた。詣でる者もなく、香をたく僧もない。併し時は満ちた。刻まれてから百十八年後の今日、それ等の仏は驚きと愛とのうちに抱き下され、塵を払い躰を清めて、人々の視線を集めている。七躰の仏、宛ら過ぎし日を知らないかの如く、今も微笑を止めない。

寺名教安寺、浄土宗[1]。開山は便誉上人。開基より四百年余りを経た古刹である。寺のある甲府金手町は、木喰上人にとっては早くから縁《ゆかり》ある町であった。佐渡梅津の御堂にも施主の名の一人として「甲斐國甲府金手町名和善内」と記してある。檀特山御堂の梵字額の裏にも同じ名が見える。既に天明初年の昔である。それ故上人のことは金手町には早くから知られておった。上人が再び甲府に入ると聞くや、恐らく人々は長き好《よしみ》によって彼を招き、遂にこの町に留めさせたのであろう。

寺歴によれば文化初年、教安寺は烏有に帰した。中興の祖は鏡誉上人。工を起し終るを見ずしてこの世を去った。彼はまだ若年ではあったが傑僧であったと云われる。今日残る伽藍は彼の遺業である[2]。

老齢の上人が偶々金手町のこの寺に寄ったのは、丁度鏡誉在住の時であったと思える。二人の間には必ずや敬愛の心が交されたであろう。将に興ろうとする教安寺は、上人の滞留によって新しき一堂を加えた。時は文化五辰歳。上人の齢九十一歳である。

刻み遺されたのは七観音。仏躰裏に記された仏名は次の如くである。

如意輪観世音大士
千手観世音大士
聖観世音大士
十一面観世音大士
子安観世音大士
大バトウ観世音大士
大ジュンテイ観世音大士

もとより「大バトウ」は大馬頭、「大ジュンテイ」は大準胝の意。七観音の内には通則としては不空羂索観音があって、子安観音は入らぬ。「子安観音」は日本で新しく生じた観音の名である。七夜待大事に是等の観音を祠《まつ》る。

寺には今日上人に就いて一つの伝説も残らぬ。又一つの文献も見出されず、従って新しき史実をそこに学ぶことは出来ぬ。凡ての叙述は主として仏躰裏に記された上人自筆の文字に拠る。刻みしは皆文化五辰年四月中旬。「如意輪」及び「千手」の二躰を同月十四日に、「聖観音」及「十一面」を翌十五日に、「子安」、「馬頭」、「準胝」の三軀を翌々十六日に刻み上げた。七躰を作るに要した日数僅かに三日間。熟練の結果とは云え、高齢の人にしては信じ得ぬ程の精力である。

署名の傍らには人名が列記してある。彼の心願を助けた「世話人中」の名である。彼の筆によって不朽にせられたそれ等の者は次の四人である。川うらや伊四郎、ますや儀助、久保田屋平左エ門、小西や太兵衛。この四人の中で、今日も尚知られているのは「ますや儀助」の子孫ばかりである。

七躰は悉く立像。一群の像であるから丈はほぼ同じく皆二尺四寸余り[3]。光背を戴き、荷葉と蓮瓣との上に佇む。用材は恐らく厚朴《ほおのき》。烟に色附き黒く燻ぶる。保存よからず、凡ては虫に痛む。仏躰の姿勢、相貌、持物等皆異る。「如意輪」は頭《こうべ》を傾け右の手にその頬を休ませ、左手は胸にあげて衣を束ねる。満面に笑《え》みを漂え吾等に向って歩みよる。「千手」に見ゆるものは十一面八手。一双の手は胸に合掌し、その下なるは蓮華を支え、後《うしろ》にあるものは左右に円輪を保ち、残るものは、下に向って指を握る。眦《まなじり》はやや上り、僅かに笑みを内に含み、威厳を保ち眼を下に注ぐ。「十一面」は左手に甘露瓶を握り、右手にてそれを支える。冠に戴くのは十面の相、頭をやや左に傾け微笑《ほほえ》みつつ吾等を迎る。「聖観世音」はいつもの如く丈長き頭巾をかぶり、合掌し冥目し、微笑みを口に集め、優しく佇ずむ。衣の線は均等に刻まれ、両手より垂れて足許に及ぶ。「子安観音」は胸に赤子を抱いて育《はぐく》む。右手に衣を束ね、背を曲げ笑うところ、慈念の風情である。「馬頭」は冠に馬を戴き、鬣《たてがみ》は垂直に垂れて体の凡てを包む。眼始めて広く開き、口には固き意志があふれる。「準胝」は「千手」と殆ど同一の姿。六手にして頂きには十面を持たぬ。足を合せて直立し私達に向って微笑を贈る。是等の七躰、手法は簡素であるが、表現は多様である。

驚くべきは裏面に記された文字である。「千躰仏」の心願こそは既に一つの驚異である。個人として彼程多量に刻み得たものも少いであろう。この心願を成就するために、如何に絶大な精力を以て、このことに当ったかを私達は熟知している。而もそれは年老いた後半生期のことに属する。彼のこの希願が、果して実現されたかを或者は訝るであろう。併し教安寺の七観音を見るものは、鮮かな墨跡を以て「二千躰の内」と記されているのに気附くであろう。之は彼が「千躰」を既に刻み終り、更に別の「千躰」を開始したことを告げる。齢九十に達して而も尚千躰を更に加えようとする。倦むことなき彼の精進、休むことなき彼の心願、如何なる心境と躰軀とから、この希望と遂行とが溢れ出るのであろうか。信仰の人格に賦与せられた匿れた力の最高の記録ともなるであろう。

この心願に入るに及んで、彼は又彼の名を書き改めた。私達は既に異った二つの僧名を彼が用いたことを知っている。最初は「行者行道」である。恐らく木喰戒を受けた時、与えられた僧名であろう。次には自ら「五行菩薩」と名のった。この称号は彼が日州国分寺を再興した時期に始まる。時に寛政五年、彼の齢七十六歳である。この時行者は既に菩薩の位にあった。而も九十歳に至るに及んで、彼は菩薩の位をも去り、自らをここに「明満仙人」と自署した[4]。長い間五行戒は彼の清浄を守った。併し真に戒にあるものは戒にすら滞らぬ。「持《じ》犯《ぼん》不二」の境である。彼は「五行」の字を棄て「明満」と記した。身は既に光明裡にあり心は円融具足の境にあるからである。衆生を済度する菩薩をすら越えて、彼は既に霊界に活くる「仙人」である。人にして人に終らず、地に在って地に止るなく、生に在って生を去る。彼が住むところ仙境でなくして何であろうぞ。

まだ「行道」である頃、彼は肩書して「三界無庵無佛」と記した。無住に住み得るのも並ならぬ修行である。無仏に仏を見つむることも尋常の信念には出来ぬ。而も晩年「五行」と称する時、彼はその肩書を変えて「天一自在法門」と記した。自由が真に彼の法門であったからである。彼の行実を見れば寧ろ自由の権化が彼であったと言い得よう。而も最後に於いてこの字句をもとり去り、「神通光明」と書き改めた。既に仙境にある彼は、神通力の彼である。光明遍照の化身である。

是等の筆跡を見れば高齢の人とは考えられぬ。筆は太く、墨は滴り、走りは強く又自在である。いつもの如く和漢梵の字句、平仮名片仮名の文字、無心に併せ用いてある。

上人は既に刻みしものに就いては、何の執着も持たぬ。七躰を勧請し終るや、いつものように休むまもなく教安寺を去ったと思える。何処に行きしや、秘められた謎として残る。恐らくは甲州街道を東にと進んだであろう。伴った者に一人の僧侶がある。上人の甥である。甲府に入らんとする時、韮崎《にらさき》に於いて不思議にもめぐり逢ったと言われる。彼は老齢の上人を気遣って、その日以後は決して側を離れなかった5。

二

行道時代の作に於いても、表現は既に異例である。技巧の門は誰をもその境に誘わない。彼が通るのは自在の法門である。栃窪の十二神将を見、又佐渡九品堂の自像や高野氏所蔵「如意輪」の小像を見れば如何に出発に於いて、既に独自の世界があったかが知れる。進んで五行時代に入れば、彼は何処に於いても彼自身であった。その絶頂は八十八躰仏に現れ、更に越後の遺作に見られる。微笑の秘義が深く包まれたのもその頃の作である。最初から単純が彼の手法に示される特質である。それは年を追うと共に一層純化せられた。熟達の結果ではあろうが、更に彼の心境がその素朴を与えたのだと言わねばならぬ。信念の人であれば、刀にも疑滞が残らぬ。普通の仏師には企て得ない深き刀のあと、幅広き鑿の力。信仰がなくば、ここまで躊躇なく進むことは出来ぬ。

噪音に悩む吾々は、彼が示す単純に蘇生の想いを感じる。だが教安寺仏に来る時、この驚きは更に加わる。彼の越後の作は、単純さの極致であるとさえ思えるであろう。併し彼はこの特質を尚も進めた。更に無駄な個所をはぶき去り、線《すじ》を僅かにし、而も仏を目前に一層浮び出させた。口絵を見られよ、今まで蓮瓣は七つの条であった。併しここには五条の線である。衣の襞《ひだ》もその数をはぶいた。鑿の跡も更に荒く、膚は滑かな仕上げを持たない。どこにかくまで僅かな線からなる彫刻があろうや。深き陰影によって線の走りは更に活きる。それは殆ど三、四の角度からなる作である。（併も極端であるという感じは少しも起らぬ。自然が彼をそこに導くのであって、反抗が彼にかく迫るのではない。現代のキュビストに見らるる単純と如何に近く又如何に遠いであろう！　彼の単純は常に健全である。何処にも無理がなく又作為がない）。

技巧が彼にこの道を迫るのではない。私達は無心な彼の心境に想い至らねばならぬ。彼は既に九十歳を越える。七十年の修行は、今や彼の信仰を無心の境にまで高めている。主が讃える嬰児の心に彼は帰っている。彼は既に自然の懐に遊びつつある。この境に到り得ずして、誰かかかる作を造り得ようや。彼の無心を自然の母が守《もり》している。単純は彼の作為ではない。彼の美は生るる美である。自然がそれを護るのである。この密意を知らない者には、彼の作は稚戯《ちぎ》であるとも見られるであろう。それ程無心な幼児の作に近い。併し無心は無知ではなく、素朴は粗雑ではない。ここまでに到達するのに彼は九十年の歳月を踏んでいる。幼稚とも見られる彼の手法には、長く深い修行が潜む。

「遊戯《ゆげ》」とは真実な宗教的言い現しである。私達は追求と努力との階段を過ぎて、融合と平和との門に達する。だが神殿の奥深くに入る者は、自らを忘れ和合にすら著かず、遂に神と共に遊ぶ。これをこそ仙境と云うべきであろう。遊戯なき世界は究竟の境と呼ぶこと

如意輪観世音（三六四頁）

は出来ぬ。教安寺の作には既に遊戯がある。それは静寂の美でもなく、力の美でもない。既に滞る動もなく滞る静もない。ものに止らずして而ものとよく流れ、ものに染まずして而ものと親み遊ぶ。この境を示すのは是等七観音である。前の作に比べては一段と進展がある。彼も亦「菩薩」を去って「仙人」と記したではないか。

見よ、如意輪の姿を。如何に私達の魂《たましい》と遊ばんとするよ！ それは私達に近づこうとて歩み寄るではないか。その手の位置は不思議な美しさだ。一つは挙げて頬にあて、一つは衣を胸のほとりに束《つか》ねる。風情あるは傾ける頭《こうべ》、微笑《ほほえ》みにこぼれようとするその頬と眼。何を想い何を訪ね何に語らんとするや。忘れ難い悲母の姿である。

驚くべきは馬頭観世音。かかる刻み方が他にあり得ようや。立像は幾条《いくすじ》かの縦に引く線のみから成る。馬首より流れる鬣《たてがみ》がやがては纏う衣である。やや身をかがめ掌を合せて私達を深く見つめる。打ち開く眼、引きしむる口と顎との条。之は邪悪を拆く忿怒の相なれど、怒りをすら忘れて無心に私達の魂に迫る。如何なる心境が、かくも不可思議な素朴さを産みなすのであるか。

可憐なるは聖観世音。つつましき風情にて佇む。躰やや細く、眼をつぶり、口に微笑みを含ませ僅かにうつむく。掌を合せて衆生のために祈念する母性の姿である。美しきは肩より手を縫うて両側に垂るる衣。鮮かに刀の味が冴えるのは裾と両足、この部分は他の何れの像に於いても等しく美しい。この一躰には均等《シンメトリ》の美がある。光背は上に蓮台は下に放射の線が相対し、高き頭巾と合する掌と相対し左右に衣の襞等しく流れる。ここに彫刻としての優れた価値を誰も否むことは出来ぬ。

残る四躰、それぞれに美しさは変る。悦ばしげなのは「十一面」と「子安」、皆は笑いに下り、私達に心安く親む。どれだけかかる表現が民衆に打ち解けた情を起さすであろう。再び説くに余る微笑を漂えるのは準胝の一像。威厳の相最もよく現れ、豊かな顔を持つのは千手観世音。是等の七躰を一列に安置して仰ぐならば、私達も亦終日厭くことなく、説くなき説法に心を遊ばせることが出来るであろう。（三月二十四日）

註

1　上人の遺作で浄土宗の寺に見出されたのは、之が始めてである。云うまでもなく、真言宗、禅宗の寺に最も多く遺る。

2　鏡誉上人は三十二歳にして住職となり、三十七歳にして世を去った。教安寺の現堂宇が完成されたのは文化十年である。教安寺は家康の曾祖父信忠永眠の寺と伝えられる。

3　詳しくは「如意輪」二尺四寸二分、「千手」二尺四寸、「聖」二尺四寸二分、「十一面」二尺四寸、「子安」二尺五寸、「馬頭」二尺四寸、「準胝」二尺三寸三分。

4　八十九歳までは「五行菩薩」と自署したことが知られている。丸畑の伊藤家及鳥沢の円福寺にある上人の戒名「明満」は、諡でないことは之によって分る。

5　このことは上人の真の血縁にあたる赤池菊松氏が、祖父や父から親しく聞いた事実にもとづく。

上人の和歌

一　上人の和歌に就いて

倦まずして歩み続けた果しない順礼の間に、上人は二つの重要な形見を私達のために遺した。一つは云うまでもなく千躰を越える仏像である。本願として如何に上人が之に精進したかを私達は知っている。併しこのほか更に一つ匿れた形見が残る。それはここに語ろうとする上人の和歌である。今日まで私が集め得たもの凡そ五百首にのぼる。それは天明初年上人が佐渡に渡ってから、文化二年越後を去る頃までであるから、凡そ二十五年間の作を含む。それ故将来その前後の期間に見出さるべきものを加算するなら、夥しい数に上るであろう。所謂「歌人」ではなかった彼に、多くの文学的価値を望むことは出来ぬかもしれぬ。だが宗教の領域に於いて、この埋もれた和歌も、日本仏教の誇りとして、いつか回顧される時が来るであろう。彼の仏像が類《たぐ》いなきものであると同じように、和歌にも見誤ることの出来ぬ自身の姿がある。刀と筆とのそれ等の遺作は、相待って上人の像を吾等の前に立たせるであろう。

彼の説法や遺訓や語録が絶えてない今日、彼の信仰や思想を語るものは、ひとり和歌である。彼を解するためにはその遺墨に親まねばならぬ。それは時折の即興に近いであろうが、私達は直下《じきげ》に彼の声を聞く想いがする。それも装いある字句を通してではない、まともに彼自身が触れてくる。

殆ど凡ては仏法の詩である。さもなくば民衆に語る教えである。彼の心は阿弥陀への帰依に満ちている。阿字への信頼に活きている。身を捨てた求道の僧侶である。修行に身を育てる行者である。彼から溢れる言葉も自ら宗教の調に満ちる。そこに美への叙述を望むことは出来ぬ。併し多量な心霊の水を汲むことが出来る。だが水は美が支える白き水盤の中にはない。自然の幅広き黒い岩の中に求めねばならぬ。それは粗野な味があろう。併し味わいは大地からにじみ出ている。

彼の仏像が他に類似を持たないように、彼の和歌も独自の世界を占める。若し見方を失うなら、それは読者に何ものをも齎らさないであろう。彼の作には美しき「詩」がない。詩に伴う麗しい化粧や、甘き情操や、綾なす言葉の織りは一つの影をも止めておらぬ。感傷もなく咏嘆もなく又修辞もない。悟得した上人は既に若い詩人ではない。美しい幻影の世界には無関心であり無頓着である。歌と云えば歌であるが、それよりも私達に話しかける自然な言葉の流れである。而も日々交し得る吾々の言葉である。彼の声そのままであって、装われた彼の声ではない。

詩藻に豊かな又詩句に巧みな西行や又良寛の如き型を上人に求めてはならぬ。屢々仏教に見られる厭世の思想や、淋しさを自然に慰める心は、上人に見出すことが出来ぬ。七十年の僧としての修行は、彼に悲しみを許してはおらぬ。彼の旅は自然に憂いを忘れようとしたのではない。憂いの暇《いとま》も持たず仏に詣でようとしたのである。日本のあらゆる自然は、上人の歩むにつれて廻転せられた。併し自然を歌う句は極めて少ない。彼が歩いたのは仏道であった。彼は順礼であって旅人ではない。自然が和歌を呼ぶのではなく、仏法が句を彼に贈るのである。仏教に現れた和歌であると云って、彼に厭世の句を聯想してはならぬ。悟入の上人には喜悲の二相がない。それ故楽天への執着も上人にはないと知らねばならぬ。

歌を編むほどの者には、修辞の教養があると思うであろう。西行に於いても良寛に於いてもそれは卓越したものであった。併し上人は彼の句を修飾すべき意志をだに持たなかったのであろう。彼は如何なる美しき言葉があるかをも熟知してはいなかったであろう。まして歌学に対する修得は彼とは縁のない分野であった。彼には学識らしき学識はない。故事に句を練るが如きは、彼の為し得ないことであった。まして詩句への技巧が彼の作を産んだのではない。それ程用いられた言葉は普通のものであり民衆のものであった。

残された自筆の稿本を見れば、彼が用いた単語や字句は、僅かな範囲を出ない。「木食は諸物ハヨメズ、字ハカケズ」等自ら歌ったが、之は字義的にも真に近いであろう。書物を諸物などと書いてある。彼の読書は広汎ではなかった。従って用語も豊富ではなかった。だが之に引きかえて、示された思想は並ならぬ広さと深さとを語っている。言葉が彼の和歌を産むのではない。達し得た彼の悟得が、和歌の形に言葉を編んだのである。凡ては彼の踏んだ修行から来ている。用いられた言葉は僅かであり素朴であるが、その前には凡ての修辞も無用にさえ見える。彼は彼の無筆を知っていた。併し彼はそれに躓かなかった。

木食も　む筆のくせに　にじりがき
　　はづかしいとも　思わざりけり

凡てが下の句に活きている。彼はよく天神の像に添えて、次の歌を書いた。

ものか〻ば　か〻ぬふりこそ　ものかきぞ
　　かくふりすれば　はじのかきやく

彼は彼の無学を活かし又無筆を殺さなかった。

ての内は　むまふのもの〻　菩提心
　　此世のちのよ　すゞしかりけり

前に引いた「書物は読めず、字は書けず」の下の句にも「いつも知辱を、恥のかきやり」と添えてある。「かきやり」の句、彼の心境があらわに躍る。人の誹りに却て自らの恥を洗い流すところ、彼の気持ちのゆとりが見える。

彼には衒学がなかった。否、誇るべき程の学識を持たない。だが同時に無学への遠慮もなかった。貧しい言葉が、装う言葉より、いつも美しくないと誰が言い得よう。言葉は彼の和歌を美しくしない。併し修行はそれを守ってくれる。上人は躊躇なく彼の無筆に於いて筆を執った。

絶えず梵字を用いたことを想えば、彼は種子を習い、真言をよく学んだにちがいない。若い時の幾年かは僧としての修学に費されたであろう。用いた梵字は多様であり又多量である。併し漢字に来る時、彼の学歴が正規的であったと思うことは出来ぬ。多くは独学の結果であろう。妙典を読み得た身であるから、仏書に現れる古典的漢字を知っていたにはちがいない。併し彼自らが綴る時、屢々その字画を誤り、従って誤字を用いた。このことに対し、晩年彼の心境が進むにつれ、益々無関心になった。彼は彼の書く字が正しいか否かに就いて、殆ど何等の顧慮を持たない。それ故彼はなりゆくままに当字を用いた。時としては驚くべき字句を産んでいる。「今上」を「禁常」と書き、「無常」を「無上」とも書いた。誤りではあるが意味深い誤りである。而も工風になったとも思うことは出来ぬ。彼は彼の心に現われる字を必然に受けた。新らしき字句は作為なくして産出せられた。彼には字を知らないのではない。知るままに又忘れるままに凡てを任じた。彼にはこだわりがなかった。彼の遺墨に脱字は珍らしいことではない。晩年に及んで老齢のためであろうか、特に数字の記憶が乱れている。併しそれ等の錯誤も学識が産む煩雑な誤謬ではない。従って誰もがすぐ気附き得る安全な誤謬である。

　彼の文章や用語には一定の様式はない。漢文であるべき個所に平気で仮名をも加えた。而も平仮名と片仮名とを併用した場合は少くない。上人は実にこのことに就いては無心であった。誰もよくなし得ない程自然のままに放任した。おかしいと云えばおかしいが、之ほど自由になることも凡人には出来ぬ。彼の誤謬には幾多の活きた価値がある。

　彼の字体には変遷があった。再び書家の字を彼に望んではならぬ。彼は技巧に於いて字を書いたのではない。彼は巧みに書くことにも無関心であり、拙く書くことにも無頓着である。彼は時として凡てを片仮名で書き、又時として漢字のみを用いる。凡てには自然さがあった。只佐渡時代の字体は特別である。いつも筆幅が広く強さがあった。時としては図案に近いものさえ残る。多くは線に波を含ませた。一家の風ではあるが、上人としては風に過ぎたきらいがある。晩年にはこの作為を全く棄てて自然な字体に帰った。それは正式に書かれた巧みな書だと云うことは出来ぬ。悉く彼自身の心境から出ている。いつもその筆致は自在であり豊かである。筆は延びて拘《こだ》わりがなく、自然な自由な美がある。彼は彼の作る仏像の裏面に、常に仏名と月日と自署とを記したが、そこには屢々彼の最もいい字を見ることが出来る。晩年になるに及んでそれは益々筆太く、飾らず、無心に書かれた。八十九歳の高齢の人の筆跡だと誰も思い得ないであろう。彼は紙や板に墨筆で記したのみならず、額にも字を陰刻し又時として木版も彫って印刷に附した。供養仏に併せて彼が奉納した額は甚だ多い。又彼が滞留した地には、よく軸ものを見出すことが出来る。或は和歌を或は神号を或は南無阿弥陀仏の六字を書いた。

彼の自署には三度変遷があった。最初は「三界無庵無佛、木食行者行道」と記した。寛政五年以後は「天一自在法門、木喰五行菩薩」と改め、九十歳に及んで「神通光明、木喰明満仙人」と記した。彼には幾多の花押があった。最も最初に見られるのは、明かに僧名「行道」の二字を組み合せたものであった。佐渡時代には一層簡略にせられ、「五行」と呼んだ九州時代に及んで全く一変された。漸次模様化せられ、丸畑時代、越後時代、各々異った花押が見られる。彼の用いた印には又特別なものがあった。多くは彼自身の篆刻にかかる。数えれば十種程にもなるであろう。多くは字に加えて模様を入れた。皆甚だいい。只一個だけごく普通な隷書体の「萬賢」と彫った角印《かくいん》がある、屢々用いられてはいるが、之を彼の号として見るべきではないであろう。且つそれは自刻でもなく又自筆でもない。

私は上人の和歌の特色を述べるべき順次に来た。それは仏像に於いてと同じように、一般民衆への贈物である。そこには珍しき古事もなく難《むず》かしき教義もない。屢々仏教の用語が挿入してあるが、之とてもその時代に慣用せられたものに過ぎない。選ばれた字句は吾々の知的準備を待たない。貧しき者や無学な者が上人の友であった。啓くべき知は屢々人の心を閉ざしている。一物なくとも心は仏に通じる。上人は宗教が民衆のものであることを示した。限られた小数の人に信仰が委ねられているのではない。信じ入る心は無心である。又無心な者のみ浄土に活きる。上人の宗教は平民の宗教であった。彼は彼の話相手を民衆の中に求めた。それ故彼が選んだ言葉はいつも素朴であり平易であった。それは吾々に話しかける日常の言葉と多く異らない。

彼は彼の歌を、その貧しい旅の途中に於いてよんだ。或時は日光の下で或時は木賃の宿で或時は御堂の中で作った。よき筆とよき墨とよき硯とは彼の持物の中に入ってはいない。彼は日々を貧しく暮し又貧しき者の中に交わる。彼等に歌を贈る時、字に慚り句を飾ることをどうしてなし得よう。彼が示そうとするのも、解しにくい真理ではない。誰もが味わい得る教えである。それも悉くが実際の経験から来ている。それは思考せられた教えではなく、修行せられた真《まこと》である。彼は彼の手に教えを握り得ている。それ故彼は躊《ため》らうことなく彼の平凡な言葉に於いてそれをじかに伝えた。時としては余りに凡庸であると思われるであろう。又は粗野に過ぎると評されるかもしれぬ。歌ではないと言い張る者も出るであろう。併しこの平凡な世界に躊躇なく入り得た彼の自由には、並ならぬ修行があると見ねばならぬ。字句は美しくないかも知れぬ。併し歌い得た真理に於いて彼は動かない。そこには彼の仏像と同じように、新しい世界の開拓がある。それは今後「木喰調《もくじきちょう》」とも呼ばれるであろう。それ等は和歌に聯想される伝統的見方を許さない。彼は彼の民衆的特質に於いて、歌を貴族の手から平民の手に移した。そうして都にではなく田舎の土に植えた。無心な者は誰でもそこに友を見出すことが出来る。仏教に現れた和歌の中に、彼の特別な位置もいつか認知される時が来るであろう。彼の声を聞く時、仏法は閉じられた難読の巻物ではない。無学な者も味わい得る親しげな道である。教理に煩しい真言の宗派から、彼が生れたのは既に異数である。

彼の作の平民的特色は、彼が俗謡に近い道をとったことに於いても分る。彼は屢々「いろは歌」を作った。又は好んで「南無阿弥陀仏」の六字を歌句に入れた。又は「東西南北」の字を歌に組んだ。又は屢々意味なきまでに同語を反復させて一種の音律を含ませた。私は「いろは歌」から五六の例を引用しよう。

み　みにかへて　人の身をみよ　わがみなり
　　みればみるほど　みためなりけり

(註)「みため」は「弥陀奴《みだめ》」の意。

さ　さゝわりも　さのみさわりと　思はねど
　　悟りてみれは　さゝわりもなし

ま　まる〳〵と　まるめ〳〵よ　わが心
　　まん丸丸く　丸くまん丸

く　くにをでゝ　くどふのしやばの　くるしみも

　　くとも思はぬ　くらしなりけり
う　うそをつき　うかり〳〵と　うろたゆる
　　うそがかうじて　うかむせもなし
を　をもしろや　おもかげみれば　なむあみだ
　　おく百萬べん　なむあみだ佛

是等は一般の民衆に口吟《くちずさ》んでもらいたいためであったであろう。彼の歌は烟る爐《いろり》のほとりで読まれていい。絹の色紙にはそぐわない。彼の句に覚えにくい程の難《むず》かしい言葉はない。誰でもすぐ口吟むことが出来る。歌に於いて上人は凡ての者と会話する。上人は俗語や方言をそのまま用いる。聞く者はくつろぎ乍ら彼に合頭《うなず》きつつ彼に育てられる。

若し上人の和歌に感化を及ぼしたものがあるなら、それは誰もが唱える御詠歌であったであろう。廻国の旅に在った彼は、幾多の寺々で或は御詠歌を或は和讃を唱えたであろう。彼の作を見れば、調はそれ等のものと甚だ近い。残された稿本の中には、西国卅三番、又は坂東、又は秩父、或は四国八十八番の歌が筆写してある。彼は和歌の道をそれ等のものによって始めて知り得たにちがいない。名ある歌人の作に就いては、何等知るところがなかったであろう。

今日まで見出された上人自筆の和歌稿本は次の通りである。

「集堂帳」　天明二年寅十二月八日。佐渡国梅津にあった時、書き記した紙数五枚からなる稿本である。載せた歌二十首に過ぎぬが、最も深い宗教的作歌を含む。字体甚だ難読である。

（青表紙稿本）

紙数三十二枚、記された歌参百十五首。内始めの壹百〇六首は山本良右エ門なる者の筆写。残りのものは上人の自筆。この稿本は寛政八辰歳正月六日に長崎で編輯したものであって、上人の稿本中最も完備した一冊である。記された歌は必ずしも同年までのものではなく、後年その余白に追加したものも多い。

「心願」

十七枚よりなる稿本。その中の十一枚に和歌八十八首記されてある。「寛政十二申五月十八日」と日附があるから、彼が遠州の温泉にあった時、記したことが分る。

「木喰うきよ風りふわさん」　半紙三枚よりなる。載せられた歌十四首、「享和三亥歳三月十日ニ書」と記してある。即ち故郷丸畑を立って、越後に入る折に編んだことが分る。

「雑」

その他彼の筆になる散文の稿本や、又は各地に遺した掛軸、扁額、等から私が集め得たもの五十首余り。

右総じて凡そ五百首。

私は是等の中から、幾十かを選んで、彼の教えを述べようと思う。仏教的色彩の鮮かなものを私は選ぶ。

二　和歌に現れたる上人の信仰

凡ては仏法の世界である。法の世界のみが真実である。信じ入る人には消長があろう。だが仏法そのものは不変化である。信仰が沈み法門が忘れらるるとも、法は尚も永劫に活きる。上人は法敵に向って矢なくして一矢を酬いた。

佛法へ　きすをつくるは　よけれども
　ほふてきなれば　一も二もなし

句は簡単である。だが動かない彼の信頼を端的に語る。「よけれども」と敵を肯定し、而もそれを越ゆる力を更に肯定するところ、彼の心に強さがある。「一も二もなし」の句、彼によって甚だ活きる。木喰調の特質である。

佛法の　綱にとりつく　みなひとは
　此世後の世　うごかざりけり

彼の一生はこの不動な信念の現れとも云い得よう。彼は動かぬ心願を立て、動かぬ意志を以て遂にそれを成就するに至った。仏法に活きるとは不変化な世界に活きるとの謂である。

上人はこの不動の信念に於いて、十個の大願を立てた。彼は之を「本願」と云い又「心願」とも書いた。「日本廻国」の大業と云い、「八宗一見」の行想と云い、「千躰仏」の彫像と云い、凡ては彼の心願の現れである。一生を通じて捨てなかった彼の希願に就いて、彼は左の歌を綴り、屢々記しては人々に贈った。

木喰の　けさや衣は　やぶれても
　　まだ本願は　やぶれざりけり
山ずみの　衣やけさは　やぶれても
　　わが本願は　やぶれざりけり
木喰の　唯本願を　うそにせば
　　うその中より　出ル本願

三首の歌、皆彼の心を語る。中でも終りの一首、特に傑出する。「偽りと思えてもそれでよい、偽りの中から真物《ほんもの》を出させてみせる」。倒れても盛れ上る彼の心願が、言葉の中に溢れている。句は平凡に見えて而も微妙である。

「木喰うきよ風りふわさん」の巻末に附せられた十八願のうち、最初の十大願は次の通りである。之によって彼の心願が如何なるものであったかが分る。

第一願　天等大供養法門
第二願　日本廻國八宗一見修行

第三願　佛作願心十方カフガ
第四願　有情四百衆病見
第五願　一切衆生一夜説法
第六願　無別方便戒海水心
第七願　高ヤ常光明眞言
第八願　常念佛因縁ノ所ニ
第九願　一切經衆生アンイノタメ
第十願　千タイ藥（仏ノ誤カ）師因エントチ

供養、廻国、仏心、病見、説法、戒律、真言、念仏、奉経、作仏。是等を列挙すれば彼の生涯の努力が何に向けられてあったかが分る。

彼は「八宗僧師」と自らを呼んだが、もとよりその信仰は真言の教えに最も深く育てられた、彼の遺稿「懺悔《さんげ》経《きょう》　諸鏡《もろもろのかがみ》」にその主旨とも見るべきものを簡明に述べた。

「コノ大コシンゴンハ、至心ニヨク、子ンスレバ、法界ドウヲツクスニニタリ、タダ身自ラ、キメウシ奉レバ、一切ノ諸願ハ心ノマ、ニ成就スベシ、一切ヒンプク、アルイハ、チエ、ナニ事モ心ノヲモウママニ自在ナルベシ

眞言ヲ心ニカクル皆人ハ
クルヨクルヨハ　福德自在

阿
コノ一字ヨリ、シヤバ一切ノ事、ハジマリテ、キメウノシヤバセカイナリ、スナハチ光明遍照十方世カイナリ、ナヲ又、八萬四千ノ經々モ皆コノ一字ヨリ、イスルナリ

眞言も　南無阿彌陀佛も　ねんずれば
　人の知らざる　供養なりけり」

「阿」は不生不滅の世界、万有の源泉であり、一切のことこの一字に帰する。「阿」字は頭字である。上人が信じた教理は只この阿字観である。彼は屢々この教えを歌に托した。

法心（身）の　心のかたち　ながむれば
　さながら阿字の　かたち成けり

日月の　心の光り　みる人は
　一見阿字の　心なりけり

阿字を信ずるものにとって、見る心も阿字であり、見らるるものも阿字である。私は次の歌の深さを感じる。

木喰は　あじくわんならで　なにやらん
　一つく一つくは　一字なりけり

「一つく」は「一句」である。字は多くとも凡ては阿字に集まる。一字を現わすがための多字である。万巻の経と雖も一字のほかにはない。

きやう〳〵を　見るみなもとを　尋ぬれば
　一字のほかは　有とおもはじ
彼は更に卑近な言葉に於いて、この教理を易しく説いた。
なむあみだ　妙法れんげに　のりたくば
　しをみそなしに　くふかひのあじ
「食う味」と「空海の阿字」とをかけたのである。この句を彼は好んだと見える。私は次の一つを之に添えよう。
阿字をみる　阿字に阿字ある　阿字なれば
　しをみそなしに　くふかひの阿字
木喰戒も真言宗での戒律である。之も同じような句に於いて説かれた。
木食も　しをみそなしに　くふかひの
　あじの一字の　修行なりけり
私達は多くの教えを持つ。併し凡ての教えは一に帰する。一を捕え得たなら凡てを捕え得たのである。上人はその一を「阿」字に於いて語るのである。若しこの字が見慣れないものであるなら、如何なる字に代えても心は同じである。人は好むままに適う字を撰んでいい。只一切をそこに見つめるだけの信仰がなければならぬ。
上人は真言の宗旨に育てられてはいるが、血には深く念仏宗の法脈が流れた。宗教を民衆に結ぶ上人にとって、このことは自然であった。特に浄土への礼讃は篤く、阿弥陀への帰依は深い。佐渡に於ける九品仏とその御堂の建立とは、この信仰の形ある現れであった。この帰依は彼の和歌に一入《ひとしお》潤いを添えた。

たゞたのめ　たとへわが身は　しすめども
　　九品浄土は　願なりけり

念仏の宗旨が短く三十一字に納めてある。身は沈むとも願いは願いである。仏に頼る心に於いて変りはない。仏は答えることを誓わずして、祈る心を吾々に与えはしなかったであろう。

面白や　かすみに見ゆる　白蓮花
　　のりの道引《びき》　みだの浄土へ

蓮華の浄さに見入って浄土を想う心が、美しく歌われている。右の歌二首共に佐渡時代の作である。

私は「南無阿弥陀仏」の六字を入れた幾つかの歌を挙げねばならぬ。是等の句には優れたものが甚だ多い。

生延《いきのび》て　南無阿彌陀ぶの　口ぐせは
　　さながら　みだの　こゝろなりけり

名号は人の声ではあらぬ。阿弥陀への声は阿弥陀彼自らの声である。この声の中に生き延ぶる幸ある信心の生活。

佛法は　しるもしらぬも　一とふねに
　　のりおくれても　なむあみだ佛

結縁の者も無縁の者も、共に弥陀の子供である。信ずる者も信ぜざる者も、共に彼の国に入ってゆく。彼等を乗せる舟は一つである。乗りおくれるともそのままに浄土の島へ運ばれてゆく。人は弥陀の手を離すとも、弥陀は人の手を離さない。それ故彼から離れる場合はない。

法身の　道をとふりて　ながむれば
　　なみだの中に　なむあみだ佛

有難い気持ちが起る。所詮は無常の世、涙の苦界でもあろう。併し阿弥陀は尚その中に活きる。否、寂しさから逃れ得ない命数に吾々があればこそ、弥陀は私達から離れない。宗教が伝える温かい福音である。法《のり》の道を踏み得た者でなくば歌い得ない句である。この言葉を歌いぬくまでに、どれだけの修行が積まれたことであろう。上人は弥陀の誓願を歌う、

みだ〳〵と　思ふてみれば　みつなみだ
　　行ももどるも　みだの本願

「みつなみだ」は「満つ涙」と「満つ南無阿弥陀」とをかけたのであろう。涙とは嬉しさ

に余る涙である。何処へ行くも、弥陀の本願が誓われている。救いを果すまでは正覚をとらないと経にも云うではないか。次の一首もこの心を述べる。

よの中は　どこもかしこも　なむあみだ
　よく〳〵みれば　みだの本願

一切が弥陀であり、その本願の姿である。何処の地にも彼の声があり、浄土の花が薫る。悟道もここに徹すれば凡ては弥陀の心の裡に包まれてある。善きものも悪しきものも、嬉しさに余る。

ほとけとも　おにともじやとも　わからねど
　なにになろうと　なむあみだ佛

この歌は特に深い。浄土に甦るか、地獄に墜ちるか、凡てを吾々は知らない。不敏な私達はおおかた奈落に沈みゆく身でもあろう。だが之がためにこそ弥陀は私達を救おうと急いでいる。彼のこの求めを破り得るほどの力は何処にもない。運命が何処に導かるるとも、弥陀への信頼に変りはない。地獄に落ちて鬼になろうと蛇になろうと、それは信仰を弱めない。なぜならその折は弥陀も一緒にそこに来てくれるにちがいないから。かくして上人は「南無阿弥陀仏」の名号に浄土の姿を見た。

おもしろや　ねてもをきても　なむあみだ
　佛法僧の　浄土なりけり

「おもしろや」の句、平凡には見ゆるが、彼が既に遊戯《ゆげ》の境に達している深さを語る。是等の句は如何に覚え易く又解し易いであろう。

念佛は　なにがどうやら　しらねども
　むかしもいまも　すたらさりけり

念仏は教理ともなり得よう。併し教理たるを知らなくともよい。否、教理となり得ずともそれでよい。その声は人により時により処によって変るものではない。念仏の光は無尽燈である。

木食の　おもかけ見れば　なむあみだ
　くるも　もどるも　なむあみだ佛

彼の歩む姿、それも南無阿弥陀仏の六字である。彼は来り彼は去る。この姿を人々に悟らせたいばかりである。

南無阿みだ　かけてぞたのめ　時鳥
　しやうし偏《ひとへ》は　地ごく極らく

「しやうし」は「生死」であろう。佐渡で読んだ歌である。仏に只々頼めよ、この世は地獄であるとも、来る世は浄土であると誓われている。凡てを仏に委せないばかりに、多くの者はこの悦びを信じ得ない。

南無阿（彌）だ　ひもじくもなし　年の暮

又くる春も　くらふ念佛

上人はこの上の句を愛したと見える。之だけ引き離して屢々年徳軸とし、人々に書き贈った。俳句としても、和歌としても、幅広き感じがある。忘れ難い一佳作である。上人は和歌を記して贈物とする時、屢々終りの一首を次の句で結んだ。

木喰の　心ばかりの　かたみかな

南無阿彌陀佛を　かへすぐ〳〵も

木喰の　かたみのふでも　なむあみだ

かへすぐ〳〵も　なむあみだ佛

修行し得た上人の心は、自ら円相に於いて現れてくる。だが難《むずか》しき円融の教えを説くのではない。彼は平易な「丸」の一字を愛した。「丸くあれ」、凡ての教えはここに尽きる。

彼の故郷「丸畑」の二字を入れた一首に、

みな人の　心ごゝろを　丸ばたけ

かど〳〵あれば　ころげざりけり

「角をとれよ、丸き球を見よ、平和は人々の所有《もの》だ」、上人はいつもこのように教えた。平凡に響くではあろうが、この平凡を越える深さはない。上人の刻む仏を見よ、頭にも頬にも耳朶にも鼻にも顎にも円味が含ませてあるではないか。上人自身の顔にも円の相が漂う。

かくして彼は日輪を愛し満月を讃えた。そこには円の姿がある。特に月の歌を彼は繰り返し書いた。

風ふかば　心のくもを　ふきはらひ
　いつもすゞしき　十五夜の月

晴れ渡る月に晴れ渡る心の涼しさを歌った。

すみやかに　心もすゞし　あきの月
　じやうまん月の　心なりけり

彼の歌うのは満月である。十五夜である。それも浄念の月である。月に憂いを歌うのではない。月を淋しさの友とするのではない。

ふたゝびと　思ふ心を　くふふせば
　又まん月の　心なりけり

「倒れるな、起き上れよ、心の窓には月が指し込むであろう」。満月を指して彼はこう教えを垂れる。次の一首は彼の好んだ句であった。屢々書いては人々に贈った。

日月の　心の神の　あまてらば
　祈るこゝろも　おなし日月

宗教の福音はこの句を出ない。光である神に照らされる時、照らされる心も同じ光である。太陽を見る者は、太陽の光に浸っている。神が心に住むからこそ、心は神を味わうのである。神は何処にいると人々は尋ねる。だが神が内にいなかったら、「何処に」と求める心も与えられはしなかったであろう。

ここに珍らしくも月につれて自然を歌った一首を添えておこう。

木食も　ゆめのよあけの　明月に
　　みの入相の　かねをきく哉

「心」の深さを歌う彼の句は甚だ多い、彼は心が如何なる世界を現じ得るかを味わっている。万有が心の裡に宿ることを知っている。心を離れて一物もないことを熟知している。心を見る者は凡てを見るのである。一切は心の所業である。心が他によって変ずるのではあらぬ。

わが心　にごせばにごる　すめばすむ
　　すむもにごるも　心なりけり

誰もこの教えが真実であることを頷《うなず》かないわけにはゆかぬ。心の方向によって、目前に世界は廻転する。同じ教えを次のようにも歌った。

六道を　つくしてみれば　なにやらむ
　　佛も鬼も　心なりけり

「六道」とは衆生の流転輪廻する生死の世界である。「つくして」とは歩み尽し悟り尽す意である。「六道は心の内と思ふべし」と彼は又他の個所で書いた。心を見ることが即ち悟りである。

唯心　見えぬ心を　見るひとは
　さとりのなかの　さとりなりけり

彼は又同じ心を次のようにも歌った。

人は唯　じゆふ自在の　わが心
　ぜんあくともに　悟れ人々

心をほかにして一切は空である。

唯心　よく〳〵みても　唯心
　心の外へ　月もさゝねば

かくして心を見る者は、罪の浄めを受ける。見心が浄罪である。

三界の　心の姿　ながむれば
　皆身の罪も　散りぬるをわか

心を直視せよ、静謐と平和とはその内に宿る。

長久を　祈る心は　何ならむ
　心をいのれ　いつも長久

心を外にして仏はなく、又仏を外にして心はない。即心即仏である。

一心を　つくしきつての　あとを見よ

衆生と佛け　わからざりけり

心の道を尽しきる時、彼は仏の道を歩んでいる。之も教えが吾々に贈る嬉しき音信《おとずれ》である。かかる歌がどれだけ民衆にとって、解し易き句であろう。誰も頷きつつ言葉を繰り返すことが出来る。

「心」を歌う上人は、又「一念」の字を愛した。

度衆生は　有情無情も　ぜんあくも
　　唯一念の　さんじ往生

衆生済度とは何であろう。有情無情の凡てが、唯一念に於いて往生を遂げ得ることを云うのである。「火宅道、唯一念の世となさば」とは彼の言葉であった。

本願は　三世淨妙　自在心
　　悟る心は　三字成佛

彼は彼の宗旨を短くこの一首に托した。「三字」とは「唯一念《ゆいいつねん》」の三字。「三世」は過現未の三時。去今来を浄め尽し、心を自在の境に活かすことが彼の変らざる心願である。而も阿字一念に成仏を観ずるのは、彼の悟道である。

次の句は彼の用いた心願の文である。

「歸命頂禮、法身阿字一念、佛法至心信、廣說普遍、誓（願）事、懺悔衆生法門度、法界金剛諸佛同一躰、三世淨妙自在、無家無我木喰五行、常觀心」

懺悔は彼の法門であった。この門を通らずしては、悟入を得ないことを屢々説いた。悔い改め、許し合え、他人を咎めるなと幾度か云った。次の一首はよき福音ではないか。

懺悔せば　心の罪は　消え失せて
　菩薩も同じ　心なりけり

懺悔を躊《ため》らうばかりに、菩薩の位を得ないでいる。浄罪の梯子は天国に掛けられてある。「悔い改めよ」と凡ての聖者は教えている。
神も懺悔の声を心待ちする。

みな人の　心ごゝろを　さんげせよ
　神も佛も　いさみまします

「いさみまします」、この終りの句、尽きぬ深さがある。神は私達のために常に準備する。私達の悦びよりも、神の悦びはいつも先である。私達の悲しみより、神は早く私達のために悲しむ。悔ゆる者は悔いない前から神の寵児である。この秘義に宗教の密意が匿されてある。上人は業の恐ろしさを歌い、又罪の汚れを説いた。

じうざいを　しやばにきてみて　ぬぎもせず
　またきかさねて　行ぞかなしき

彼は又次のような砕いた言葉に於いて之を歌った。

あくごふの　ごふのはかりに　かけられて

つみのおもさに　かなわざりけり

佐渡を去る時、平沢の人を誡めて一首を残した。平沢は佐渡加茂村梅津にあり、上人の建立にかかる九品堂の建つところ、傍らに小流あり。

平澤や　深き願は　なかれても
まだ宿ごうの　つみはながれじ

懺悔に終りはない。一生には断えざる罪の悔みがなければならぬ。懺悔に充全な懺悔はあらぬ。

しくごうの　ごうのさらしは　しやばにきて
さとりて見れば　たれをうらみん

己の罪を想えよ、悔い改めには弁護があってはならぬ。凡てを自らに於いて負えよ。罪ある者は他人を咎めてはならぬ。他人の罪は之を許せ。

上人に「堪忍」の歌は甚だ多い。彼は彼の長い修行に於いて、この教えを捕えている。幾度か彼の風貌は笑いの的であったであろう。幾度か彼の生活は嘲りの題となったであろう。幾度か彼の教えは冷やかに迎えられたであろう。併し彼はよく堪えよく忍び、遂に彼の心願を成就してこの世を去った。彼の顔に見られる微笑は、「堪忍」の徳が刻んだ彫刻である。その微笑に凡てを摂取するまでに、如何に長い修行があったであろう。

木喰の　衆生さいどは　なにやらん

唯堪忍が　修行なりけり

上人はこの歌を愛したと見える。彼の遺墨にこの一首を読むことは稀ではない。併し「堪忍」の歌にはよき句が他にも数多く残る。

長たびや　心の鬼は　せむるとも
たゞかんにんが　ろせんなりけり

はづかしや　はらのたつのを　かんにんは
修行の道の　ひみつなりけり

平易な言葉ではあるが、彼の踏み来った経験がにじみ出ている。

かんにんの　二字はすなはち　父と母
こゝろのうちに　常がけにせよ

かたみとも　思ふ心の　ふでのあと
心にかけよ　かんにんの二字

彼は和合を愛した。「天下和順、日月清明」とこの句を好んでは仏像の裏に記した。「天下泰平」の四字を入れた歌は二三ではない。

國々に　中ひろむる　念佛の
正みはこゝに　天下泰平

「正み」は「正味」である。

静謐や　しすめしずまる　あめがした
　日月清明　國土安穩
天明の頃上人は佐渡梅津にあった。梅津は海辺の里、法の光に包まるるその里の平和を讃えた。
天明や　あくればすぐに　天か下
　海山里は　和合なりけり
同じその頃の歌に、
皆人の　心に咲きし　白蓮花《びやくれんげ》
　花はちりても　たねはのこらむ
現在は過去を負い、未来は現在に休む。因は果を含み、果は又因を生む。仏教のこの教えを上人も歌った。
いんゑんが　皆道引《みちびく》や　ぜんとあく
　前の世にまく　たねと思へば
かくして次の歌にこの教えが、よき福音となって現れてくる。
のちの世の　たねをまきおく　皆人の
　心はすぐに　ぼさつなりけり
菩薩であった彼は、同じ位が誰にも用意せられているのを告げるのである。

彼の故郷丸畑に四国堂を建立した時、彼は一枚の板額を作って、次の歌を筆豊かに刻んだ。

四國どう　ぼだいのみちは　とほくとも
　　ちか道みれば　なむあみだ佛

「どう」は「道」と「堂」とをかけたのである。最も深き彼の歌の一つである。恐らくは四国遍路の折に出来た歌であろう。遠い順礼の道を辿り乍ら、足許に仏を見る彼の悦びを歌ったのである。道は難いのではない。難くするのは吾々である。遠い神よりも近き神はない、「神の王国は、心の裡にある」と、ここにも叫ばれている。順礼にと人は外に出るが、併し何れの順礼も内に帰る旅路である。八十八番に札を打つのは、心の寺を訪うためである。四国を廻るそれ等の札所は、やがて自らに帰る一周の旅程である。

皆人は　神と佛の　すがたなり
　　なぜに其身を　しんぜざりけり

之も嬉しさに余る宗教の音信《おとずれ》ではないか。人は自らに活きるのではない、神に活きるのである。このことが信じられたら、感謝に心は満ちるであろう。彼は悪しき者に向って同じく云う、

だいぞくの　みにもつもれる　じひぼだい
　　たからの山を　のぼりとゞけよ

美しき者も醜きものも、内には菩薩の位が宿る。

度衆生は　心の水に　にごり水
ならべてみれば　おなじ水水

人は知り得る自らよりも、更に大きな自らを持つ。匿されたこの秘密が味わわれたら、生命に一つの驚きは加わるであろう。与えられたものを被い匿し、愛し育てないばかりに、罪の濁りに沈んでゆく。自性は仏性である。見性は成仏である。

上人は出家行者である。早くより家を捨て、世を捨て、衣を棄て食を棄てた。一物をも残さないとは一切を仏に得る謂である。放下《ほうげ》がなくば獲得はない。僧は捨身にあふるる悦びを味わう。貧にまさる富はない。仏に活きる上人はこの嬉しさを知りぬいている。

世をすて、　世にすてられて　ほつしんも
佛法僧の　光りなりけり

彼は勧めて云う、

身をすて、　又身をすてよ　身をすてよ
すてたるわが身　うかぶせもなく

身を捨て　うかむ瀬もなく　おれにによ
さひどの道に　かなわぬはなし

捨て難く身を抱くが故に、諸々の悩みは私達を囲む。自由を得んとならば、全き捨離が伴わねばならぬ。

身を捨つる　身はなきものと　思ふ身は

天一自在　うたがひもなし

彼の法門は自ら呼んだように「自在法門」であった。彼の行実、彼の彫刻、彼の作歌、彼の筆蹟を見れば、寧ろ自由が上人の姿を装って現れているとも言い得よう。併し彼の自由を解し得る人は稀であった。

木食の　心のうちを　たづぬれば

われよりほかに　知る人もなし

彼は黙して彼自らを友とし、倦まず彼の行路を踏みぬいてきた。解せらるるとも満足し、解せられずとも満足した。彼の仏像がその心境を語るではないか、見らるるともそれは微笑み、見られずともまた微笑む。長い間の彼の忘却も彼の微笑みを殺す力はない。

木食の　心にかくる　九丈げさ

ひろげてみれば　こくふ法界

「九丈」は正しくは「九条」、「こくふ」は云うまでもなく「虚空」である。一切を受容する無辺際の世界である。法の衣は只身を包むのではない。僧は彼の衣に一切の世界を包む。之も彼が遺した深き歌の一つである。

木食の　悟る心は　ごくふかひ

どこがどうとも　わからざりけり

木喰調の絶頂である。言葉に余る悟入の密意を、かくも率直に歌い得た句は、古今に例が稀であろう。上人の心境が躍如として浮ぶ。

木食も　悟りてみれば　なまざとり
　にゑたもあれば　にへぬのもあり

前の一首と共に木喰歌の双璧であると言うことが出来る。真にかく歌い得た彼の悟入は、並ならぬものであると言わねばならぬ。是等の素朴な歌の中に、万巻の真理が包まれている。悟り得ないものが残ると告げるところに、そうして凡てを仏に委せてある所に、彼の量り得ぬ悟りがある。

われたりず　心もたりず　身もたりず
　たりぬ〳〵も　りやくなりけり

世の中は　心ごゝろの　心かな
　たりぬ心も　心なりけり

度衆生は　すゝめすゝむる　ぜんとあく
　わからぬ人も　佛なるべし

彼の心は微妙に働く。凡てを活かして見る彼の心に、活き得ないものは何ものもない。

花を見る　人の心は　八重櫻

一重さくらを　たづねてもみよ

八重に分るる差別の相《すがた》に、人は眼を費している。一重の相が映じ得たら、自然は驚きに満ちるであろう。

目とみゝと　口はぼたひを　まよはする
庚申とうを　みるに付《つけ》ても

「庚申塔」は所謂「三猿」の教えを示すのである。見申《みざる》、聞申《きかざる》、言申《いわざる》である。希臘で用いられた「神秘」の語義も同じである。宗教は言葉を慎み目を謹む。見ずして信ずる者、音なくして聞く者、声なきに語る者、彼等こそ信仰の人と言わねばならぬ。

我こゝろ　一度にひらく　白蓮花
常と無常は　ゆふにいわれず

「一度にひらく」の句、脱落の禅境を現わし得たとも言い得よう。法悦の句である。

くるしみも　悟りてみれば　たのしみぞ
くるはる〳〵の　たそくなりけり

とりわけて言うべき句ではないかもしれぬ。併し嬉しさにも仏を仰ぎ、苦しさにも仏を讃え、糧ある日も飢ゆる日も感謝に充つる生活は、とりわけて記すに足りると、言い得ないだろうか。

東西に　ほどこす内に　ふく北る

神も佛も　南なりけり

東西南北の四字を組み入れし歌。「北る」は「来る」であり、「南」は「皆身」である。之に近いものを俳句ともなした。二三の異った個所にその茶掛けが残る。

東西や　南に北る　福集草

之は上人からの新年の贈物に屡々せられた。

木喰に　みなだまされて　きてみれば
　佛法僧の　浄土なりけり

彼を疑うものに示した句であろう。法《のり》の道は嘘らしく思えるかもしれぬ。だが信ぜよ、その信仰は、信ずる一切のものが真《まこと》なるを証《あかし》するであろう。上人の調には屡々諧謔があった。時として洒脱であり、時としては鋭利である。彼の鋭敏なる頭脳の閃きが見える。

佛法に　こりかたまるも　いらぬもの
　みだめにきけば　うそのかたまり

「みだめ」は「弥陀奴」である。誤った固執に信仰を裏切るものが如何に多いであろう。私達は救われない信徒の多くを見る。

念佛に　こゑをからせど　おともなし
　みだとしやかとは　ひるねなりけり

声のみ高い念仏は、声なきにも劣る。目撃した事相の一描写である。

ゆめの世を　ゆだんして　ゆめでくらして　ゆだんして

ろせんをみれば　たつた六文

「ろせん」は冥土に旅する路銭である。

ゆだんして　あさきゆめみし　しやれかうべ
しるしの塚に　とうば一本

哀れな末路の印である。

たのしみの　ゑようゑひぐわに　のぼりつめ
くだり坂には　みじめなりけり

奢る者に送りし歌。

いつまても　おる娑婆なれば　よけれども
今にも行ば　捨る寶ぞ

富は死の道づれにはならぬ。

はか所まで　ないつわろふつ　おくられて
それよりさきは　ひとりたびじぞ

浄土への道しるべは建てられてはおらぬ。

皆人は　慾あくがうに　ひかされて

地ごくを願ふ　しやばの有さま

人は求むべきものを求めず、求む可からざるものを求めている。否、求めるを嫌うものをすら求めている。

　ぐちむちも　おしやつんぼに　さもにたり

　　　事もわからず　やみぢ成けり

あさましや　利もひもしらぬ　ぐちとぐち

　　　にてもやいても　くわれざりけり

「利」は「理」の誤字であろう。上人が磨く言葉の刃は鋭い。

人の身の　したい不同は　何事ぞ

　　　長者様から　非人乞食

人は強いて不同を形る。併し最初から不同が許されておると誰が称え得るのだ。

木喰も　衆生のめしが　くひたらで

　　　又出てくゐば　はらもぼてれむ

「ぼてれむ」は甲州の方言、「腹ふくれ、うんざりする」との意。

ものしりは　いろ〳〵さつたの　ごたくかな

　　　ひとつも　われは　わからざりけり

秀逸である。凡ての理窟も饒舌も、この一矢に向っては力がない。「ごたく」は「御託」であって、くだくだしく横柄なる口上を述べたつる意。

木食も　めひどのたびに　つれもなし
　　もどりてみれば　とふば一本

蟬脱したものの句である。そこに彼の運命が読まれる。冥土からふとこの世をふりかえる彼の顔が浮ぶ。やがて忘れられた中に、こつこつと一人で歩む彼のうしろ姿が見える。淋しげだと見るのはこの世の見方であろう。いつも彼の顔には微笑みが宿る。

木喰も　いづくのはての　行だおれ
　　いぬか　からすの　ゑじきなりけり

八十八歳の作。詠嘆もなく執着もなく、又恐怖もなく死に近づく彼。捨身を完うする一生の終りを飾りなき是等の言葉に托した。

跋

上人作地蔵尊に寄す

（余にこの尊像を贈られし
小宮山清三氏にこの一文を献ぐ）

貴方は微笑む。蓮台の上に端座し、合掌し、私に向って微笑み又微笑む。どうして微笑むかと尋ねても、その微笑みに凡ての答えを托している。私がその意味を思い惑うともなおその微笑みを止めない。又解き得たと思う時も只微笑んでのみ受けている。

私は今、日夜を貴方と共に暮している。私が嬉しい時も貴方は等しく微笑んでいる。だが悲しい時でもその笑顔をくずさない。私が病に在ってもそうだし、健かであってもそれを更に変えはしない。どうしてそうなのかと貴方を眺めても依然として同じである。私の生活の凡ての変化も、貴方の不変化を乱すことは出来ない。

かくして私はいつも貴方の微笑みの中に在るのを悟り出した。時として腹立しき怒りに心を曇らす時、私は貴方の前に佇む。私はそれを習慣にし出した。貴方の笑顔は思わず私の心をゆるめてくれる。だが私がかくするのを忘れている時も、貴方は依然として同じ微笑みを忘れていない。それを想うと私の心も微笑する。私の苦しみも淋しさも又は凡ての楽しみも皆貴方の前には平等なのだ。この不可思議な事実を貴方は事毎につれて悟らせてくれる。

私は思わず貴方を高き場所に安置して、その前に香をくゆらす。静かな烟に囲まれ乍ら貴方はそれを又微笑みに於いて受けてくれる。だがかくすることを私が怠ったとても、貴方の相貌には嘗て一点の変化もないのだ。人が見ようが見まいが、貴方を粗末にしようがしまいが、凡ての者に向って凡ての瞬間に於いて、貴方は同じ微笑みを泛べているのだ。かくして凡てがその微笑の中に摂取されているのだ。

私は飽かず貴方の唇を眺め、眼を見守っている。口は開くが如く開かざるが如く、眼は閉じるが如く閉じざるが如く、不即不離の相である。何たる心の体得がこの表現を捕え得たのであるか。若しもう一分その口が開いていたなら、私は貴方を想う機縁を失うであろうに。開かれた笑いであるなら既に只の笑いに終る。貴方の微笑みは名づけ得べき笑いではない。それは嘲りの笑いでもなく高い笑いでもない。又は楽しさの笑いでもなく、冷やかな笑いでもない。否、笑いに属すべき凡ての型を許さぬ。名づけ得又説き得べき笑いであるなら、それは何の深さをも持たぬ。之をこそ不言の作とも云うのであろう。

貴方は或ものに向って微笑むのでもなく、又その微笑みに或ものを示そうとするのでもない。凡てがその前に無差別であり、然も差別なきその相に凡ての差別を迎えている。その微笑みは移りゆく時間を持たぬ。或時に笑うのでなく、又時に移るものに笑うのでもあらぬ。その微笑みに於いて、時に流るるものを、時なき境に活かそうとするのである。凡てのものはその変りなき微笑みに於いて又不滅にされる。そこには絶対な境地が漂う。示される心はあらゆる二元界に無関心である。凡ての対立の世界から超然として離脱する。然も如何にそれが密な交わりを凡てに結んでくるであろう。

貴方は人類が浄土に帰るのを眺めては微笑んでいる。だが人間の凡てが地獄に落ちてもその顔を曇らしはしないのだ。否棄てられる凡ての霊を、その微笑みに於いて拾い取ろうとしている。私は私の運命がどうなるかをよく知らない。だがどうなろうとも、貴方の微笑みに変りがないことだけはもう慥かだ。そうしてその微笑みに受けとられているという私の運命だけは慥かだ。私は貴方の傍らに立ってこの幸福を感じている。

おお、貴方も貴方自身の運命がどうなるかを知らないのだ。だが知らないその運命への完全な征御が、貴方の微笑みの中に果されているのだ。歳月は静かに貴方の躰を亡ぼすかもしれない。併し微笑み乍ら朽ちてゆくその微笑みを止めさすことは出来ないのだ。貴方は貴方の凡ての敵をその笑顔に於いて迎えて了う。どんな力もその前には力がないのだ。貴方の運命が貴方を変え得るのでなく、貴方が運命を変えて了う。凡ての人類も自然も今貴方の微笑みの裡に抱かれているのだ。

見よ、貴方を眺める時、誰でも同じ微笑みに誘われてゆく。誰がそれを禁じ得よう。私達が禁じても貴方が禁じないのだ。如何に抵抗しても貴方の笑顔の前には無益なのだ。なぜならその抵抗をも笑顔で受けて了うからだ。少しは怒ってくれるかと思っても、その予想が当る場合がない。手のつけようがないといって、貴方をうっちゃっておいても、尚独りでその微笑みを続けているのだ。世界の力も貴方の顔を乱すに足りない。否、乱れないその顔に、この世に於ける凡ての乱れが受けられてゆくのだ。かくして凡てのものはその微笑みの世界へと入ってゆくのだ。否、入らないものは一つもないのだ。なぜなら入らない場合でも同じ微笑みに受けとられて了っているからである。

私は貴方の微笑みから逃げることはどうしても出来ない。逃げてもその微笑みの最中で逃げているに過ぎないからだ。昔中世紀の人が、神を出る門は神に入る門だという意味の言葉を残した。同じその真理が貴方の像にまざまざと刻まれている。私がどうかして貴方を見ないようにと眼を閉じても、それは徒労なのだ。貴方の微笑みを受けつつ眼を閉じているに過ぎないからだ。貴方の微笑みに於ける摂取は限りない力だと云わねばならない。私達はどんなに貴方に背をそむけても、もうその微笑みの中に救われて了っている。離れようという私の行為よりも、離さないと云う貴方の行為がいつも先きなのだ。それ故私は貴方からどうあっても離れられない関係にあるのだ。否、離れようとすればするほど、離れていないことが意識されるばかりだ。たとえ貴方から離れられないということを私が忘却し得たとても、やはりその忘却の瞬間が貴方の微笑みの瞬間であるのをどうしよう。私は貴方によって、神の御救いが何を意味するかを学びつつあるのだ。

読者よ、それを名も知れぬ一彫刻だと看過してはならない。そこにつつまれた秘義を見る者は、神を見る幸を受けているのだ。真宗は弥陀に救済の誓願があると私達に教えている。同じその教えが合掌するこの仏像に於いて活々と説かれて居るではないか。私達の運命はこの仏像が放つ微笑みのように、神から溢れる救いの中に受けとられているのだ。神は誰がどうなろうとも、彼の救いに於いて凡てを固く抱いているのだ。不浄な私達は地獄に落ちる身でもあろう。だが落ちるその刹那に於いても、神の愛に変りはないのだ。否、落ちるよりも前に、既に固く神の救いに引きとめられているのだ。愚にして濁る私達は救われる身とはならないのだ。併し救われないという事実よりも、救いたいという神の志の方がより強いのだ。そうして神から離れる瞬間はいつも神が離さないとする瞬間よりも遅く来るのだ。かくして一切の衆生万有は神の救いの中に受けとられている。多くのものは神の存在を否むであろう。併し神はいないという私達の声よりも、神がいるという神自身の声の方がいつも先に響いている。神の存在に時間はない。時間の世界は彼よりも後に来る。丁度菩薩の微笑みがそれを見る私の心の働きよりも先にあるのと同じである。世界の凡ての現象はその微笑みに先んじて起ることが出来ない。然もその微笑みは不動である。

それ故よし私達が仏像を棄て去ることに成功しても、その成功は微笑みつつある世界の中で果されるに過ぎない。大なる悪とても神の善を破ることは出来ない。凡ての悪が神の善の中で起るに過ぎないからだ。私が悪によって神に叛こうとしても、もうおそすぎるのだ。何故ならそれよりも前に既に神の愛に抱かれて了っているからである。

私の前にある地蔵尊は、かく私に教え、私に語る。

（一九二四、五、一五）

円空仏との因縁

名古屋訪問の砌《みぎり》、昭和三十一年十一月八日、私は図らずも富田孝造氏の御案内をうけて、加藤恭太郎、片野元彦、青井東平の三氏と同行して、富田家に永らくまつられているという医王堂を訪ねた。それは覚王山日暹寺《にっせんじ》の近くであった。之は銃薬師堂とも云われている由だが、私は想いがけなくそこに、夢にも見たことのない程の荒彫の十二神将を初めて見て、この稀有の彫像に全く驚愕し、圧倒される程の感銘をうけた。本尊の薬師如来は伝統的な一般のものであったが、左右に列ぶ木彫は殆ど如何なる伝統にも属さぬものであった。富田氏の話では名古屋城建立の時、その余材を貰い受けて、是等の木彫が作られたという。見ると十二神将で、丈はまちまちであるが、中々巨大であった。只一体だけ丈のやや低い合掌する像があって、之は居士型であったので、恐らく寄進者の肖像かとも想像されたが、その折には是等の木彫の作者が誰であるかは知られていなかった。

嘗て木喰上人の木彫に驚嘆した私は、又々この新しい木彫に出逢って、その奇遇に驚いたが、その折私は脈搏の不調に悩んで長くは堂内に止まることが出来なかった。それでどうしても早速撮影して、広く世に紹介すべきだと即座に考えられた。そうして若し之が十分に写真を入れて紹介されたら、天下の注目を集めることは必定だと、切に感じられた。私は是等の彫像について、いち早く彫刻好きの京都の河井寛次郎に報告したかと思うが、程なく写真師西鳥羽君が西下するのを知って、是非帰途名古屋に立寄って撮影してほしいと頼みこんだ。幸いにも一ケ月程の間にこの望みは果された。併し写真が届いた時には、私は重病のため入院を余儀なくされ、牀上でぼんやりその写真を眺めたのを記憶している。

私は往年木喰上人に没頭したことを想い起し、この未知の彫刻について、再び自ら調査の日を持ち度いと切望するに至った。併し病勢はそれを遂に許さなかった。然るにどういう因縁であったか、岐阜に住む谷口順三氏や小瀬洋喜氏が、その作者について早くから調査を企てられ、それが円空上人の作だということが既に明らかにされており、片野氏を通してその概略の報告を受け、病床でそれを読み、いたく有難く感謝したことを覚えている。

幸にも次々に仏躰は発見され、名古屋周辺にもいろいろあることが分った。そうして私が嘗て飛騨の高山の古物屋で鉈彫仏として求めた一躰が、後に同じ円空上人の作だと判り（裏面には悉曇で種子と仏名と圓の字が読まれる）その奇遇に又驚かされた。私の希望もあって、この円空上人の作をややまとまって最初に紹介したのは「民藝」昭和三十二年八月号（通巻五六号）であるが、今回第十三回民藝協会全国大会が名古屋で催されるに際し、その行事の一つとして円空仏の展観が開催されるのを知り、田中豊太郎君に乞うて、円空仏特輯号を「民藝」で編んでもらうことになった。

日本の現代彫刻は、殆ど凡てを西洋近代彫刻からその糧をうけとっているが、吾々の足許からこのような彫刻が出現したことを、どう見るであろうか。私には是等の作が世界の彫刻家をうならせる程の、生々とした美しさを持つと思われてならぬ。民間に親しまれた仏躰として、私共は木喰仏の存在を忘れることが出来ぬが、この円空上人は木喰上人より更に溯ること約百五十年で、大体寛文から元禄にかけて活躍された上人で、真言の修法を身につけた天台の僧であった。その行蹟は恐らく木喰仏程に日本全土に行き亙ってはいないであろうが、それでも既に飛州、尾州、濃州、江州、野州等に数多く見出され、遠くは北海道にまで足跡が及んでいることを思うと、木喰上人の如く、やはり熱烈な廻国の行者であったことが分る。それも恐らく有縁の各地に仏躰を遺して、仏法興隆の悲願を発したものと考えられる。而もその表現の自由さ大胆さは、近代彫刻どころのさわぎではない。それに材料の殆ど一切が余材であり、而も鉈裂きのままで仕上げがない。仏躰が何であるかは、ほぼ見分けがつくから、多少は伝統的形式をもつが、表現は全く独自で、僅かに近似したものを除けば、殆ど過去を背負わぬとさえ云ってよい。それ程独創的で模倣の跡を持たない。特に仏教芸術が因襲に沈んで萎縮した江戸時代に於いて、桁外れの新鮮さを示すものと云ってよい。

「般若心経」に「罣礙《けいげ》なければ恐怖なし」とあるが、誠に是等の彫像を見ると、惧れとか、ためらいとか、こだわりとかいう性質がない。況んや新しさ美しさ等に引っかかった仕事ではない。而も今まで殆ど誰からも留意されなかった是等の彫刻が、有難いことに、谷口、小瀬、土屋、阿部氏等の努力によって急速に各地で明るみに出された。尤も円空上人は木喰上人と違って、早くから認められていたと見える。「近世畸人伝」にも載り、菅江真澄等からも留意されていた由でも分るが、遂に最近に至って正しい研究者を得たわけである。近頃ロダンの彫刻が数多く日本に着いて、改めて人々の注目を受けているが、吾々日本人は是等の円空仏が日本から生れ日本に数多く存在している事実を、もっと留意してよくはないか。恐らくどんな近代彫刻も、是程に自由であり、新しくはあり得ないとまで感じられるが、どうであろう。是等円空仏は、木喰仏と共に今まで一度も日本彫刻史上に記されて来なかったが、之からの史家は是等の作を度外視することは出来まい。何れにしても円空仏によって日本彫刻史に、新しい一頁が活々と加わったことを、共々に日本人として祝福したいではないか。それとも在来の史家は、余りにも正脈を離れた荒々しい法外の作だと見て、記述を尚もためらうであろうか。若しそうなら、私は率先して是等円空仏のために、筆を洗って感嘆の辞を書き起したい気持ちにかられる。但し是等の円空仏は、著しく新鮮な表現を示すから、誰よりもいち早く近代の芸術家達から喝采を受けるのではあるまいか。只之が、宗教的生活の深みから生れ出たものである点が、どれだけ現代人に汲み取られるかは、覚束なく思われはするが。

円空仏と木喰仏

上

不思議なことに数々ある日本彫刻史の中に今まで円空と木喰との名は現れてこない。尤も円空上人の方は、既に江戸時代に幾許かの人から注意されていたし、木喰上人の方は詳しく紹介されてから、もう三十年にもなるのであるが、凡てのことは機が熟さないと、正史〈orthodox history〉には現れてこない。それにしても二上人の作が認められるのに大変手間どったのは不思議だと云える。

なぜなら、二上人ともそんなに古い人達ではない。円空上人は寛文から元禄前後（西紀十七世紀後半）に働いた人であり、木喰上人の方は更に近く、文化文政頃まで（西紀十九世紀頭初）に居た人なのである。

次に、二上人の彫像は、残る数が驚くほど多いのである。恐らくどんな彫刻家よりも沢山刻んでいるであろう。

第三にそれ等の遺した彫刻の分布区域はとても広いのである。円空仏の方は少くとも日本の中部以東以北に沢山見られ、又木喰仏の方は上、北海道から下、薩州に至るまでの広範囲に及んでいる。

終りに、是等の彫刻は一見して誰にも分るほどの独創性に豊かなのである。

以上のような好条件を持つのに、どうして今まで、ろくに認める人が出なかったのであろうか。事情は恐らく左の四つのことに由るのであろう。

第一、恐らく末期たる江戸時代に優れた作があるとは誰も予期しなかったのではあるまいか。

次に、作品の殆ど凡てが片田舎にあり、それも小堂等に匿れているものが多かったことに由ろう。

第三には、作品の性質が極めて民衆的なものであるため、今まで上等な金銅仏等を相手にしてきた史家達には、恐らく縁遠いものであったのであろう。

終りに、その彫像が至って質素なものであるため、歴史家の眼には美的値打ちの極めて低いものと見られたためではないであろうか。

ともかく在来の仏躰と余りにその性質が違うので、正史に加えられなかったのだと思える。彫刻としては、謂わば傍系〈collateral（subsidiary）〉のものに違いないのである。

併し美術史は屢々傍系の作によって革新〈renovate〉される。円空仏も木喰仏も、そういう使命を背負って、今や漸く歴史の光を浴びるに至った。それ故之からの歴史家は二上人の作について、今までのように沈黙をつづけるわけにはゆかないであろう。

中

扨、二上人の作には互に異なる性質はあるが、同時に極めて類似した点が見られ、又それが二上人の作の著しい特色でもあるので、順を追ってその共通点を述べることにしよう。

第一は、二上人とも僧侶〈monk〉であって、決して彫像を職とした仏師〈proffessional carvers〉ではなかった。円空上人は天台宗〈Tendai sect〉の僧で、木喰上人は真言宗〈Shingon sect〉の僧であった。但し二人とも宗派を固守した人達ではなく、従って刻まれた仏躰も何宗のものと限られることはなく、あらゆる仏菩薩を自由に刻んだ。

第二に、両上人とも遍歴僧〈pilgrim〉であって、長く一定の寺に住持したのではない。各地を遊行して〈making pilgrimage〉共にその足跡は遠い地域に及んだ。謂わば「三界無庵」の僧であった。

第三に、このことを考えると、二上人の彫像は悲願行〈pathetic prayer〉であった。

つまり有縁の土地を求めて、随処に仏躰を遺す大願〈great prayer〉を立てた人々であった。

第四に、その足跡が広いにつれて刻み残した仏躰の数量は大変な量に上った。木喰上人は二千躰〈2000 figures〉の大願を立ててその満願に終りまで力を注いだ。円空上人は果して幾躰を刻みおおせたか、尚不明であるが、大小併せれば之も優に二千躰を越えるであろう。二人とも大きな仏像は丈余に達し、数寸に過ぎない小躰にも及んだ。木喰仏は殆ど凡てが立躰〈solid figure〉であるが、円空仏には扁平な浮彫〈relief〉のもみかける。その何れもが木仏〈wooden figures〉の点では共通する。

第五に、それが夥しい数で遺ることは、それが如何に早く刻まれたかを語ってくれる。木喰仏には幸にも裏面に作年月を墨書したものが多く、それによると一日に丈二尺五寸大のものを四躰〈4 images〉も刻んだことが知られている。ともかく両上人とも非常な精力〈energy〉を以って刻み続けたに違いない。かかる精力と努力とは、偏えに信仰にもとづく彼等の精神力に依ったものと云えるが、恐らく肉躰的にも強健な人々ではなかったであろうか。

第六に、両上人の作は、何れも民衆相手の仏躰であった。それは決して立派な大伽藍に安置される金色〈gilded〉の仏像ではないことを意味した。もっと素朴で謂わば庶民の親しい話し相手としての仏であって、かかる民衆的性質に両者の著しい共通点が見られる。

第七に、このことにつれて、悉くが質素な仏躰であって、何れも白木〈unpainted plane wood〉のままであることが特長であった。而も早く多くを刻むことから必然に荒削りであった。そうしてこのことは作風に益々単純化を誘った。

第八に、仏躰は大体に儀軌〈iconographic regulation〉を守っているので、ほぼ何仏かは見当がつくが、在来の仏像とは違って決して細かく形式〈form〉を守ってはいない。それ故極めて未完成〈unfinished〉なものが多く、何れにも丁寧な仕上げ〈finishing〉は施されていない。特に円空仏に於いてはこの傾向が著しく、材料も木を裂いたままで残してあるのが一特色でさえある。木喰仏も亦荒削りであって、在来の仏師の丁寧な仕事とは大変な違いであった。

第九に、それ等の仏躰は必然に立派な厨子等に安置される命数がなく、多くは名も知れぬ片田舎の小さな御堂等に見出される。施主〈patron〉も藩主や庄屋等の有力者によることは稀であったであろう。そのためもあろう二上人の彫像は大概は埃にまみれたままに放置された。かくして人々の注意から洩れて、彫刻史の盛んになってくる最近ですら、学者達から認められるのが大変おくれて、今もその正史には登っていないのである。それは正統な意味での彫刻とは認め難かったためであろう。又時が経つにつれて上人達への記憶も薄らいで、益々その作品が忘れられ、又粗末に扱われるままで放置してあったことは、今もそれが見出された時のみじめな状態によってもよく示されているのである。

下

ここで私は円空、木喰両上人の遺された仏躰の美的価値やその意義について幾許かの言葉を添えて、この一文を結ぶことにしたい。

その特色の第一は、何れもが普通の意味からは未完成品だということである。前述の如く何れにも丁寧な仕上げは施されていない。屢々それ等の仏が「鉈彫り」とか、「鉈ばつり」とか「一刀彫り」とか呼ばれてきたのも無理はない。特に円空仏にはこの特色が濃く、材料は殆ど鉈〈hatchet〉で裂いたままのものを用いた。時には余材〈remained materials〉のままですらあった。この未完成を別の言葉で云えば、破形的〈deformed〉であると云ってもよく、又不完全性〈imperfection〉があると云ってもよい。併しこのことは、何も未完成の方がよいという意識からの仕事と解してはならない。

かくして彼等の仕事は第二に、極めて自由〈free〉で自然〈natural〉であったことを示すのである。美しく奇麗に仕上げることに無関心〈indifferent〉であったが、同時に荒く削るそのことに興味があったと見てはなるまい。只与えられた〈given〉材料〈materials〉を素直に受取って、坦々と彫ったというのが実状であろう。

その結果第三には、因襲的〈conventional〉な方法で仏躰を刻むことをしなかったことになる。それ故在来の仏像への追従や模倣は全く見られないのである。

併しここで又注意してよいのは、模倣しなかったのみならず、強いて独創をも狙わなかったと考えてよい。それは極めて自然に宛ら水が流れにつく如く、素直に自然に仕事をしたことを意味する。この自由な心境こそ、作品にかくも独創的な性質を与えた根本的理由をなしているのである。

それ故第四には、如何にそれ等の彫刻が独自なものであっても、決して美に対する主義主張〈ism〉からそんな独自性を示そうとしたのではなく、極めて自由であったから、おのずからその独自性が現れてきたと解すべきであろう。

同じように第五の特色として最も注意してよいことは、今でこそ吾々はその彫像の持つ著しい美しさに讃歎はするが、決してそれ等の仏躰は芸術的な美を求めての仕事ではなかったことである。即ち美醜への判別〈aesthetic consciousness〉がそんな仕事を育てたのではないことである。つまりそれ等の仏躰は美醜〈beautifulness or ugliness〉の判別〈judgment〉の彼岸〈beyond〉で生れているのである。そうしてここにこそ仏僧としての体験が豊かにあったと云ってよい。即ち美醜未生〈unborn〉とか、美醜不二〈undifferentiated〉とかの境地からそれ等の仏躰は生れているのである。

是等のことを想うと、仮令それ等の作は江戸期という近世の作ではあるが、恐らくずっと古い時期の彫像と相通じるもののあることを感じる。古代に於いては凡ての芸術は、決して知的理解〈intellectual understanding〉から生れてはいないからである。

第六に、一見して分るように、こんな自由な彫刻は在来の作には見られない。つまり歴史に殆ど類例のない作たることが分る。この意味でこういう作を見ると、啻に仏像に於いてのみならず、一切の彫刻の作風を解放してくれる作品のようにさえ見うける。凡ての偉大な作者は、何等かの意味で歴史の解放者であったが、この二人の僧侶彫刻家〈monk-sculptors〉も何か新しい時代を開いてくれる解放者〈liberator〉の如く思われてならない。そのせいか二上人の彫像には、極めて近代風な性質をさえ感じるではないか。

現代の多くの有名な彫刻家は（否、画家達も）原始芸術〈primitive art〉の跡を追うようにさえ見えるが、是等の円空及木喰仏は、決してそんな追従の仕事ではなく、宗教的体験にもとづく自由さによって、一切の桎梏を離れて、新旧〈new and old〉の別〈difference〉さえも越えて、自在にその仕事を果したのである。このことこそ、二上人の作が真新しい感じを吾々に与えてやまないその理由なのである。

そうしてかかる独特の作風〈style〉は、一切の風からも自由であったそのことに発しているのである。それ故二上人の彫刻には他の風による影響はなく、又新しい風を起すそのことにも執心〈attachment, attached mind〉はなく、新しさにも古さにも囚われない永遠なものが感じられてくる。この性質こそは一切の芸術にとって、最も重要な美の要素ではないであろうか。

最後に第七の特色として、次の真理をも云い添えるべきであろう。それは一見「拙」に見え、荒々しく見えて、如何にも完全な美しさからは遠い性質を持つように見えるが、その拙〈clumsiness〉が拙のままで活かされ、又荒々しさ〈coarseness〉がそのままで活き活きしたものに甦っている点である。このことを考えると、美しさは何も拙を巧に改めることによって、又荒々しさを丁寧な仕上げに直すことによってのみ得られるのではないことが分る。ここにも仏法で云う「そのままの道」〈"The Way of Thusness"〉がよく具体的に立証されているのを感じる。この真理こそ、円空仏や木喰仏から教わる最も大きな又深い教えではないであろうか。

要するに二上人の仏像の美しさは、美と醜との対立のない世界から生れたものであり、又巧拙の差違の彼岸で生れていることが分る。ここに彼等の仏躰の現代彫刻界に於ける新しい意義があると信じる。之が私の達した結論なのである。以上をかいつまんで更に述べると、次の結論に要約することが出来よう。

円空仏や木喰仏の美しさが何処から湧き出ているかを考えると、実に美醜の判別等から発しているのではなく、全く別の泉〈source〉から湧き出たものであることが分る。美にも醜にも無関心な心、即ち美を求めず、又醜を恐れぬ自在心からその美が湧き出ていると云ってよい。仏教ではかかる自在心を「無礙心」とか、「無住心」とか云うが、実にこの「無住心」から、おのずから現れてきたのが、彼等の彫刻の美の一大特色なのである。

正に「金剛経」〈The Diamond Sutra〉の次の有名な句の何よりの活きた姿ではあるまいか。経〈sutra〉に云う「応無所住而生其心」「応《まさ》に住する所なくして其心を生ずべし」。こういう性質は、何もかも意識的で知的な近代芸術とは、おのずからその趣きを異にするが、自由を求める近代作家にとって、却って是等の彫刻が極めて近代風にさえ見えるのは、ここに思いもかけぬ別種の自由さを見出して、そこに驚歎を感じるからではないであろうか。

而も近代人が知的に自由を主張しているのに対し、是等の二僧侶が示してくれる自由は、心の自由、即ち自由という考えからも自由なその自由さであったことを明記すべきであろう。かかる自由さは宗教的体験に外ならないのであって、ここが近代芸術の標榜する自由と、根本的にその性質を異にする所以なのである。若しこの消息が分れば、二上人の彫刻は、以って吾々の手本とすべき道の顕現だと考えてよくはないであろうか。又ここに仏教の具体的〈concrete〉な活きた〈living〉姿が見られるとも云えよう。

木喰五行明満上人年譜

日本順國八宗一見之行者　十八
大願之内本ぐわんとして　佛を
佛師國々因縁ある所にこれをほ
どこす　みな日本千體之内なり
日本しま〳〵修行すること　今
年まで七十五年　心ご、ろの中
に住ス
文化五辰歳三月廿一日ニ
コレヲカク
木喰　九十一歳
神通光明　明満仙人（花押）

享保三戌（西紀千七百十八年）　生地は甲斐国西八代郡古関村丸畑。姓は伊藤。父の名は六兵衛。二男として生る。幼名不詳。

享保十六亥　十四歳　故郷を出奔し江戸に走る。之より流浪の日。

元文初年　廿歳の頃　役を得て偶々故郷を検分す。

元文四未　廿二歳　相州大山不動尊へ参籠し、子易町に於いて古義真言宗の大徳より道を説かれ仏門に帰す。七十年間の僧としての生活この時に始まる。

寛延、宝暦年間、凡そ三十歳より四十歳前後　「修行の後、所々の寺々を住職遍歴す」。行を修し妙典を暗じ悉曇を学ぶ。恐らく相州伊勢原を中心として関東に在り。

宝暦十二午　四十五歳　常陸国羅漢寺住職木喰観海上人より木喰戒を受く。終生この戒を守り、行持乱れざること五十年。恐らくこの年僧名を「行道」と改め「三界無庵無仏」と肩書す。

宝暦十三未　四十六歳　上人の父六兵衛二月より七月まで西国及四国遍路に出づ。

明和七寅　五十三歳　十二月父六兵衛故郷に歿す。

安永二巳　五十六歳　日本廻国の大願を発し、二月十八日相州伊勢原を出立す。武州、上州、相州、豆州を廻り再び相州に入る。この年より満願に至る

安永三午　五十七歳　まで廻国すること二十有七年間。
安永四未　五十八歳　武州、総州、常州、野州に在り。
安永五申　五十九歳　野州に長らく留り続いて再び、総州、常州を廻る。足利の鑁阿寺にて二十日参。この年四月母故郷にて歿す。
安永六酉　六十歳　常州の下妻、黒子等にて百日参。年の半奥州に進み羽州に入る。奥州平にて百日参。江戸を指し甲州に入り八月故郷に帰る。再び北上十一月奥州に戻る。弟子白道、上人に従う。白道も亦甲州の人。
安永七戌　六十一歳　相馬領を過ぎ南部に上る。海を渡って松前庄（北海道）に入りしは六月中旬、この年より江差に留ること二ケ年。遺作二体のこる。
安永九子　六十三歳　五月十四日松前庄江差を立つ。奥羽、陸中、陸前、磐城、岩代を経て、九月下野上都賀郡菊沢村栃窪に留る。居ること凡そ五ケ月。一堂を建立し、本尊薬師、二脇士、十二神将を刻む。
安永十丑（天明元）　六十四歳　二月廿一日栃窪を立つ。江戸を過ぎ上州を経て信州に入り越後に達す。閏五月廿三日佐渡小木に上陸す。之より佐渡に留ること四ケ年。その間各所を遍歴、仏像を刻み書軸を遺す。
天明二寅　六十五歳　佐渡檀特山御堂建立。地蔵尊のこる。歌集「集堂帳」起草。
天明四辰　六十七歳　梅津村に在り。吉井村秋津地蔵堂建立。

天明五巳　六十八歳　梅津村平沢に九品堂建立。本尊九品仏自刻像等を刻む。五月十五日佐渡水津を立つ。弟子丹海、堂を守る。越後を下り信州に入り上州、武州を経て甲斐に戻る。故郷丸畑に入りしは九月中旬。十月より甲府九ケ寺に五十日参。

天明六午　六十九歳　甲州、信州、各地に作を遺し伊那郡に進み、濃州、尾州、かくて年のなかば飛州に入る。越中、能登、加賀、越前を経て江州に入る。鋳物師に遺作存す。続いて伊賀、伊勢、志摩、紀伊。御坊に近き一小村中津川にて年宿。

天明七未　七十歳　西国諸番に詣で泉州、河州、かくて丹波。京を経て再び江州。続いて大和の諸大寺に詣で、摂津、播磨、美作、備前、備中。かくて四国遍路に進む。讃岐に上りしは五月中旬。札を逆に打ち予州、土州、阿州と廻る。十月初旬は淡路島。留りしは讃州鬼無村。この地に年宿。遺作のこる。

天明八申　七十一歳　再び予州を経て、海を渡り豊後国佐賀関に上る。三月中旬。四月二十日日向国分寺に詣ず。求められてこの勅願寺の住職となる。かくして職に在ることこの年より十ケ年。

寛政三亥　七十四歳　正月二十三日国分寺炎上す。上人再建の大願を発す。

寛政四子　七十五歳
国分寺本尊五智如来の彫像に着手。各々一丈八尺の大像也。九月阿蘇郡坂梨にあり。

寛政五丑　七十六歳
夏六月国分寺伽藍、本尊、自刻像等全く成る。「行道」の名を棄て「五行菩薩」と改む。且つ「天一自在法門」と称す。

寛政七卯　七十八歳
四月日州を発し隅州、薩州を経て、熊本に至り長崎に入る。時に十月。

寛政八辰　七十九歳
正月青表紙「歌集」成る。長崎を出て恐らく筑前、筑後を廻り年末日向佐土原に入る。

寛政九巳　八十歳
佐土原、金柏寺に釈迦牟尼仏大像を刻む。三月日州国分寺に帰る。四月八日国分寺を去り再び一遍路の身となる。それより後署名するに際し屢々「勅願所日州國分寺隠居事」と記す。豊後に入り豊前に進み、六月廿四日遂に九州の地を離る。長く留りし は長門国。この頃より「千躰仏」彫刻の心願を仏体裏に記す。美禰郡秋吉村広谷に毘沙門堂建立。本尊等彫像。萩に留り、年末福井村願行寺に入る。この間各地に仏体を刻む。

寛政十午　八十一歳
願行寺に立木薬師を刻むや紫福村信盛寺に入り大師像等作る。かくして友信、江崎等を経て三月末石州に入る。留りしは三隅村正法寺。出雲、伯耆、因幡、但馬、丹後、若狭。踵を廻らし、七月再び伯耆に入ってこの国に幾体かの仏軀を遺す。かくて美作、備前、備中、備後、安芸等、山陽の国々。周防に入って山口宮市等に留る。千体仏残る。

寛政十一未　八十二歳　中ノ関に月余を送り三田尻より舟を出す。再度の四国遍路始まる。三津浜に上り順次に札を納め予州、讃州、阿州、土州。再び三津浜より舟を出し瀬戸内海を舟行す。大坂に着きしは十月二日。山城、近江、伊勢、尾張、三河。かくて遠州奥山村に至る。杖を留めしはそこの狩宿。

寛政十二申　八十三歳　狩宿に十王堂建立、十王尊、奪衣婆を納む。三月初旬開眼供養。中旬奥山方広寺。閏四月堀谷村、再び十王尊刻。五月森町、同月歌集「心願」成る。六月駿州岡部。或は福昌寺、或は神入寺等。多くの作のこる。次に手越村泉秀寺。九月興津、中旬身延。甲州西八代郡大河内村帯金に留ること四十五日。薬師堂建立、本尊彫像。ここに日本廻国の大業遂に満願。十月晦日故郷丸畑に帰る。年末丸畑永寿庵本尊五智如来刻。

寛政十三酉（享和元）　八十四歳　正月釜額長沢寺本尊阿弥陀如来作。二月、本願を発し、丸畑に四国堂の建立及び八十八躰仏の彫像を志す。刀を執りしは三月八日、納めしは十一月晦日。大願成就。十三人の講中出で上人を援助す。

享和二戌　八十五歳

正月四国堂竣成。二月開眼法会。同月「四国堂心願鏡」及び「懺悔経諸鏡」起草。三月故郷を立ち信州に入る。諏訪郡長地村に留り刀を執る。上州に入り年末三国峠を越え越後に入る。

享和三亥　八十六歳

正月「心願集歌」成る。三月「木喰浮世風流和讃」成る。五月越後古志郡東山村小栗山に留る。六月同所観音堂本尊三十三躰仏彫像にかかる。八月成就開眼。十月北魚沼郡今泉真福寺。後再び小栗山に戻る。

享和四子（文化元）　八十七歳

三月小出町正円寺。四月刈羽郡上小国村太郎丸真福寺。六七二王尊大作成就。五月下旬三島郡関原村白鳥宝生寺に入る。六七両月三十三体仏作。八月下旬刈羽郡鯖石村西野入安住寺に留る。九月十月同寺にて三十三体仏作。隣村田尻村安田鳥越大日堂本尊作。十月下旬枇杷島村沢田に入り十王堂建立、十王尊その他作る。

文化二丑　八十八歳

正月大洲村洞雲寺のため、道元禅師像作。二月中頸城郡米山村大清水大泉寺に入る。大日、真言二開祖、立木地蔵等刻す。三月下旬東頸城郡保倉村大平大安寺に入る。十六羅漢、米寿自刻像等作る。熊谷を経て刈羽郡高浜町椎谷坂ノ下観音堂に十三仏を刻む。六月也。後三島郡に入り転じて南魚沼郡に入る。九日町、塩沢町その他各地に多くの遺作をのこす。

文化三寅　八十九歳

再び三国峠を経て上州に入りしと覚ゆ。四月信州諏訪郡に入る。八月故郷にあり。秋十月、丹波国船井郡畑中村清源寺に留る。十二月十日未明、霊夢を感じ、この日以後「神通光明、明満仙人」と号す。十一月廿七日弟子丹海、佐渡に歿す。

文化四卯　九十歳

三月丹波国船井郡高原村富田龍泉寺に釈迦、阿難、迦葉の三尊を刻む。併びに九十歳自刻像。同月下旬摂津国川辺郡中谷村に入る。阿古谷毘沙門堂、北田原東光寺等に廿数体の仏像を遺す。秋再び信州諏訪に入る。

文化五辰　九十一歳

三月甲州善光寺に大幅阿弥陀如来を画く。四月中旬甲府市教安寺に七観音を作る。（之以後の事跡未だ詳ならず）。既に「千体仏」を成就し、更に「二千体」の大願を発す。

文化七午（西紀千八百十年）　九十三歳　六月五日示寂。

文政八酉　十二月廿四日上人弟子木食白道、甲州鳥沢宿に於いて歿す。

（上人年齢の基準は「四国堂心願鏡」に拠る）

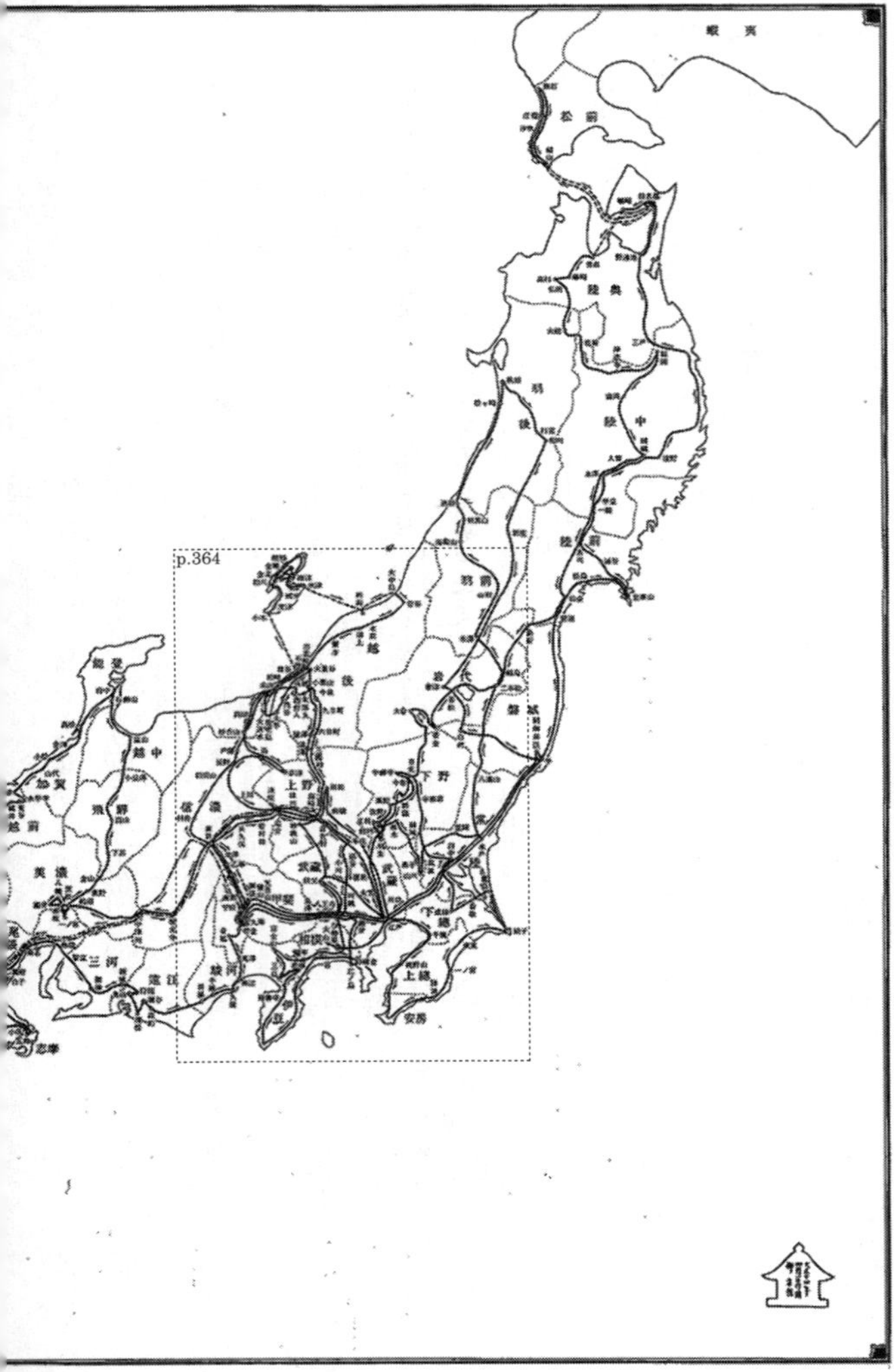

蝦夷
松前
陸奥
羽後
陸中
陸前
羽前
岩代
磐城
越後
下野
上野
信濃
武蔵
甲斐
相模
伊豆
駿河
遠江
三河
下総
上総
安房
越中
能登
加賀
飛騨
越前
美濃
志摩
p.364

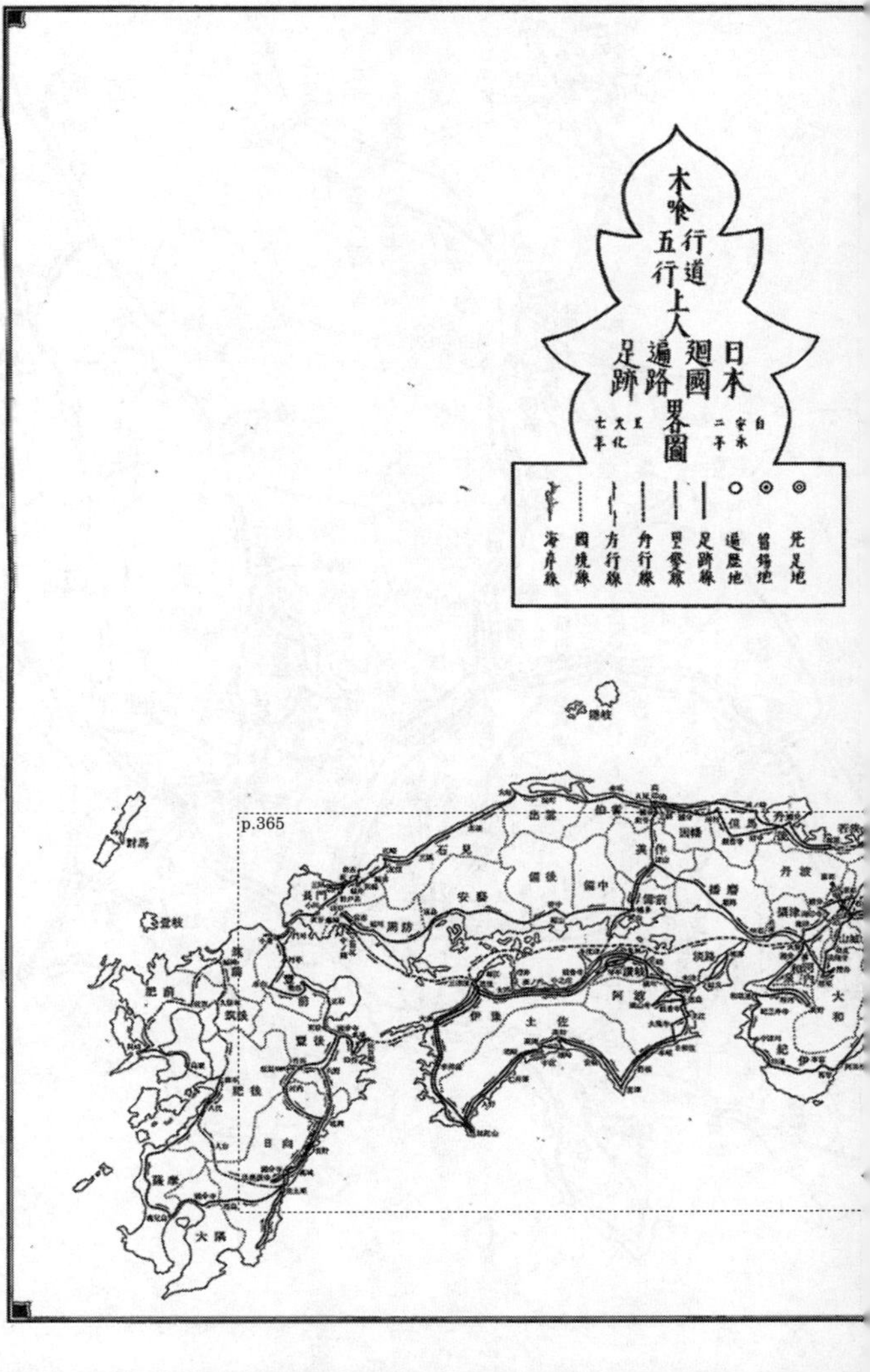

木喰行道五行上人
日本廻國遍路足跡略圖
自安永二年 至文化七年
発足地
留錫地
通歴地
足跡線
異變線
舟行線
方行線
國境線
海岸線
隱岐
對馬
壹岐
出雲
伯耆
因幡
但馬
丹後
石見
美作
丹波
備後
備中
播磨
安藝
備前
攝津
長門
周防
淡路
讃岐
阿波
伊豫
土佐
大和
紀伊
肥前
筑前
豊前
筑後
豊後
肥後
日向
薩摩
大隅

p.365

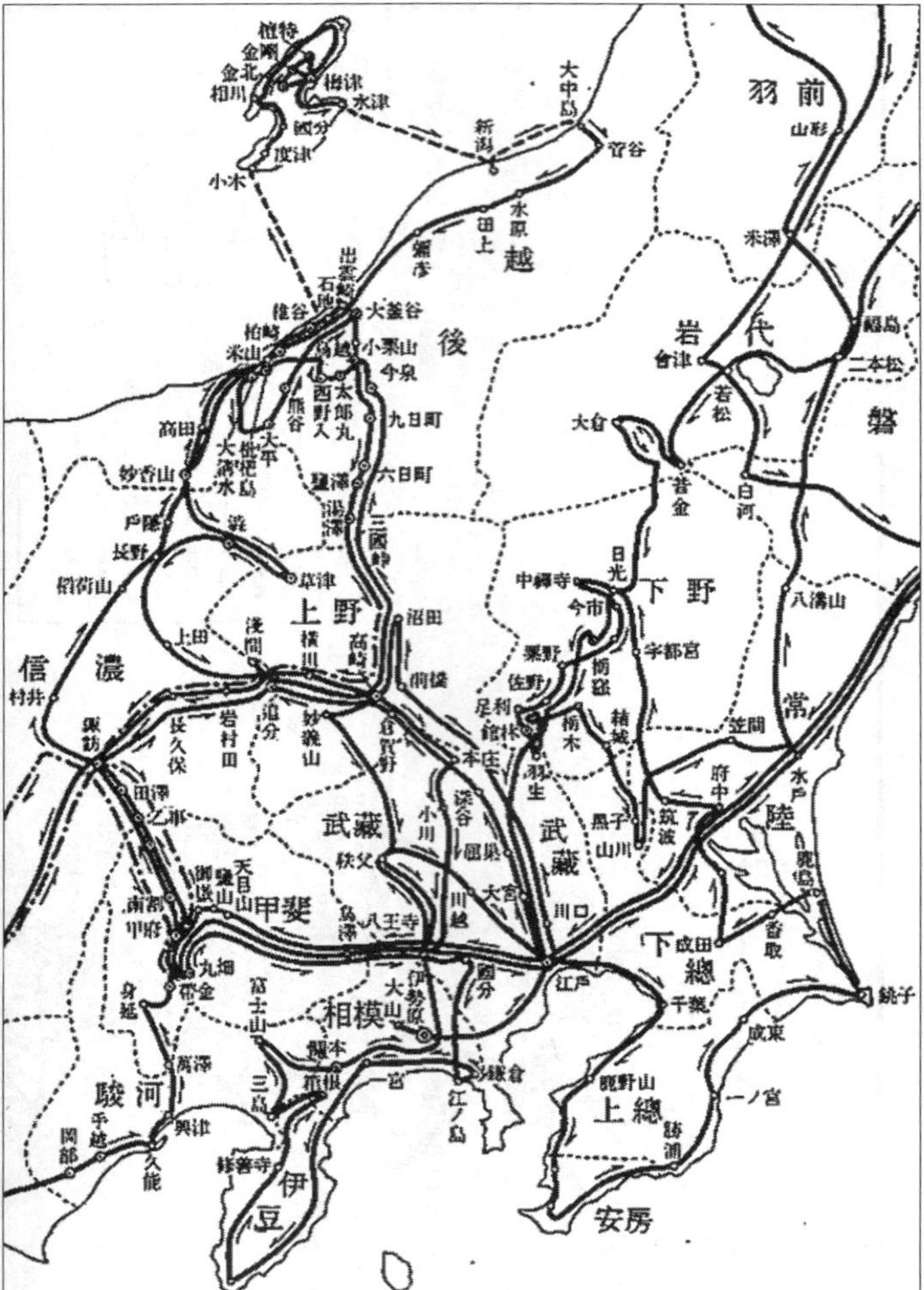

金北
相川
梅津
水津
國分
小木
大中島
新潟
菅谷
水原
田上
越
彌彦
出雲崎
石地
椎谷
大釜谷
柏崎
米山
小栗山
今泉
後
熊谷
西野入
太郎丸
九日町
高田
大平
大清水
枇杷島
妙香山
六日町
湯澤
三國峠
戸隠
長野
草津
稲荷山
上野
上田
淺間
横川
高崎
沼田
信濃
村井
諏訪
長久保
岩村田
追分
妙義山
倉賀野
本庄
田澤
乙事
武藏
秩父
小川
深谷
大宮
川越
川口
天目山
甲斐
南部
甲府
八王寺
身延
富士山
相模
大山
伊勢原
國分
江戸
三島
萬澤
駿河
興津
手越
岡部
久能
修善寺
伊
豆
江ノ島
鎌倉
一宮
鹿野山
上總
安房
成東
一ノ宮
銚子
千葉
下總
成田
香取
鹿島
陸
水戸
府中
筑波
山川
笠間
結城
栃木
羽生
館林
足利
佐野
栗野
今市
中禪寺
日光
宇都宮
下野
八溝山
常
白河
若松
會津
大倉
岩代
福島
二本松
磐
米澤
山形
羽前

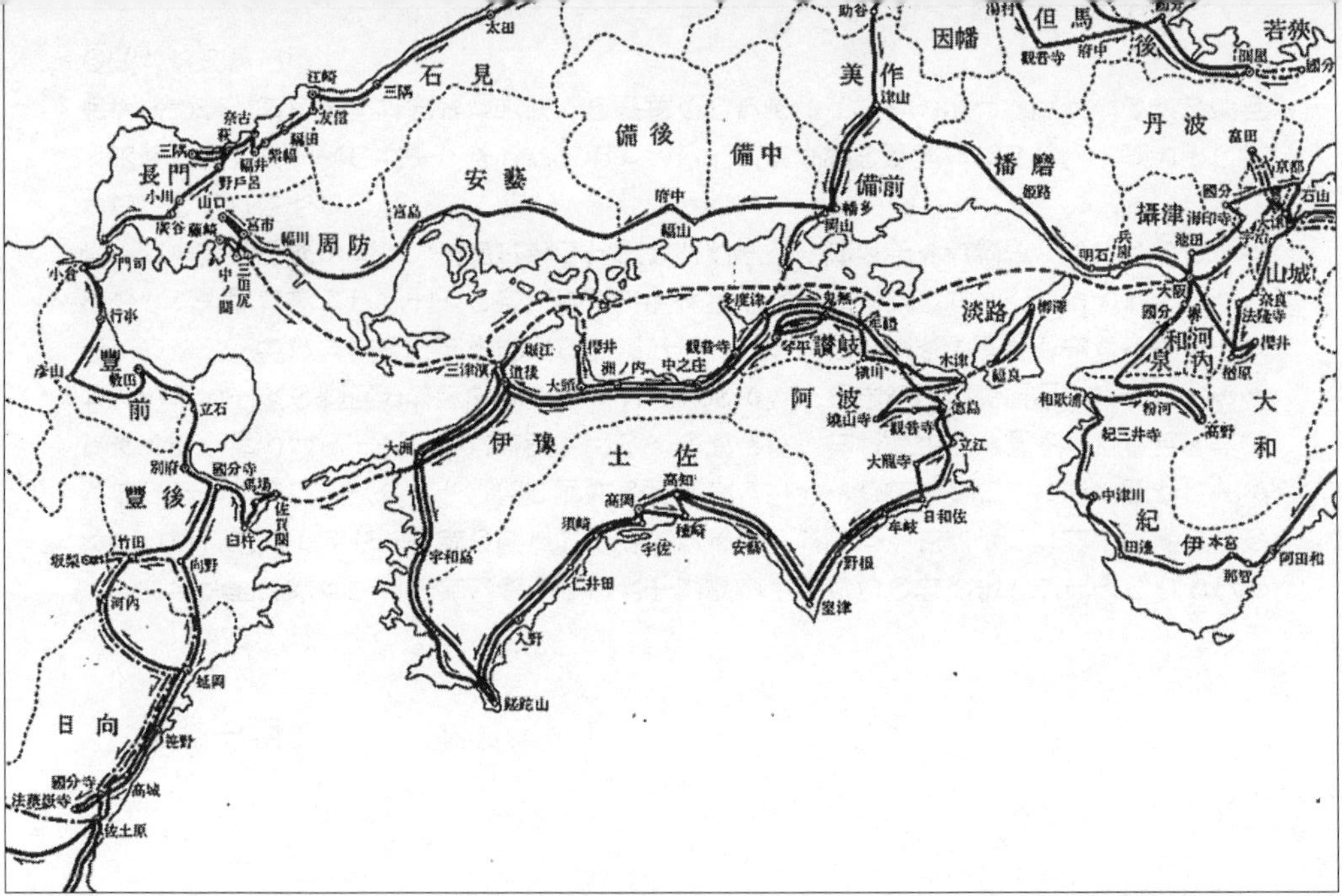

長門
石見
周防
安藝
備後
備中
備前
美作
因幡
但馬
若狹
丹波
播磨
攝津
山城
大和
河内
和泉
紀伊
淡路
讃岐
阿波
伊豫
土佐
豐前
豐後
日向
太田
江崎
三隅
益田
萩
奈古
三隅
福井
紫福
野戸呂
小月
山口
宮市
嘉川
宮島
府中
福山
岡山
勝山
津山
姫路
明石
兵庫
大阪
京都
石山
富田
國分
池田
國分寺
奈良
法隆寺
櫻井
國分
粉河
高野
和歌浦
紀三井寺
中津川
田邊
伊本宮
那智
阿田和
洲本
福良
撫養
木津
德島
観音寺
焼山寺
大瀧寺
立江
日和佐
牟岐
野根
室津
安藝
高知
高岡
須崎
宇佐
仁井田
入野
蹉跎山
宇和島
大洲
三津濱
道後
堀江
大頭
櫻井
洲ノ内
中之庄
観音寺
多度津
琴平
鬼無
坂出
小倉
門司
中ノ關
三田尻
行事
彦山
椎田
立石
別府
國分寺
高場
臼杵
佐賀關
竹田
坂梨
向野
河内
延岡
佐野
國分寺
高城
法華嶽寺
佐土原

挿絵小註

千体仏を刻み終り、二千体にかかって九十三歳を一期にこの世を去った上人のことである。ここに掲げる僅か十六個の像では不充分であるのは言うを俟たない。併し是等のものに於いても、ほぼ上人の作が、江戸時代の彫刻史に、どんな位置を占めるかを明かにするであろう。時として上人の作には荒々しいものがある。併し精粗や美醜や強弱の如き性質はもともと上人の意向とは関係がなかったのである。その独創も亦意識的な努力によるものではない。凡ては彼の信仰や為人の発露である。そういう泉から彫刻が生れる場合が少くなった当時に於いて、上人の作が遥かに元素的な力を現したのは当然なことであった。吾々は是等の彫刻を見て、末期に於いて失われた美が、再び活々と甦らされているのを感じないわけにゆかない。

民衆の教化は上人の仕事であった。そうして上人は是等の彫刻に於いて、一段とその使命を果した。彼の彫刻は何より民衆への贈物なのである。彼等と親しく語り合いたい意向の現れなのである。

一　薬師如来（一一頁）

今日上人の作で知られている最も初期の作は北海道の江差に残るが、本土に於いては下野国の栃窪にある薬師堂の諸仏である。鹿沼町から遠くない。薬師如来を始め十二神将及日光月光、〆十五体の仏軀が現存する。製作の年月は安永九年十二月であって、上人六十三歳である。初期の作であるから晩年のものとは異なるが、尚且つ独自の表現が著しく兆しているのを誰も感ずるであろう。本尊は丈二尺四寸五分で、仏体裏には「薬師大咒」と大書してある。当時の僧名は「行道」であった。花瓣型の光背を背に、蓮華台に端座する像で手には薬壺を支え静かに冥想する風情である。

二　十二神将（一五頁）

同じ栃窪の薬師堂に安置された神将のうちで、左二番の一体である。丈一尺八寸四分。本尊より小さく刻んである。当時の様式と如何に異なる独創的な表現であろう。頭髪には十二支の一つを刻み、手には大きな螺貝を有つ。もとは着色してあったが、今は落剥がひどい。長い間是等の作が誰の刀によって刻まれたかを知る者がなく、そのまま放置されてあった。二百余年、一体も欠けずに残されたのは僥倖であった。

三　自刻像（一二五頁）

上人は続いて佐渡が島に渡り、天明元年よりここに四ケ年留錫された。遺品として最も重要なのは、加茂村梅津に建立した九品堂で、ここに九品仏始め、五体の仏軀が見出された。惜しい哉昭和十七年に炎上し、烏有に帰して了った。今は写真のみが昔を語ってくれる。本尊九品仏は上人の作としては、最も様式化されたものであって、他に例がない。中で可憐な而も最も傑出した作は上人像である。今まで発見された十個ほどの自刻像のうち最も初期の一体である。併し上人は時に六十八歳であった。座像であって、衣の中に手を合せ静かに眼をつぶり、禅定に入る様である。自刻像の凡ては上人に頤鬚があったことを語る。丈一尺七寸。

四　不動尊（一四三頁）

愛染明王とか、馬頭観世音とか、不動尊とか、上人は屢々忿怒相をも刻んだ。表現甚だ強い。ここに掲げるものは、比較的初期の行道時代のもので、裏に記された文字により「寛政元酉極月廿四日」の作であるから、上人が日向国に滞在した時の作たることが分る。時に七十一歳である。後年の作と比較して自から異なることが分る。

五　聖徳太子（一九一頁）

寛政十二年七月五日と仏体に記してある。丈三尺七寸の立像であって、駿河国志太郡岡部町の光泰寺に現存する。中期の作として蓋し最も傑出せるものの一体であろう。そうして日本に数ある太子像の中で、慥かに忘れ難いものの一つである。上人が好んで刻んだ特色ある台座の上に立ち、ややうつむいて合掌する姿である。彫法簡素であり乍ら、表現を充分に有ち、当時の仏師の作と如何に異なるかを誰も気附くであろう。

六　自刻像（一九九頁）

上人が故郷に残しておいた唯一の自刻像であった。又数ある自刻像のうち、最も表現に富んだ作であり、彫刻としても一傑作であろう。微笑は上人が体得したその信仰の帰結であった。念珠を持ち巌上に座する像であって、岩には瓢簞が刻んである。酒を好みしことを語るのであろうか。全体の表現、上人の面目を躍如たらしめ、誰もここに活々と彼の為人を感じるであろう。寛政十三年二月廿四日の作。上人時に八十四歳。座共丈二尺四寸五分。日本民藝館蔵。

七　地蔵菩薩（二一一頁）

寛政十三年春三月、上人は故郷丸畑に四国堂建立の大願を起し、そこに八十八体仏を刻んだ。三月より始め十一月まで九ケ月をこの仕事に捧げた。上人は九品仏とか十三仏とか十六羅漢とか卅三体仏とか、好んで一群の像を刻んだが、中でこの八十八体仏が最も大業であったのは言うを俟たない。仏体の大きさほぼ二尺四寸前後。ここに掲げるのはその第五地蔵菩薩である。最も鮮かに彼の微笑の心境を表現せるもの。地蔵を借りて自身を刻んだものと云えよう。見る者も亦誰であろうと微笑に誘われて了うであろう。日本民藝館蔵。

八　十一面観世音菩薩（二一五頁）

同じく四国堂に安置された一体で、第四四番に当り、同年七月一日の作。ここでも亦作者の心境に触れることが出来る。簡素な而し静かな美しい表現ではないか。惜しい哉この四国堂は不信心な故郷の人々のために取り毀され、仏体は悉く四散し、村に残るものは僅かよりない。併し幸いにも探索によりそのうちの約五十体は所有者を慥かめ得るに至った。残り約四十体のものは未だ埋もれて行衛を知らない。

九　立木観音（二二九頁）

之は越後国刈羽郡小国村太郎丸真福寺に今も残る立木観音である。上人は幾個所かで立木に仏像を彫られた。樹も色々あるが、之は梨木である。浮彫、丈二尺三寸。享和四年五月十八日、上人八十七歳の作。委細は本文参照。この寺には二王尊もあって、挿絵第一〇に入れてある。

一〇　二王尊（二三三頁）

八尺大の二王尊のうちの右方の一体である。用材は欅。一本の材から二体を刻んだ。越後国刈羽郡上小国村の真福寺の山門に安置してある。保存完全である。享和四年四月廿一日、上人八十七歳の時の作である。雄渾な大作であって、上人の力量を充分に語るものと云えよう。眉毛と唇は朱、頭髪は黒、あとは白木のままである。今日残存する上人の作は越後国に最も多く、今まで見出されたもの二百体を越える。

一一　道元禅師（二四五頁）

上人は元来真言宗の僧であったが、後には「八宗僧師」を以て任じた。宗派にこだわりはなかった。仏菩薩はもとより、神体を刻み、祖師を彫った。それも真言宗の弘法大師とか理源大師とか興教大師とかに止らなかった。ここに掲げたのは道元禅師の像で、彫刻家として上人の並ならぬ力量を示す一体であろう。表現極めて活気に充ち刀の跡亦鮮かである。文化二年上人八十八歳の折に刻んだ。もと越後国刈羽郡大洲村洞雲寺にあった。半跏像であって丈二尺二寸ばかり。一雄作である。

一二　那迦犀那《なかさいな》尊者（二四九頁）

文化二年五月五日作。八十八歳。越後国東頸城郡大平の大安寺にある十六羅漢の一体である。様式は一般の仏像に全く類型がなく、極めて独創的な考想である。吾々は羅漢を側面から眺めるのである。何か遠い世界でも見つめているような風情である。この一群は惜しい哉、現存するもの僅か三体よりない。若し残ったら上人の独創を更に語ってくれるものであったに違いない。丈二尺二寸二分。

一三　諾迦跋釐駄《だかはりだ》尊者（二六七頁）

文化三年の暮から翌四年の春にかけて、上人の足跡は丹波国に見出される。縁あって船井郡の清源寺に十六羅漢堂を建立し、そこに仏体を納めた。上人八十九歳から九十歳に達し、名も「五行菩薩」を改めて「明満仙人」と称した。是等の羅漢は上人が老いて益々その独自の境を開いたことの如実な例証となろう。数々の驚くべき表現に満ちる。ここに掲げたのは、半跏像で頭布をかぶり、手には盃を持ち微笑んで吾々に語ろうとする。長い頤鬚を見れば、ここに上人自らの姿を見るとも云えよう。之も亦民衆のために刻まれた親しみ深い仏像である。遠い教えの仏法ではなく近い訓しの宗旨なのを誰も感じるであろう。丈二尺三寸二分。

一四　蘇頻駄《そびんだ》尊者（二六九頁）

同じく清源寺十六羅漢の一体である。如何に当時の因襲的な彫刻と異なるであろう。片目の羅漢、曲める大きな頭、何か気安く打ちとけて語らい合える間柄である。蓋し彫刻史に現れた十六羅漢像として、真に特筆すべき作物と云えよう。只奇怪なのではない。縁遠い仙人なのではない。もっと人間界に交わっている羅漢なのである。丈二尺三寸五分。

一五　不動尊（二七四頁）

文化三寅五月廿日と記してある。上人が信州の諏訪郡を訪われた期間の作である。時に九十一歳。この一体は晩年の不動尊の様式をよく代表するものであって、下には巌を上には火炎を刻む。僅かな線の中に強く鮮かにこの明王の相を示した。当時の写実風な様式と甚しく異なり、簡潔な刀跡に於いて鮮かな創意を示した。

一六　如意輪観世音（二八三頁）

今日まで発見せられた上人の作物のうち、最後のものであって、仏体に文化五辰四月十四日と記してあるから、時に上人九十一歳である。甲府市教安寺に発見せられた。愈々深く上人の特色が発揮せられた一体であって、彼の最も美しい作の一つたるを失わぬであろう。手を頰に当てたのは如意輪の様式である。菩薩は佇んで吾々の訪れを待つのではなくして、歩み来って吾々に語ろうとするのである。いつもの如く微笑を泛べ親しさを漂え、誰をも話相手とするのである。ここに上人の信仰の至境があるのを感じる。丈二尺四寸。

木喰仏との運命的な出会い

解説　岡本勝人

1

柳宗悦と木喰仏との出会いほど、感動的なものはない。

それは、浅川巧と山梨県甲府近在の朝鮮陶磁器の収集家小宮山清三宅へ訪問したことがきっかけだった。一九二四年（大正十三）の一月のことである。

偶然眼に飛びこんできた二体の木喰仏――。その一体は柳のもとに届けられ、「私の前にある地蔵尊」と語りかける、後に日本民藝館所蔵となる地蔵菩薩像である。

木喰上人（本名伊藤姓）は、甲斐山梨の丸畑に生まれると二十二歳で出家するのだが、相州（神奈川県）の大山で古義真言宗の僧侶から影響を受け、修験道の修行にはいった。

四十五歳で木食戒を受け、五十六歳で全国廻国の大願を発し、この廻国修行の途上で造仏聖となる。相州の伊勢原から日本廻国にむけて出発する上人の行跡は、国分寺や一宮や巡礼路をたよりに、全国の巡礼地のほか、地方の山間や街道沿いの小さな村や寺を訪れている。故郷の山梨丸畑に帰ってきたのは、八十三歳のときである。郷里では、懇望されて四国堂の堂立と九十八体の像を造ったが、柳が訪問する五年ほど前に、不幸にもそれらのほとんどが四散していた。

しかし、このことが、柳宗悦と木喰仏との出会いをもたらしたのである。

2

「直観とは実在の直接経験である」(『ヰリアム・ブレーク』)と書く柳と木喰仏が、一瞬の時空のなかで、純粋直観による経験的感応をはたした。それは、いまだひとつの点と断片にすぎなかったが、歴史辞典や郷土史に記載のない無名の遊行僧が、日本全国を廻国する造仏聖の姿をみせるのは、その後の柳自身の調査と研究によるものである。上人が遺した自筆稿本「四国堂心願鏡」を、柳は憑かれたように書き写していく。「御宿帳」「納経帳」「和歌集」の点と断片を読む作業によって、仮説と偶然のめぐみの解釈がくわえられ、星と星は一本の線となり、全体像が描き出されていく。

柳宗悦は、宗教哲学者であり、民藝運動の創始者である。その仕事は、朝鮮や沖縄に関する社会的発言や、「手仕事の民藝」「ウィリアム・ブレイク」「李朝の美」「木喰仏」「大津絵」「沖縄の手仕事」「スリップウェア」「仏教美学」の発見や再考など多岐にわたるものである。一九二〇年代なかばの二年余におよぶ木喰研究と調査の期間は、筑摩書房版『全集』の「年譜」や『評伝　柳宗悦』（水尾比呂志著）によれば、多忙を極める日々であった。その間、青山二郎や式場隆三郎もかかわり、朝鮮では「木喰仏写真展」が開催され、東京や京都で「木喰五行上人木彫仏展覧会」や支援の音楽会が開催された。「木喰五行上人研究会」の発足と機関誌の発行もなされている。

大正期の木喰仏発見の様子は、雑誌「女性」や「木喰上人之研究」への執筆をはじめ、『木喰五行上人略伝』『木喰上人和歌選集』の出版のほか、「木喰通信」や写真集『木喰上人作　木彫仏』、未公開資料ではあるが『木喰佛　抜翠帳三冊』（柳宗悦作成・日本民藝館所蔵）で知ることができる。当時の柳は、雑誌「白樺」に掲載したウィリアム・ブレイクについての大著をまとめたばかりである。また、宗教哲学の書物も上梓した後、浅川伯教・巧兄弟の影響によって、朝鮮陶磁器の李朝白磁や木工品、民画など東洋的なものへと関心を傾けていた。関東大震災後の京都移転では、朝市の「下手物《げてもの》」との出会いがあり、「朝鮮民族美術館」の開設を終えていたころである。

「白樺」同人の志賀直哉は、「一体私たちの仲間には一つのものを組織的に研究して行くという頭は少かった。その中で一人柳だけが異数にそういう能力を持っていて、これまでにも色々そういう仕事をなしとげて来た」(「柳宗悦の『木喰上人の研究』に就いて」)と、柳の活動についていちはやく言及している。そこには、ブレイクの神秘主義、仏教、木喰上人をむすぶ線と東洋の陶磁器、「下手物」の民衆藝術、庶民の宗教家としての木喰上人とを関係づける志賀直哉のまなざしがある。

3

柳の発見した木喰仏は、具体の木彫像である。これらは木彫りであるが、その像には、土の匂いを感じさせる素朴さがある。木喰は、円空と同じく、正式な仏師ではなかった。発願して千体の造仏となるころ、その姿は、微笑をたたえた抽象性を帯びた。それに感情移入する柳は、地蔵菩薩の微笑との出会いを反芻するように、「微笑仏《みしょうぶつ》」と命名した。海山のあいだで、誓願と回向の遊行の鑿《のみ》をふるう。そこに、アニミズムと木彫が感応する。多くは、観音像や薬師像であったが、晩年になると、圧倒的な種類の群像を造った。柳は、それらの作仏の多様性を仏像の儀軌と裏面に書かれた種子《しゅじ》(梵字)などにより解釈する。そこには、図像学的解釈《イコノロジー》があり、仏像彫刻としての斬新な造形美を読み解くことになる。

本願を誓ったひとりの仏者が、各国の国分寺を目指す巡礼により廻国する。木食戒を受け、お札と仏像を布施し、忍辱・精進する利他の菩薩道の上人となる。地・水・火・風・空・識とともに、阿字観を修し、光明真言をとなえ、法身の五智如来とともに存在する。この世の十界を生きる菩薩（解脱）をめざし、禅定・智慧とともに、六道の闇夜を照らす七観音や十六羅漢や十王を彫る。そこに現象するのは、具体の木喰仏である。彫技の円熟する微笑と忿怒《ふんぬ》の聖俗相をもつ仏像の背には、墨書による梵字の尊名と銘が記された。

上人の巡錫《じゅんしゃく》したお寺は、真言宗の寺院だけではない。曹洞宗や浄土宗など、宗派を越えている。時には、巡礼地から名山や温泉へと逸脱しつつ、自由に行路を歩む。上人にとって、末法の時代を生きる庶民の地蔵信仰や観音信仰、そして阿弥陀信仰は、大乗仏教の深層では、これらは相互補完的に仏教（密教）的世界を現象するという重要な役割をはたすものである。「上人は真言の僧ではあったが、一宗に仏法を限ることを欲しなかった。彼は常に『八宗一見』の句を用いた。（略）ここでは凡ての宗派を抱括する意味であって、もとより浄土、禅の諸門をも含むであろう。彼は自らを『八宗僧師』と呼び、彼の法門を『自在法門』と呼んだ」（「木喰上人略伝」）と柳は書いている。上人が作仏したのは、諸仏・諸菩薩であり、如来から菩薩、明王、天部、神像にいたるが、日本に受容された大乗仏教の「ほとけ」たちである。晩年の樹木に彫り込む立木観音には、古代社会からの「霊木化現仏《れいぼくけげんぶつ》」の系譜をみる研究者もいる。そこには、神仏習合的な日本の宗教顕現《ヒエロファニー》がみてとれるのだ。

出会いから半年後の「山梨丸畑」での自筆稿本の発見（一九二四年六月）以来、柳の精力的な調査がつづいた。「納経帳」と「御宿帳」のページをくりながら、二十万分の一や五万分の一の地図と『大日本地名辞書』（吉田東伍著）を置き、滞在三日間以上の場所には仏像があると推測した。柳は、上人自筆の稿本と地図を仮説によって照らし合わせる。「できるだけ原文に迫ろうとし、その生命へ深くさぐり入り、このようにして、一種の精神的聴診でもって、その魂の脈動を触知しようとする」（「形而上学入門」）と、ベルクソンの経験主義は語るが、「実在を連続的で不可分なものとする見方」（「哲学的直観」）こそ、柳のものであり、そこに木喰の心性から現象してくる声を聴いた柳は木喰仏発掘のため現地に向かうのである。

こうして訪れた「佐渡」「栃窪」「越後」「静岡」「甲府」「九州」「四国」「長州」「丹波」など、全国にまたがる調査の途上で、明治時代の廃仏毀釈や西南戦争によって、多くの堂宇や仏像が紛失していたことを知る。柳は、断片（日付）と断片（宿）としてみえてくるものを点と点で結び、地図上に行程を書き込んでいく。坂東三十三ヵ所、秩父三十四ヵ所（二回）、出羽三山、北海道では円空仏との出会いが木喰の造仏のはじまりであるという五来重の指摘がある。そして、佐渡、西国三十三ヵ所、四国八十八ヵ所（二回）、九州地方ではユニークな禅画で知られ、師の鈴木大拙に高く評価された禅僧仙厓と木喰が出会っているらしい。そして、中国地方、東海地方から故郷の丸畑へと、全国を廻国する上人の行跡は、五期に分けられた。木喰上人の最後の旅は、故郷からふたたび佐渡をめざすが、木喰仏の宝庫である越後から取って返し、代表作である十六羅漢像を遺した京都丹波や兵庫に赴く。その後、一転して信州から甲府にもどると、足跡は途絶えた。晩年の木喰上人も柳も、阿弥陀仏に親和力をみせている。道教《タオ》的な長寿を全うすると、九十三歳で示寂したと伝えられる。

こうして、木喰上人が歩いた足跡を線でつなぐことによって、全国廻国と巡礼に生涯を捧げた造仏聖の行動が、「木喰行道五行上人日本廻国遍路足跡畧図」に結実していったのである。

「家を出てより三界に家無きこと八十ケ年。沙門の身となってより法に活きること七十二ケ年。戒を守り身を修ること殆ど五十年。廻国せんと歩むこと三十有八年。踏みし里程上下凡そ五千里。刻みし仏軀一千余躰」（「上人の日本廻国」）。木喰上人の一生は、資料の発見・研究と、全国にまたがる巡礼行路の調査と、各地で見出された五百余体の造仏群や和歌や書軸の文献研究を主導した柳の熱意によって、歴史に姿を現すことになった。「和歌に現れたる上人の信仰」は、詩人的資質をもつ柳の和歌にたいする特筆すべき宗教的解釈である。上人は、「木喰行者行道」から「木喰五行菩薩」「木喰明満仙人」と三度自署を改め廻国した。その誓願と行動は、ひとつのマドレーヌがプルーストの無意識から全的な幼年時代を開示したように、あるいは夢から覚めた現実や錬金術による変性物質や廃墟からの足跡線となって、柳の身体論的で全的な直覚と仮説から発見されたのである。

柳宗悦の集中的な木喰仏の発見と調査・研究は、出会いからわずか二年余の期間(一九二四年一月から一九二六年二月)に、今日、誰もが驚くほどの総合的なまとまりをもつ成果をえている。

柳宗悦は、大正デモクラシーや自由主義思想、そして「白樺」の恵まれた交友関係のなかで、人類愛や人間愛から庶民(常民)への水平的な親和力の視線を養いながら、垂直的な信仰に生きた木喰上人の境涯を発見した。わずか一体の地蔵菩薩から「上求菩提・下化衆生」の強い誓願と行動を明るみに取り出したのである。そうした造仏聖の姿が、大乗仏教の精神による衆生済度の巡錫からうかがうことができるのも、柳宗悦という存在とその研究によるものである。柳の木喰仏と上人自身の生涯と行動の発見は、直観の詩学から空間の詩学へとその歩をすすめることによって、点と点、断片と断片がひとつの星座《コンステラツィオーン》へと照射されたのである。

4

柳宗悦の木喰上人研究は、その後の柳自身の仕事の原点として思想史的にも大きな意味合いをもつものである。

一つは、日本の近代にあって、江戸時代の宗教や文化や行動にたいする見直しを提言する。「仏教に帰る」「徳川時代の仏教を想う」や円空仏や仏教美術につながる近世世界の仏教のありようと造仏にたいする評価は、ウィリアム・モリスの仕事と中世美術の関係に比定できるものである。

二つには、恩師の仏教哲学者・鈴木大拙との交友、とりわけ大拙の著作『宗教経験の事実』や『日本的霊性』で描かれた「妙好人」につながる営為である。それは、同時に、「白樺」で紹介したロダンやバーナード・リーチから薫陶を受けたブレイクや後のアメリカ滞在中に文献を渉猟したホイットマンなど、汎神論的な自然思想や神秘主義思想に通ずる世界から否定神学を経て、東洋思想としての不二（即如）の世界にいたるものである。木喰仏の表情とかたちがブレイクの絵や挿画と照応するようだ。ここには、宗教哲学者としての柳宗悦がいる。戦後の『美の法門』『無有好醜の願』『美の浄土』『法と美』の仏教美学四部作による美の理念や浄土教に親炙する柳自身の一遍上人の発見である『南無阿弥陀仏』へとつながるものである。

三つには、木喰仏の発見と調査が、今日の民藝運動の命名と出発となったことである。初期の民藝運動の核には、木喰仏との出会いがあった。柳は、木喰仏研究によって、終生の友である河井寛次郎や濱田庄司との絆を深めていくことになる。京都滞在時代の「下手物」から「民衆的工藝」による「民藝」という包括的な言葉を新たに取り出したのは、和歌山への木喰仏調査の途上である。『日本民藝美術館設立趣意書』へと結実するのも、直後の木喰仏探訪の旅であった。柳は、「倫理性や宗教性なくして、民藝運動はない」と戦後まもなく雑誌「工藝」に書いているが、民藝運動の裾野は、訪問した土地とその土地の具体の「もの」によってひろがり、木喰の歩いた行程と共時的に重なっている。『手仕事の日本』『民藝四十年』や民藝の紀行とのつながりをはたすものである。

今年は、木喰上人の生誕三百年にあたる年である。

本文芸文庫には、これまで『蒐集物語』や『民藝四十年』に一部が掲載されているが、柳宗悦の筑摩書房版『全集』第七巻「木喰五行上人」(解説・大岡信)や春秋社版『選集』第九巻「木喰上人」でしか読むことができなかった木喰上人に関する主要な文章と、同じ廻国僧として、現在「円空仏」として知られる夥しい数の仏像を残した円空との関係にふれた二つの文章、「木喰上人年譜」や柳宗悦の「年譜」「著書目録」が網羅されている。本著の意義はまことに大きく、全国の木喰ファンや研究者だけでなく、柳宗悦の研究者、民藝関係者にとっても、待望された書物である。

年譜

柳宗悦

一八八九年（明治二二年）
三月二一日、東京市麻布区市兵衛町二丁目一三番地に、柳楢悦・勝子の三男として生れる。楢悦（海軍少将・帝国海軍初代水路部長）五六歳。勝子（旧姓嘉納）三六歳。
一八九一年（明治二四年）　二歳
一月一四日、父楢悦没（五八歳）。七月四日、妹千枝子生れる。
一八九三年（明治二六年）　四歳
四月、麻布幼稚園に入園。同級に長与善郎がいた。
一八九五年（明治二八年）　六歳
九月、学習院初等科入学。

一九〇〇年（明治三三年）　一一歳
「学習院輔仁会雑誌」に紀行文のる。
一九〇一年（明治三四年）　一二歳
九月、学習院中等科入学。キリスト教への関心芽生える。
一九〇七年（明治四〇年）　一八歳
三月、恩賜の銀メダルを受け中等科卒業。四月、学習院高等科入学。鈴木大拙（英語）・神田乃武（英語）・西田幾多郎（ドイツ語）・小柳司気太（漢文）らの諸教授に学ぶ。「学習院輔仁会雑誌」に「芻蕘《すうじょう》」の筆名で創作・論文を書く。
一九〇八年（明治四一年）　一九歳

同級の三浦直介・郡虎彦らと謄写版刷の回覧雑誌「桃園」を出す。
一九〇九年（明治四二年）　二〇歳
四月、武者小路実篤、志賀直哉、里見弴らと図り、同人雑誌「白樺」発行の準備を始める。五月、上野桜木町に住む英国人のエッチャー、バーナード・リーチと、同人達とともに親交を結ぶ。初めて李朝の壺を買う。
一九一〇年（明治四三年）　二一歳
三月、恩賜の銀時計を受けて高等科卒業。四月、「白樺」創刊され、終刊まで旺盛な文筆活動の舞台となる。九月、東京帝国大学文科大学哲学科入学。この年、学習院輔仁会大会で「心霊現象」について講演する。春頃、先輩田村寛貞宅で初めて東京音楽学校生徒中島兼子に会う。
一九一一年（明治四四年）　二二歳
「白樺」誌上に論文の発表盛んとなり、西洋近代芸術への関心を強める。夏は上州赤城の山荘で過す。
一九一二年（明治四五年、大正元年）　二三歳
四月、白樺社主催美術展のため武者小路実篤らと京都に旅する。バーナード・リーチ、乾山に入門して作陶を始める。
一九一三年（大正二年）　二四歳
七月、東京帝国大学文科大学哲学科卒業。卒業論文「心理学は純粋科学たり得るや」。一二月、麻布から一家は赤坂区青山高樹町一〇六番地に転居。この頃からウィリアム・ブレイク研究に打込む。
一九一四年（大正三年）　二五歳
二月四日、中島兼子と結婚。邸内の離れに新居を持つ。四月、白樺社主催音楽会のため、兼子を伴って京都に赴く。九月、千葉県我孫子町天神山に移る。
一九一五年（大正四年）　二六歳
六月二九日、長男宗理生れる。七月、志賀直哉、天神山の柳邸の近くに居を構える。バー

ナード・リーチ、日本を去り北京に住む。
一九一六年（大正五年）　二七歳
五月、浅川伯教、我孫子の柳邸に李朝染付秋草文面取壺を持参。朝鮮の芸術への関心が高まる。八月一〇日〜一〇月初旬、朝鮮・中国を旅行する。朝鮮で浅川巧を識り親交を結ぶ。九月一日、慶州石窟庵を見る。北京でリーチと再会、その苦境を見て日本での作陶を勧める。一二月、リーチ、日本に戻り、我孫子の柳邸内の庭に窯と仕事場を作って制作を再開する。この年、武者小路実篤、我孫子に転住。
一九一七年（大正六年）　二八歳
二月一八日、次男宗玄生れる。この年、同人と白樺美術館建設を図る。
一九一八年（大正七年）　二九歳
白樺美術館の建設資金調達のため各地で兼子の音楽会を催す。
一九一九年（大正八年）　三〇歳
四月、東洋大学宗教科教授となる。五月、リーチを訪れた濱田庄司を識る。リーチの我孫子窯焼失。朝鮮に「三一運動」起り、それを機に五月、「朝鮮人を想ふ」発表（英語訳「ザ・ジャパン・アドバタイザー」八月三日付掲載）、日本の朝鮮政策を批判する。
一九二〇年（大正九年）　三一歳
四月一二日、「朝鮮人を想ふ」の朝鮮語訳が「東亜日報」に掲載され、反響を呼ぶ。五月、朝鮮に対する情愛を披瀝するため、兼子を伴い、帰英前のリーチと渡鮮、各地で講演会と音楽会を開く。六月、リーチ、濱田庄司を伴い帰英。九月一日、次兄楢喬没。この年「朝鮮民族美術館」設立の構想を立てる。
一九二一年（大正一〇年）　三二歳
一月、「朝鮮民族美術館」設立の計画書を発表、渡鮮して京城景福宮門外の観豊楼を館の建物に予定する。三月、我孫子から東京市赤坂区高樹町一二番地に移る。四月、明治大学予科倫理学及び英文学講師に就任。五月七日～一一日、神田流逸荘で「朝鮮民族美術展覧会」を開催。六月二日～七月、兼子とともに渡鮮、「朝鮮民族美術館」の資金調達のための講演会・音楽会を催し、李朝工芸品の蒐集整理を行う。八月四日、妹今村千枝子京城で没し、再び渡鮮する。

一九二二年（大正一一年）　三三歳

九月、京城光化門取毀しに反対し、「失はれんとする一朝鮮建築のために」を書く。一〇月、朝鮮貴族会館で「李朝陶磁器展」を開くために渡鮮。一二月二一日、三男宗法生れる。生後三日で死亡。

一九二三年（大正一二年）　三四歳

三月、東洋大学教授を辞任。四月、女子英学塾倫理学教授に就任。リーチの個展を神田流逸荘で開く。九月一日、関東大震災。高樹町の家屋破損。長兄悦多没。「白樺」終刊する。

一九二四年（大正一三年）　三五歳

一月、甲州小宮山家で木喰仏を見て、木喰上人研究を発願する。三月、女子英学塾を辞任。渡鮮。濱田庄司帰国。四月、京城景福宮緝敬堂に「朝鮮民族美術館」を開設する。京都市上京区吉田下大路町六六番地へ移る。濱田の仲介で河井寛次郎を識り親交を結ぶ。六月、甲州丸畑で木喰自筆稿本発見。以後各地の木喰仏調査研究に没頭する。濱田、益子に入る。八月、明治大学を辞任。九月、雑誌「女性」に木喰上人研究の連載を始める。一一月、「木喰五行上人研究会」発足。この頃より「下手もの」の美に対する注目が強まり京都の市などでの蒐集が始る。

一九二五年（大正一四年）　三六歳

一月、東京より母を迎え、下大路町から神楽岡へ移る。各地の調査旅行続く。三月、木喰五行上人研究会より雑誌「木喰上人之研究」発刊。四月、朝鮮民族美術館の「木喰仏写真展」のため渡鮮。東京帝大仏教青年会館で

「木喰五行上人木彫仏展覧会」を開く。五月、同志社女学校専門学部教授となる。兼子、同志社女学校音楽講師となる。七月〜年末、各地の木喰仏調査、展覧会、講演などに活動、間を縫って上人研究の諸論文を執筆。一二月二八日、河井寛次郎・濱田庄司と紀州の木喰調査の旅を行い、津への車中で民衆的工藝を略した「民藝」の新語を作り、民藝運動の具体案を語り合う。

一九二六年（大正一五年、昭和元年）三七歳

一月一〇日、河井・濱田と高野山西禅院に宿り、「日本民藝美術館設立趣意書」の草案を書く。木喰研究推進とともに館設立の具体案を練る。同志社大学英文科講師、関西学院英文科講師となる。四月、「日本民藝美術館設立趣意書」を印刷頒布。民藝運動を発足させる。九月、軽井沢に滞在、民藝に関する最初の論文「下手もの、美」を執筆する。この年、静岡の芹沢銈介を訪ねる。

一九二七年（昭和二年）三八歳

一月一九日、四男宗民生れる。二月三日、「工藝の協団に関する一提案」を頒布、新作民藝運動の指針を示す。三月、上加茂民藝協団（黒田辰秋、青田五良ら）発足。四月、雑誌「大調和」に「工藝の道」を連載し始める。六月、最初の「日本民藝品展」を東京鳩居堂で開く。七月、御大礼記念国産振興博覧会に「民藝館」出品の案起る。山本為三郎（のちのアサヒビール社長）を識る。一二月、「百年忌記念ブレイク作品文献展覧会」を京都博物館で開く。下旬、大礼博出品物蒐集のため、河井・濱田とともに東北・山陰・九州の旅に出る。

一九二八年（昭和三年）三九歳

一月、東北・山陰・九州の蒐集の旅を終り、中旬に帰京。三月、上野公園の大礼博に、日本民藝館同人考案の住宅「民藝館」を出品。四月、兼子、音楽修業のためドイツへ留学。

七月、「李朝陶磁器展」を朝鮮民族美術館で開催。一二月、大礼博出品の「民藝館」を大阪市東淀川区三国町の山本為三郎邸に移築、家具調度什器を整備し、「三国荘」と名づける。

一九二九年（昭和四年）　四〇歳

二月、東京帝室博物館に蒐集民藝品の寄附活用を申し出る（実現せず）。三月、京都大毎会館で大規模な「日本民藝品展覧会」を開催。同志社大学、関西学院大学の教職を辞任。四月、米国ハーヴァード大学に招かれ、濱田とシベリア経由で欧州へ向う。五月、英国に滞在。エリック・ギルを訪問。諸美術館を廻り、家具陶器類を蒐集、ウィリアム・モリスの旧居を訪ね、工藝家たちと会う。六月、セント・アイヴスのリーチ窯を訪問。七月、パリに滞在。河井の個展をロンドンで開く。八月、濱田・式場隆三郎と北欧を巡り、スウェーデンの「北方博物館」を観る。その後米国に渡る。一〇月からハーヴァード大学にて、「仏教美術」「美の標準」を講じる。留守中に、柳家は神楽岡から左京区下鴨膳部町九二番地に移る。「上加茂民藝協団」解散。欧州で蒐めた「西欧工芸品展」が東京鳩居堂で開かれる。

一九三〇年（昭和五年）　四一歳

一月、「日英現代工藝品展」をハーヴァード大学で開く。三月、兼子渡米、ともにボストンに住む。五月、フォッグ美術館で「大津絵展」を開く。七月、ハーヴァード大学における講義を終り、蒐集したホイットマン・小泉八雲関係文献を携え帰国。九月、寿岳文章と連名で、研究雑誌「ブレイクとホイットマン」刊行の趣意書を発表する。一一月、雑誌「工藝」発刊の議熟する。河井・濱田と瀬戸へ旅行、石皿を調査。この年、大阪毎日新聞社学芸部客員となる。

一九三一年（昭和六年）　四二歳

一月、月刊「工藝」（聚楽社発行）を創刊。寿岳文章と共編の月刊研究雑誌「ブレイクとホイットマン」を創刊。三月、大徳寺孤篷庵で「喜左衛門井戸」を観る。四月、浅川巧の病気見舞のため渡鮮。二日、浅川死去。浜松の高林兵衛邸に「日本民藝美術館」を開設。山陰・九州へ民藝調査旅行。五月、山陰地方の諸窯を廻る。水沢澄夫経営の民藝店「水沢」が東京京橋に開店。八月、山陰の旅。九月、東北の旅。一〇月、京都大毎会館で「第一回山陰新作工藝展」を開く。一一月、「工藝」主催の「民藝品展」を愛知県商品陳列所で開く。

一九三二年（昭和七年）四三歳

一月、佐藤進三経営の民藝店「港屋」が銀座に開店、「工藝品綜合展覧会」を催す。四月、「全日本更生工藝展覧会」が東京白木屋で開かれ、出品。浅川巧の一周忌に渡鮮。五月、大阪高島屋で「山陰民藝展」開催。六月、山陰の旅。帰途倉敷に廻り、大原孫三郎を識る。吉田璋也「鳥取たくみ」工藝店を鳥取市に開店。七月、越中の旅。八月、松江清水寺蓮乗院で著述に専念する。西ケ崎工房（外村吉之介、柳悦孝）発足。一〇月、「工藝」主催の「日本古民藝展」と「李朝陶器展」を小石川の野島邸で開催。

一九三三年（昭和八年）四四歳

二月、展覧会準備のため河井・濱田と山陰・山陽を旅する。四月、日本民藝美術館主催「新興工藝綜合展」を東京高島屋で開催。五月、京都から東京市小石川区久堅町六二番地へ転居。六月、ハワイ大学に招かれ渡航。七月からハワイ大学で、「東洋の宗教」「朝鮮の美術」を講じ、ホノルル・アカデミー・オブ・アーツで「日本古美術展」を開く。八月末帰国。九月、京都・山陰・山陽の旅。一〇月、自宅で「新作工藝品綜合展」を開く。大阪南海高島屋で「綜合民藝展」開催。一二月、西銀座に「たくみ」工藝店開店。年末から「日本現代民窯展」準備のため、東北と九州の旅。

一九三四年（昭和九年）　四五歳

一月、九州・山陰・山陽の旅。三月、「日本現代民窯展」を上野松坂屋で開催。四月、日本大学芸術科講師となる。来日するバーナード・リーチを神戸に迎え、濱田・リーチとともに京都河井邸に滞在。五月、一同で栃木県を訪ねる。六月、日本民藝協会を設立、会長に就任。雑誌「工藝」を協会の発行とする。七月、「現代日本民藝展」準備のため、同人と全国調査の旅を始める。信州・越中を巡る。八月、陸中・山陽・九州の旅。九月、東北・四国の旅。一〇月、自宅で「同人新民藝品綜合展」を開く。日光街道の長屋門を購入、東京駒場に新居の表構えとして移築する。一一月、「現代日本民藝展」を東京高島屋で開催。

一九三五年（昭和一〇年）　四六歳

一月、大阪毎日新聞社客員を辞任。東京市目黒区駒場八六一番地に新居成り、移転。三月、北陸・山陰の旅。「全国民藝展」を大阪南海高島屋で開催。五月、大原孫三郎来訪。民藝館建設のため一〇万円の寄附申出を受ける。設立委員会設置。帰英するリーチを送って朝鮮旅行。一〇月、日本民藝館基礎工事始る。一一月にかけて河井と東北へ旅行。一二月、年末から新年にかけて河井と四国へ旅行。

一九三六年（昭和一一年）　四七歳

一月一八日、日本民藝館上棟式。四月、国展会場で棟方志功の板画「大和し美し」に注目、日本民藝館蔵品とする。五月、民藝館蔵品蒐集のため、河井・濱田とともに朝鮮・満州の旅。一〇月二四日、日本民藝館、「現代作家工藝品展覧会」をもって開館。初代館長に就任。一二月、民藝館にて「農民工藝展」

を催す。
一九三七年（昭和一二年）四八歳
一月、愛知県設楽郡本郷村の花祭を見に行き、ざぜちを調査する。三月、民藝館にて「現代民窯展」を開催。日本大学を辞す。四月、国際女子学園講師となる。五月、河井・濱田と朝鮮全羅道へ旅行。民藝館にて「現代作家工藝展」「李朝陶器展」を催す。六月、「秋季新作工藝展」の企画を立て、新作民藝運動の推進を図る。民藝館で「芹沢銈介・濱田庄司展」「こぎん菱刺展」を催す。九月、日本民藝館を財団法人とする。特別展「河井作品・芹沢蔵型紙類・本染大布団類」を開催。一〇月、東京鳩居堂で第一回「秋季新作工藝展」を催す。
一九三八年（昭和一三年）四九歳
一月、民藝館で「琉球染織展」を催す。三月、民藝館で「支那赤絵展」を催す。四月、東京高島屋にて「現代朝鮮民藝品展」を行う。五月、大阪阪急百貨店にて「日本民藝新生活展」を開催。民藝館で「欧米古陶器展」を催す。六月、民藝館で「暹羅安南古陶磁展」を催す。九月、民藝館で「日本の小絵馬・朝鮮石工品・支那影絵展」を開催。一〇月、東京松屋で第二回「秋季新作工藝展」を催す。民藝館で「仏教古版画展」を催す。一二月、ニューヨークの民俗美術館の依頼で日本の手工芸品と文献を集めて送る。沖縄県学務部の招聘により、河井・濱田と第一回の沖縄旅行に発つ。
一九三九年（昭和一四年）五〇歳
一月、沖縄に滞在、「民藝の宝庫」の調査を行う。二月、雪国協会の招きで庄内地方を旅行。民藝館で「東北各地蓑の類展」を開催。三月二四日から四月下旬まで濱田・河井・芹沢・外村吉之介・田中俊雄・柳悦孝・兼子らとともに第二回沖縄旅行。民藝館で「現代日本民窯展」「琉球古陶器展」を催す。四月一日、「月刊民藝」創刊。五月、民藝館で「東北の民藝展」を催す。六月、民藝館で「宋胡録特別展」「諸国民藝展」を催す。一〇月、民藝館で「絵漆古作品展」を開催。一一月、東京松屋で第三回「秋季民藝新作展」、民藝館で「古琉球染織品展」を開催。山形県講演旅行。一二月、東京高島屋にて「琉球新作工藝展」を行う。三一日から翌年一月一二日まで日本民藝協会主催の琉球観光団を引率し、第三回沖縄旅行を行う。

一九四〇年（昭和一五年）五一歳

一月、沖縄滞在中に言語問題論争起る。民藝館で「型染夜具地屛風・琉球絣・同人作琉球赤絵展」を催す。二月、河井・外村・式場隆三郎と約一ヵ月東北地方の民藝調査の旅。四月、専修大学教授に就任。五月、河井・式場と山陰地方に旅する。六月、日本橋三越で「東北六県民藝品展」を開催。七月、田中俊雄らと約一ヵ月第四回沖縄旅行、蒐集調査・撮影などを行う。一〇月、中国・朝鮮の旅。一一月、民藝館で第四回「新作工藝展」を催す。一一月、銀座三越にて「琉球風物写真展」「日本生活工藝展」、民藝館で「琉球工藝文化展」を開催。一二月、民藝館で「朝鮮工藝文化展」を催す。

一九四一年（昭和一六年）五二歳

一月、東洋美術国際研究会常務理事となる。民藝館で「朝鮮工藝文化展」を催す。三月、民藝館で「日本現代民藝展」を開催。四月、岩手県一関へ講演旅行。六月、民藝館で「内外工藝対比展」、日本橋三越で第二回「東北民藝品展」を催す。二回にわたりキリスト教関係者と「宗教と工藝」と題し懇談。九月、民藝館で「初期大津絵・アイヌ工藝文化展」を開催。一一月、民藝館で「諸国家具・泥絵硝子絵展」を催す。一二月八日、太平洋戦争始る。

一九四二年（昭和一七年）五三歳

一月、日本青少年図書専門委員となる。雑誌「月刊民藝」を「民藝」と改称。三月、台湾民藝調査の旅。民藝館で「大染織展」を開催。四月、日本橋三越で満州国建国一〇周年記念「開拓地の民藝展」を開催。五月、民藝館で「樺細工伝習会」を開く。六月、大阪清光社で「茶と美」と題し講演。九月、民藝館で「現代日本民藝展」を催す。一一月、東北地方の旅。

一九四三年（昭和一八年）五四歳

一月、大日本工藝会発起人となる。満州民藝協会・満州民藝館設立準備に入る。二月二日、母勝子没（八九歳）。大日本工藝会一般委員、美術工藝統制会一般委員に就任。三月、台湾へ約一ヵ月半の民藝調査の旅をし、蕃布等を蒐集。六月、民藝館で「南方各地蕃布展」を催す。七～八月、箱根にて『日本民藝図録・現在編』の執筆に没頭し完成。一〇月、民藝館で第二回「樺細工伝習会」を開く。

一九四四年（昭和一九年）五五歳

一月、民藝館で「日満支現在民藝展」を催す。三月、民藝館で「日本農工品労働着展」を催す。四月、専修大学教授を辞任。五月、芹沢と秋田県角館へ行き、樺細工の指導を行う。六月、岩手県知事の依頼により同県の民藝を調査。一二月、民藝館で「新作工藝展」を開催。

一九四五年（昭和二〇年）五六歳

三月、戦局悪化。大阪大空襲で『日本民藝図録・現在編』（大阪靖文堂出版予定）の原稿写真版等を焼失。日本民藝館を臨時閉館する。五月二五日夜、東京山の手大空襲。民藝館危く焼失を免れる。六月、蔵品の一部を疎開埋蔵する。七月、空襲下を東北・越後・越中へ調査の旅。疲労のため病臥する。八月一五日、敗戦。病状一時重症だったが次第に恢復。鈴木繁男の努力により民藝館再開の準備進む。一二月、日本民藝館再開。

一九四六年（昭和二一年）　五七歳

二月、日米教育委員となる。三月、日米教育委員会総会にて「ハンドクラフト・イン・ジャパン」と題して講演。米国教育使節団歓迎委員となる。五月、松本・長野・富山・五箇山・金沢を旅行。富山県城端別院にて「色紙和讃」を観る。民藝館にて、民藝館同人、一般公募の作品で「新作工藝展」を開催。六月、長尾美術館理事となる。京都で「色紙和讃」を発見。九月、民藝館で「アイヌ・台湾の染織品」「漢・六朝の拓本」「壬生狂言の面型」を展示。一一月、花巻・盛岡・岩泉・平泉などへ旅する。一二月、マッカーサー総司令部より民藝館西館及び住宅接収の通告を受け、本館の閉館を余儀なくされる。「工藝」復刊、一一五号を出す。

一九四七年（昭和二二年）　五八歳

二月、民藝館で謡曲「千鳥」の英訳と棟方志功の挿絵に関する座談会を催す。三月、民藝館西館接収解除。閉館の難を免れる。四月、「諸国簞笥・ガラス絵」展で民藝館再開。六月、日本フェビアン協会例会を民藝館で催し「美と民衆」と題して講演。民藝館で「新作工藝展」開催。七～八月、鈴木大拙と北陸講演旅行。一〇月、天皇皇后を民藝館に迎える。下旬に北海道へ旅行。一一月、民藝館で「琉球の民藝展」を開催。日本民藝協会第一回連合協議会を開催。

一九四八年（昭和二三年）　五九歳

一～二月、柳自身のスケッチによる民藝館蔵品目録を作成する。三月、鈴木大拙より松ケ岡文庫理事長を依嘱される。五月、沖縄連盟の琉球文化研究会が民藝館で開かれ、一〇月まで続く。六月、東北へ旅行。七～八月、富山県城端別院に滞在中に『美の法門』を執筆。九月、第二回五箇山への旅。民藝館にて「ウィリアム・ブレイクの挿画、書籍」などを陳列。エドマンド・ブランデンによる「ウィリアム・ブレイク論」講演会を開催。一〇月、及川全三著『和染和紙』の序文を執筆。機関誌「日本民藝」創刊。一一月、京都相国寺にて日本民藝協会第二回全国協議会を開催、「美の法門」と題して講演。倉敷民藝館設立。鳥取への旅で、吉田璋也より因幡の源左について聞く。

一九四九年（昭和二四年）六〇歳
四月、京都へ旅行。六月、民藝館にて「棟方志功作品展」を催す。七〜八月、鳥取県山根の願正寺に滞在し妙好人因幡の源左について調査する。九月、民藝館にて妙好人因幡の源左について講演会を催す。一〇月、富山県城端別院にて日本民藝協会第三回全国協議会開催。この時、私有の土地、家屋、調度、蔵品のすべてを民藝館に譲渡することを公表。一一月、渋谷東横百貨店で「全国民藝展」を開催。一二月、鳥取民藝美術館設立。

一九五〇年（昭和二五年）六一歳
三月、民藝館で「日本古陶磁器大展観」を催す。五月、皇太后を民藝館に迎える。六月、民藝館で「大津絵特別展」開催。「初期大津絵」と題して講演。八月、パンフレット「民藝通信」第一号発行。九月、セザンヌの風景画を大原美術館に永久寄託。一〇月、大原美術館二〇周年記念の会に出席、その帰途鳥取で因幡の源左について講演。「河井寛次郎還暦記念特別展」を民藝館で開催。信州霞山荘にて日本民藝協会第四回全国協議会を開催。

一九五一年（昭和二六年）六二歳
一月、「工藝」終刊（一二〇号）。三月、民藝館で「三春人形・相良人形・鴻の巣雛」の特別展を開く。四月、民藝館で「日本民藝協会新作展」を催す。会期中に春季懇談会開催。五月、沖縄料理店での白樺同人の集会に出席。民藝館で「作家協議会」「茶道研究会」「アメリカの風物スライド鑑賞会」などを開催。五月下旬より六月にかけて九州各地・山陽・山陰・北陸を旅行。七月、越後・佐渡・八丈島へ旅行。九月、八丈島へ旅行。一〇月、松江・鳥取・信州・新潟へ旅行。倉敷にて日本民藝協会第五回全国協議会開催。一二月二〇日付で、西館・附属住宅・敷地を民藝館に寄贈、登記完了する。

一九五二年（昭和二七年）　六三歳

一～二月、坂本万七撮影により民藝館所蔵品のカラースライド三〇〇枚を作成。四月、民藝館で「沖縄特別展」を開催。「沖縄古典舞踊と講演会」で「沖縄の工芸文化」と題して講演。民藝館で「日・米・メキシコ、カラースライドの会」を催す。また毎日新聞社の文化使節として志賀直哉・濱田庄司と渡欧することになり、歓送会を兼ねて日本民藝協会第六回全国協議会を民藝館で催す。六～七月、ローマ・フランス・スペイン・ポルトガル・ロンドンを旅行、ダーティントン・ホールの「国際工藝家会議」に出席し、講演。八～九月、濱田と、オランダ・デンマーク・スウェーデン・ノルウェー・フィンランド・スイス・フランスを巡り、ロンドンに戻る。一〇月、濱田・リーチとともに米国へ。ニューヨーク・ワシントン・ブラックマウンテン・ボストン・ウスター・セントポール・セントヘレナを旅する。一一月、渋谷東横百貨店で「琉球工藝文化展」を開催。民藝館で琉球染織工藝品を展示。一二月、サンタフェにて講演。毎日新聞紙上に通信を掲載。

一九五三年（昭和二八年）　六四歳

一月、ロスアンゼルス・サンフランシスコ・ホノルルを経て日本に向う。二月、濱田・リーチとともに帰国。三月、民藝館で濱田・リーチを囲み、工人との研究会を催す。リーチと関西旅行。四月、民藝館で欧米蒐集品を展示。五月、リーチと山陽・山陰を旅し、鳥取での日本民藝協会第七回全国協議会に出席、講演。八月から九月にかけて、信州霞山荘にリーチ・河井・濱田と共著『焼物の本』執筆のために滞在。九月、リーチと東北旅行。民藝館にてアジア協会主催の「リーチ講演会」を開催。一〇月、リーチ・濱田・高坂貫昭と第三回五箇山の旅。一一月、民藝館で「日本民藝協会新作展」「新作批評懇談会」。リーチと静岡に旅行。

一九五四年（昭和二九年）　六五歳

二月、リーチ・濱田・河井と『焼物の本』執筆のため房州濱田屋旅館に滞在。五月、日本民藝協会第八回全国協議会を栃木県で開催。八月、『焼物の本』執筆のため、リーチ・濱田・河井と信州霞山荘に滞在。九月、民藝館で「朝鮮工藝特別展」を開催。東京民藝協会例会で「朝鮮の工藝」と題して講演。一一月、民藝館で「民藝協会新作展」を催し、会場で挨拶及び新作解説を行う。リーチ帰英。

一九五五年（昭和三〇年）　六六歳

一月、東京高島屋で「民藝家具と木工の会」開催。三月、京都やまと民藝店にて「丹波布復興展」を催す。四月、京都大丸にて「琉球赤絵展」開催。五月、民藝館設立の功により東京都から表彰される。岩手県にて日本民藝協会第九回全国協議会を開催。民藝館で「庚申仏と道祖神」展示頒布会を行う。東京大丸で「日本民藝館展」、上野松坂屋で「日本民藝展」を開催。六月、民藝館で「第一回東洋思想講座」を催す。七月、四国へ旅行。「第二回、第三回東洋思想講座」を催す。九月、民藝館で「編組品特別展」開催。「第四回東洋思想講座」を開催。一〇月、「第五回東洋思想講座」を開催。一一月、民藝館で新作展を開催。東京民藝協会例会で「書の美」について講演。兼子と倉敷・京都に旅行。一二月、民藝館で初めて茶会を催し、「茶の功罪」と題して講演。

一九五六年（昭和三一年）　六七歳

一月、宇都宮の濱田作陶三〇年記念展で「濱田の焼物」と題して講演。三月、「第七回東洋思想講座」を催す。四月、「第八回東洋思想講座」。民藝館本館建物修理費用を得るため、書軸の頒布会を行う。民藝館で二回目の茶会を催す。五月、「第九回東洋思想講座」。松江市の日本民藝協会第一〇回全国協議会に出席。六月、東京民藝協会例会にて講演。「第一〇回東洋思想講座」。第二回書軸頒布会。七月、「第一一回東洋思想講座」。民藝館で「棟方板画展」を催す。「柳宗悦書軸展」を新潟で開催。九月、民藝館創立二〇周年記念「丹波古陶特別大展観」を開催。一一月、民藝館で「民藝協会新作展」を開く。一二月、民藝館でコーヒーによる試みの茶会を催す。一七日、不整脈を伴う心不全で東京女子医大病院に入院、左半身麻痺となる。

一九五七年（昭和三二年）六八歳

二月五日、東京逓信病院に移る。三月二八日、退院。五月、大阪大丸にて「日本民藝館展」を開催。二三日、警察病院へ再入院。六月、病床にて小康の折、執筆を始める。棟方志功、「心偈頌」の制作を始め病院に届ける。七月八日、退院。八月、沖縄タイムス社より沖縄文化への貢献者として感謝状を受ける。一〇月、東京民藝協会機関誌「民藝」を日本民藝協会機関誌（田中豊太郎編集）とする。一一月三日、民藝理論の確立・民藝館の設立・民藝運動の実践などの功績により、文化功労者となる。一一月、民藝館で「民藝協会新作展」「仏教版画展」を催す。一二月、病後初めて書を揮毫、一時日課となる。

一九五八年（昭和三三年）六九歳

二月、病床における座談会「駒場放談・柳宗悦先生を囲んで」に出席。四月、大阪大丸で「第二回日本民藝館展」を開催。静養の間にも思索、執筆、揮毫などを続ける。六月、著作権の一切を日本民藝館に移譲の旨、著作権協会に届ける。六月九日、法隆寺での「故米人ラングトン・ウォーナー博士記念塔」除幕式と法要に兼子を代理人として参列させる。一〇月頃より民藝館への出勤を始める。

一九五九年（昭和三四年）七〇歳

健康かなり恢復し、民藝館に出勤、執筆・揮毫・館務その他に多忙となる。三〜五月、「第二回古丹波特別展」を民藝館で開催。「古丹波の特色について」を講演。四月、濱田庄司による「古丹波記念講演会」を催す。書軸の頒布会を行い、民藝館の資金にあてる。五月、「柳宗悦先生書軸展」を中央公論画廊で開く。日本橋三越で「全日本民藝展」を開催。七月、「柳宗悦氏書軸及び濱田庄司氏作陶展」を室蘭で催す。民藝館で「古画供養」を行う。九月一〇日、民藝館での「座談会・日本の絣」に出席。九月二九日、「美の法門」記念碑除幕式（富山県城端別院にて）行われる。一〇月、名古屋で開催の日本民藝協会第一三回全国大会に「民藝の同志へ」の録音挨拶を送る。一一月、「河井寛次郎新作陶磁展」（高島屋）と「ペルシア工藝展」（白木屋）を参観。一一月二日、座談会「昭和三四年度日本民藝館新作展をめぐって」「棟方志功を囲んで」に出席。「日本民藝館展」を催す。一二月、「濱田庄司新作陶展」（三越）を夫婦で観に行く。

一九六〇年（昭和三五年）七一歳

一月、日本民藝館の設立と民藝運動に尽した功績により、朝日文化賞を受賞。「民藝とともに五十年」を岩波映画で製作。五月、「柳宗悦書軸展」を中央公論画廊で開く。「琉球・朝鮮工藝展」を民藝館で、「日本民藝館展」を東京大丸で、「同人作品展」を渋谷東横百貨店で、「現代日本民藝展」を日本橋三越で開催。五月一四日、東京で開催の日本民藝協会第一四回全国大会に出席、挨拶する。六月、松ケ岡文庫に鈴木大拙を訪問。八月、執筆著作に専念する。NHK教育TVフィルム「民藝の美」を監修。八月二八日、リーチ来日。九月、「バーナード・リーチ作陶五十周年記念展」を民藝館で催す。一〇月、「唐招提寺蔵印仏・摺仏古版画特別展」を民藝館で開催。一五日、意識不明発作起るが恢復。一一月、「日本民藝館展」を民藝館で開催。一一月一〇日、座談会「新作アイヌの木彫」に河井・濱田と出席。

一九六一年（昭和三六年）七二歳

一月、昭和一九年刷了のまま保存されていた『船簞笥』の発刊を図る。二月、不整脈発作起るも恢復し、『濱田庄司作品集』出版のため民藝館に作品を集めて編集に着手する。四月、「陶画について」執筆、最後の論稿となる。四月二九日、発作起り意識不明となる。昏睡状態続き、意識恢復せず。五月三日、午前四時、死去する。四日、通夜。五日、密葬。七日、日本民藝館葬。法名、不生院釈宗悦。

「武蔵野美術大学研究紀要」第一〇号（一九七八年）に掲載された「柳宗悦年譜」をもとに、岩波文庫『民藝四十年』所収の年譜（水尾比呂志編）、日本民藝協会ホームページの「民藝協会のあゆみ」などを参照した。

（水尾比呂志・前田正明編）

著書目録

柳宗悦

【単行本】

科学と人生　明44・10　籾山書店
ヰリアム・ブレーク　大3・11　洛陽堂
宗教とその真理　大8・2　叢文閣
An English Artist in Japan（リーチ）　大9・6　私版本
宗教的奇蹟　大10・1　叢文閣
ブレークの言葉　大10・11　叢文閣
朝鮮の美術　大11・5　私版本
朝鮮とその藝術　大11・9　叢文閣
思い出　大11・9　私版本
宗教の理解　大11・11　叢文閣
陶磁器の美　大11・12　私版本
神に就て　大12・7　大阪毎日新聞社、東京日日新聞社
木喰上人作木彫仏　大14・7　木喰五行研究会
木喰五行上人略伝　大14・8　木喰五行研究会
信と美　大14・12　警醒社書店
木喰上人和歌選集　大15・1　木喰五行研究会
雑器の美　昭2・7　工政会
工藝の道　昭3・12　ぐろりあそさえて
工藝美論　昭4・3　万里閣書房

初期大津絵　昭4・4　工政会出版部
日本民藝品図録　昭4・7　便利堂
日本民窯選　昭6・7　便利堂
民藝の趣旨　昭8・1　私版本
蒐集に就て　昭8・4　私版本
美術と工藝の話　昭10・3　章華社
Folk-Crafts in Japan　昭11・12　国際文化振興会
美の国と民藝　昭12・8　日本民藝協会
琉球の織物　昭14・12　日本民藝協会
富本憲吉・河井寛次郎・濱田庄司作品録　昭15・5　日本民藝協会
美と模様　昭15・6　私版本
民藝とは何か（民藝叢書第1篇）　昭16・6　昭和書房
茶と美　昭16・6　牧野書店
工藝　昭16・8　創元社
工藝文化　昭17・1　文芸春秋社
私の念願　昭17・6　不二書房
工藝の美　昭17・6　私版本
藍絵の猪口（工藝選書）　昭17・9　日本民藝協会
日田の皿山（工藝選書）　昭17・10　日本民藝協会
雪国の蓑（工藝選書）　昭17・11　日本民藝協会
芭蕉布物語　昭18・3　私版本
和紙の美　昭18・9　私版本
木喰上人の彫刻（工藝選書）　昭18・10　日本民藝協会
諸国の土瓶（工藝選書）　昭18・10　日本民藝協会
今も続く朝鮮の工藝　昭22・6　「工藝」編集室
日本民藝館案内　昭22・12　「工藝」編集室
手仕事の日本　昭23・6　靖文社
民と美・上　昭23・6　靖文社
民と美・下　昭23・9　靖文社
美の法門　昭24・3　私版本

妙好人因幡の源左　昭25・9　大谷出版社
工藝の美について　昭25・12　大阪文化会館叢書
THE RESPONSIBILITY OF THE CRAFTSMAN　昭28・2　アーチブレイ財団
THE WAY OF TEA　昭28・12　ホノルル・アカデミー・オブ・アーツ
日本民藝館　昭29・9　日本民藝館
南無阿弥陀仏　昭30・8　大法輪閣
棟方志功板業　昭30・9　日本民藝館
蒐集物語　昭31・2　中央公論社
民藝の立場　昭31・5　日本民藝館
丹波の古陶　昭31・9　日本民藝館
棟方志功板画　昭33・7　筑摩書房
民藝四十年　昭33・7　宝文館
茶の改革　昭33・10　春秋社
心偈《こころうた》　昭34・5　日本民藝館
美の浄土　昭35・5　日本民藝館
大津絵図鑑　昭35・4　三彩社
妙好人因幡の源左　昭35・7　百華苑
日本の民藝　昭35・12　宝文館
法と美　昭36・3　日本民藝館
船箪笥　昭36・5　私版本
朝鮮を想う（筑摩叢書293）　昭59・11　筑摩書房
用の美 上・下（柳宗悦コレクション）　平20・6　世界文化社
仏教美学の提唱（柳宗悦セレクション）　平24・5　書肆心水
朝鮮の美 沖縄の美（柳宗悦セレクション）　平24・6　書肆心水
柳宗悦宗教思想集成：「一」の探究　平27・11　書肆心水
芭蕉布物語　平28・9　榕樹書林
他力の自由 浄土門仏教論集成　平28・11　書肆心水

【共著】
白樺の森　大7・3　新潮社
白樺の園　大8・5　春陽堂
琉球の文化（民藝叢書第2篇）　昭16・8　昭和書房
現在の日本民窯（民藝叢書第3篇）　昭17・4　昭和書房
琉球の陶器（民藝叢書第4篇）　昭17・11　昭和書房

【翻訳】
バーナード・リーチ『日本絵日記』　昭30・6　毎日新聞社

【全集】
柳宗悦選集　全一〇巻　昭29～30　春秋社
柳宗悦宗教選集　全五巻　昭35～36　春秋社
民藝図鑑　全三巻　昭35～38　宝文館
柳宗悦集：私版本　全六巻　昭48～53　春秋社
柳宗悦全集　全二二巻　昭55～平4　筑摩書房
柳宗悦蒐集民藝大鑑　全五巻　昭56～58　筑摩書房
現代教養全集15　昭34　筑摩書房
現代日本思想大系7　昭40　筑摩書房
戦後日本思想大系7　昭43　筑摩書房
明治文学全集76　昭48　筑摩書房
現代日本文学大系97　昭48　筑摩書房
近代日本思想大系24　昭50　筑摩書房
異貌の日本近代思想2　平27　書肆心水

【文庫】
民藝四十年（解・年＝水尾比呂志）　昭59　岩波文庫

手仕事の日本（解＝熊倉功夫）　昭60　岩波文庫
工藝文化（解＝外村吉之介）　昭60　岩波文庫
南無阿弥陀仏（解＝今井雅晴）　昭61　岩波文庫
柳宗悦民藝紀行（解＝水尾比呂志）　昭61　岩波文庫
柳宗悦茶道論集（解＝熊倉功夫）　昭62　岩波文庫
蒐集物語（解＝柳宗理）　平元　中公文庫
柳宗悦妙好人論集（解＝中見真理）　平3　岩波文庫
新編 美の法門（解・解題＝水尾比呂志）　平7　岩波文庫
柳宗悦随筆集（解題＝水尾比呂志）　平8　岩波文庫
茶と美（解＝戸田勝久、年＝佐々木潤一）　平12　講談社学術文庫
工藝の道（解＝水尾比呂志）　平17　講談社学術文庫
民藝とは何か　平18　講談社学術文庫
柳宗悦コレクション1 ひと（解＝中見真理）　平22　ちくま学芸文庫
柳宗悦コレクション2 もの（解＝柚木沙弥郎）　平23　ちくま学芸文庫
柳宗悦コレクション3 こころ（解＝阿満利麿）　平23　ちくま学芸文庫
手仕事の日本　平27　講談社学術文庫

「年譜」とあわせて「著書目録」も昭和36年までは水尾比呂志・前田正明編の「柳宗悦年譜」に準拠し、以後は編集部で増補した。／【文庫】の（　）内の略号は、解＝解説、年＝年譜を示す。

（水尾比呂志・前田正明編）

本書は、『柳宗悦全集』第七巻「木喰五行上人」（一九八一年二月、筑摩書房刊）を底本とし、構成は『柳宗悦選集』第九巻「木喰上人」（一九五五年五月、春秋社刊）を参照して、新字新かなに改め、明らかな誤りは正し、漢字表記や送りがな、ルビを調整しました。

木喰上人《もくじきしょうにん》
柳 宗悦《やなぎむねよし》
二〇一八年四月一〇日第一刷発行
二〇二一年五月二四日第四刷発行
発行者――鈴木章一
発行所――株式会社 講談社
東京都文京区音羽2・12・21 〒112-8001
電話 編集(03)5395・3513
販売(03)5395・5817
業務(03)5395・3615
デザイン――菊地信義
印刷――豊国印刷株式会社
製本――株式会社国宝社
本文データ制作――講談社デジタル製作
2018, Printed in Japan
定価はカバーに表示してあります。

講談社
文芸文庫
ISBN978-4-06-290373-8

道簱泰三編－昭和期デカダン短篇集	道簱泰三――解
宮本徳蔵――力士漂泊 相撲のアルケオロジー	坪内祐三――解／著者――――年
三好達治――測量船	北川 透――人／安藤靖彦――年
三好達治――萩原朔太郎	杉本秀太郎－解／安藤靖彦――年
三好達治――諷詠十二月	高橋順子――解／安藤靖彦――年
村山槐多――槐多の歌へる 村山槐多詩文集 酒井忠康編	酒井忠康――解／酒井忠康――年
室生犀星――蜜のあわれ|われはうたえどもやぶれかぶれ	久保忠夫――解／本多 浩――案
室生犀星――加賀金沢|故郷を辞す	星野晃一――人／星野晃一――年
室生犀星――あにいもうと|詩人の別れ	中沢けい――解／三木サニア－案
室生犀星――深夜の人|結婚者の手記	髙瀨真理子－解／星野晃一――年
室生犀星――かげろうの日記遺文	佐々木幹郎－解／星野晃一――解
室生犀星――我が愛する詩人の伝記	鹿島 茂――解／星野晃一――年
森敦――――われ逝くもののごとく	川村二郎――解／富岡幸一郎－案
森敦――――意味の変容|マンダラ紀行	森 富子――解／森 富子――年
森孝一編――文士と骨董 やきもの随筆	森 孝一――解
森茉莉―――父の帽子	小島千加子－人／小島千加子－年
森茉莉―――贅沢貧乏	小島千加子－人／小島千加子－年
森茉莉―――薔薇くい姫|枯葉の寝床	小島千加子－解／小島千加子－年
安岡章太郎－走れトマホーク	佐伯彰一――解／鳥居邦朗――案
安岡章太郎－ガラスの靴|悪い仲間	加藤典洋――解／勝又 浩――案
安岡章太郎－幕が下りてから	秋山 駿――解／紅野敏郎――案
安岡章太郎－流離譚 上・下	勝又 浩――解／鳥居邦朗――年
安岡章太郎－果てもない道中記 上・下	千本健一郎－解／鳥居邦朗――年
安岡章太郎－犬をえらばば	小高 賢――解／鳥居邦朗――年
安岡章太郎－[ワイド版]月は東に	日野啓三――解／栗坪良樹――案
安岡章太郎－僕の昭和史	加藤典洋――解／鳥居邦朗――年
安原喜弘――中原中也の手紙	秋山 駿――解／安原喜秀――年
矢田津世子－[ワイド版]神楽坂|茶粥の記 矢田津世子作品集	川村 湊――解／高橋秀晴――年
柳宗悦―――木喰上人	岡本勝人――解／水尾比呂志他－年
山川方夫――[ワイド版]愛のごとく	坂上 弘――解／坂上 弘――年
山川方夫――春の華客|旅恋い 山川方夫名作選	川本三郎――解／坂上 弘－案・年
山城むつみ－文学のプログラム	著者――――年
山城むつみ－ドストエフスキー	著者――――年
山之口貘――山之口貘詩文集	荒川洋治――解／松下博文――年

▶解=解説 案=作家案内 人=人と作品 年=年譜を示す。 2021年5月現在